中国城市规划学会学术成果

"中国城乡规划实施理论与典型案例"系列丛书第 6 卷

总 主 编：李锦生

副总主编：叶裕民

土地整备：理论解析与实践经验

深圳市规划国土发展研究中心"政府规划师基金"资助

施 源 林 强 等著

中国建筑工业出版社

图书在版编目（CIP）数据

深圳土地整备：理论解析与实践经验／施源，林强等著．
北京：中国建筑工业出版社，2019.7（2022.4重印）
（"中国城乡规划实施理论与典型案例"系列丛书；第6
卷）
ISBN 978-7-112-23800-2

Ⅰ．①深…　Ⅱ．①施…②林…　Ⅲ．①土地制度 – 土地改革 –
研究 – 深圳　Ⅳ．① F321.1

中国版本图书馆 CIP 数据核字（2019）第 106405 号

责任编辑：李　鸽　陈小娟
责任校对：赵　菲

　　本书是介绍深圳市存量土地开发重要模式——"土地整备"的学术专著。全书分
为"理论基础—制度创新—案例实践"三大篇，系统阐述了土地整备模式的理论基
础、演变历程、制度构建、政策体系、实施机制和案例实践。"理论基础篇"梳理了
相关学术理论和国内外城市的先进经验；"制度创新篇"介绍了深圳土地整备的制度
框架，阐述了以市—区—街道—社区—市场为多方参与者的治理体系，介绍了规划统
筹计划—计划引导方案—方案指导实施的实施机制，构建了土地—规划—地价—资金
的政策联动机制；"案例实践篇"选取了3种类型的8个典型案例进行介绍，阐述了土
地整备政策工具的运用。

　　本书可作为城市规划和土地管理研究人员拓展研究视角、城市政府和研究机构创
新存量用地政策、存量开发从业人员提高业务水平的有益借鉴和决策参考。

"中国城乡规划实施理论与典型案例"系列丛书第 6 卷
深圳土地整备：理论解析与实践经验
施源　林强　等著
＊
中国建筑工业出版社出版、发行（北京海淀三里河路 9 号）
各地新华书店、建筑书店经销
北京方舟正佳图文设计有限公司制版
临西县阅读时光印刷有限公司印刷
＊
开本：787×1092 毫米　1/16　印张：16　字数：349 千字
2020 年 1 月第一版　　　2022 年 4 月第三次印刷
定价：178.00 元
ISBN 978-7-112-23800-2
　　　　　（34115）

丛书总主编：李锦生

丛书副总主编：叶裕民

本书编委会

主　　　任：戴　晴

副 主 任：邹　兵

编　　　著：施　源　林　强

参编人员：

李　泳　兰　帆　李　茜　陈赐迪　于洋洋

冯小红　李怡婉　夏　欢　胡淙涛　杨耀森

李孟徽　许　琳　毛玮丰　唐　倩　陈江实浩

特 别 鸣 谢：

王幼鹏　刘世会　谢晖晖　王爱朝

黄　超　席天海　余奕鹏　罗成宏

序一

一、规划实施与政策执行

改革开放40年来，我国由农业和乡村大国发展成为工业化和城市化的大国，经历了世界史上规模最大、内容最丰富、受益人口最多的现代化进程。城乡规划始终对我国多区域、多层次的工业化和城市化起着重要的战略引领和空间支撑作用，并逐渐积累了丰富多彩的实践，形成了具有特色的理论体系、法律法规体系、教育体系和人才体系。特别是在中国城乡规划实施领域，产生了大量的创新实践，描绘出绚烂的中国故事。

今年是新中国成立70周年，是全面建成小康社会、实现第一个百年奋斗目标的关键之年，也是自然资源部成立以后在全国600多个城市全面开展空间规划的初始之年，我国整体规划架构，以及规划治理的制度与政策将发生重大转型，新的规划实施面临巨大挑战。

空间规划是具有战略性的公共政策。根据政策过程理论，规划实施过程就是公共政策执行的过程。公共政策执行可能受到来自三方面的挑战：

第一，政策制订缺陷。糟糕的政策意味着政策执行可能失败。这包括政策制订对政治形势判断失误，缺乏关注利益相关者的利益诉求，没有充分核算政策执行所需要资源的可得性等。为避免政策制订缺陷成为政策执行障碍，要求在政策制定阶段就需要高度关注政策执行中可能产生的诸多问题。可以说，政策执行始于政策制订。

第二，政策制定过程的开放性和包容性不足。现代社会中，各种利益相关者相互依赖、互相依存，这也增加了公共管理者执行政策的复杂性和脆弱性。如果政策制定过程中，利益相关者不能充分地参与博弈、表达诉求，那么政策执行时就可能会缺乏必要的行政或者政治的支持，或者自上而下地仅限于来自政策发起的层级政府机构的支持。而事实上，基层政府和社会公众才是政策成功执行的关键，当他们对于被要求执行的政策缺乏了解，或者认为政策无法体现其自身利益时，就会以多种方式抵制政策执行，甚至会导致政策执行终止。

第三，政策执行能力不足。执行能力不足会导致操作困难，导致计划停留在纸面上。为了促进政策执行，必须要有相应能力的储备和建设，其中包括人力、财力、制度的准备，以及确保政府间合作的一致性，回应社会群体对政策执行反馈的社会性能力等。其中，来自政府间合作的挑战最为严峻，需要解决合作中可能产生的对部门权力的挑战、目标和手段的多部门冲突与妥协，以及如何共享信息和资源，如何联合行动等一系列艰难的问题。

空间规划作为公共政策，其实施难题与政策执行挑战具有高度的一致性。

一个规划，可否得到顺利实施，并取得良好实施效果，首先取决于该规划的科学性与合理性，取决于规划是否充分考虑了规划实施过程中可能出现的一系列难题，并尽可能将其解决方案体现在规划中，这些难题包括新型空间规划制度的建立，空间规划如何处理好发展与保护的关系、中央和地方的关系，如何在规划方案中体现新时代我国人民对美好的生活追求，如何建构空间规划实施的监督和评估体系等。

其次，空间规划有效实施取决于规划编制和实施过程中多方合作的广度与深度，在逐步走向包容和开放的规划制度下，如果建立了多元利益群体（包括多部门、多层级政府——特别是基层政府、内部差异巨大的市场和社会公众）透明化和规则化的合作博弈制度，那么，各利益群体可以在规划中达成更加持续、稳定的妥协，从而有利于促进规划实施；否则，可能在规划实施过程中演变为激烈的利益冲突，成为阻碍规划实施的关键要素。

再次，空间规划实施过程中如何处理好与其他领域空间性规划的关系，如何处理好全国性空间规划与地方性规划的传导机制，也都是规划实施需要深入探讨和研究的重大学术课题。

二、规划实施学术委员会的系列成果

改革开放以来，我国处于前所未有的快速发展和剧烈变化之中，理论研究长期滞后于实践发展的需要。规划实施与诸多领域的发展一样，许多地方的有效实践先于理论探索。为了满足地方规划实施对理论和前沿经验学习和研究的需要，中国城市规划学会城乡规划实施学术委员会，致力于总结地方规划实施的前沿经验，其学术成果以3个系列公开出版，已经出版的案例受到业内广泛欢迎和热情鼓励。

第一，专著系列，以专著的形式连续出版《中国城乡规划实施理论与典型案例》。专著以每年年会所在城市的成功案例为主，包括该时期典型的具有推广和参考价值的其他规划实施案例，对每个案例的背景、理论基础、实践过程进行深入解析，并提炼可供推广的经验。迄今为止，已经正式出版了1～3卷：《广州可实施性村庄规划编制探索》《诗画乡村——成都乡村规划实施实践》《广东绿道规划与实施治理》。4～6卷正在编辑出版过程中：《品质空间 美好生活——珠海社区体育公园规划建设探索》《深圳市存量更新规划实施探索：整村统筹土地整备模式与实务》《深圳土地整备：理论解析与实践经验》。北京案例、武汉案例专著正在积极撰写过程中。我们会努力坚持，至少一年完成一个优秀案例总结，分享给读者，为朋友们带去全国规划实施的前沿理论探索与典型经验，也欢迎全国各地的好案例加入这套系列丛书中来。

第二，《中国城乡规划实施研究——历届全国规划实施学术研讨会成果集》，基于每年规划实施学术委员会全国征集论文，并通过专家评审，对严格筛选出来的论文集合出版，成果集已经于2014—2018年出版了5册。

第三，《城市规划》杂志上开辟的《城乡实施》专栏。该专栏以定向邀请和投稿相结合，对典型案例进行学理或者法理的深入解析，向读者传递遇到同类问题的思考方式和解决问题的路径，成果形成论文。该专栏始于2016年1月，每季度第一期（每年1、4、7、10月）正式发表，截至目前，已经顺利刊登了13期。

感谢中国城市规划学会给予城乡规划实施学术委员会以发展的空间，特别是学会理事长石楠教授对学术委员会的热情关注、学术指导和工作支持！感谢学术委员会各位委员坚持不懈的努力，才有我们3个系列案例研究成果的持续出版！感谢中国人民大学公共管理学院规划与管理系、广州市国土规划委、成都市规划局、深圳城市规划学会、北京市规划设计研究院、武汉市土地利用和城市空间规划研究中心，这些单位分别承办了学术委员会第一至六届年会"中国城乡规划实施学术研讨会"，付出了大量辛勤劳动！感谢给学术委员会年会投稿和参加会议的同仁朋友们，你们对学术委员会的肯定，以及交流的热情是我们工作最大的动力！感谢多年来所有关心和支持学术委员会的领导、专家、规划师和各位朋友，希望我们分享的成果可以对大家有所帮助。

三、深圳案例及其贡献

深圳年会推出两本案例研究专著：一本是深圳市坪山区规划国土事务中心戴小平、赖伟胜、仝兆远等著的《深圳市存量更新规划实施探索：整村统筹土地整备模式与实务》，一本是由深圳市规划国土发展研究中心施源、林强等著的《深圳土地整备：理论解析与实践经验》，两本专著都集中探讨当前深圳存量更新规划实施的创新模式：土地整备。

新中国经过70年的建设，特别是改革开放以来40年的巨大变迁，国家经济实力和居民生活水平得到大幅度提高，全国开启工业化和城镇化发展的后半期，工业化由资本拉动转向创新驱动时代，人的发展成为新时代的新动能；城镇化由增量扩张转向存量优化时代，存量更新成为新时代城市高质量发展的战略选择。深圳作为我国改革开放的排头兵，以其独特的制度优势和资源禀赋，又一次率先探索城市系统更新之路，提出综合整治、功能改变、拆除重建、土地整治等适应于不同基础条件的多元城市存量更新模式，并于2012年实现了城市存量供地占供地总量的 56%，首次超过新增用地供应，标志着深圳进入存量用地供给为主的新阶段，城市进入高质量发展新时代。

土地整备是深圳市存量更新规划实施的模式创新。深圳市 2011 年出台《深圳市人民政府关于推进土地整备工作的若干意见》（深府〔2011〕102 号），指出土地整备是"立足于实现公共利益和城市整体利益的需要，综合运用征转地历史遗留问题处理、收回土地使用权、房屋征收等多种方式对零散用地进行整合，并进行土地清理及土地前期开发"。土地整备的本质是将各类产权关系复杂、空间发展无序的土地，按照规划实施的要求重新进行边界划定和产权关系调整，以在高密度、产权不清的存量土地上腾挪出公共设施用地，以实施城市规划，促进城市发展。土地整备可以说是台湾市地重划的深圳版本。当前，深圳土地整备政策与城市更新政策相对独立，但是我们认为，对于城市高质量发展而言，二者都是空间系统治理和优化发展的过程，是通过政府、市场与社会合作，将低效率、低品质空间及其承载的经济社会环境进行系统优化和存量更新发展的过程，是实现城市人、社区、产业、空间同步高质量发展的过程，其本质和内涵具有高度一致性。其不同点在于初始条件设定以及治理结构、治理手段的差异。伴随着城市改革的深入，深圳土地整备和城市更新制度与政策具有很强的趋同性，因此深圳土地整备与城市更新都是存量更新规划实施的方式。

本系列丛书的两本深圳案例《深圳市存量更新规划实施探索：整村统筹土地整备模式与实务》（第5卷）和《深圳土地整备：理论解析与实践经验》（第6卷），都是关于深圳土地整备的专著，二者在研究对象、研究内容、应用推广等方面各有侧重和分工，共同构成系统解析深圳土地整备模式的优秀范本。

在研究对象上，二者是点与面的关系。第5卷研究范围聚焦于深圳坪山区的实践经验，注重以原农村集体社区为对象的整村统筹土地整备，重点阐述坪山整村统筹类土地整备模式，包括留用土地规则、规划编制管控、拆迁安置及资金管理、集体资产管理、风险预控等方面。第6卷以深圳全市的土地整备工作作为研究对象，系统阐述了土地整备模式的理论基础、演变历程、制度构建、政策体系、实施机制和案例实践。

在研究内容上，第5卷选取中—微观视角，首先对坪山区整村统筹模式的产生背景、机制设计及方案编制要点进行介绍，再选取了三个案例进行详细解析，包括对政府、市场、社会三大利益主体的博弈及其逻辑、基础数据核查、规划编制、社区留用土地核定、留用土地规划、整备资金测算、经济可行性分析、风险评估等土地整备各环节的体制和运行机制都进行了深入细致的解析。第6卷选取中—宏观视角，侧重对深圳土地整备制度框架的介绍，阐述了以市—区—街道—

社区—市场为多方参与者的治理体系，介绍了规划统筹计划、计划引导方案、方案指导实施的实施机制，总结了三个政策阶段的演变历程，构建了土地—规划—地价—资金的政策联动机制等；其案例介绍部分较为简洁。

在经验的应用推广上，第5卷注重对案例的详细剖析，阐述整村统筹模式核心内容及操作流程，与规划实施紧密联系，详细解释社区集体经济如何通过整村统筹土地整备实现转型发展和壮大，叙述详尽，便于参考对照实施，可以作为土地整备的项目说明书和操作手册，供相关政府、企业、社区和居民参考。第6卷则注重土地整备模式产生的背景、制度设计的逻辑、政策演变的内涵、政策工具的运用、案例的对比分析等，可作为城市政府、研究机构和规划师拓展研究视角的有益借鉴和决策参考。

感谢施源、戴小平等作者付出的艰辛努力！希望这两本专著有利于朋友们深入具体理解深圳存量更新规划实施模式特别是土地整备模式，并借此提炼其经验，服务于各自城市发展的特点和需要，促进我国城市高质量发展。

请朋友们多提宝贵意见。对规划实施学术委员会三个系列的所有案例成果，大家有任何意见，或者希望讨论的问题，可以随时联系秘书处，邮件地址为 imp@planning.org.cn。

2019年9月2日

序二

　　深圳是世界城市发展史上极为罕见的个例，用短短 40 年时间就完成了城市化、工业化进程，由一个边陲小镇迅速蜕变为一座充满魅力、活力、动力、创新力的国际化创新型城市，创造了人口规模增长 500 倍、GDP 增加 12000 倍的"深圳速度"和"深圳奇迹"。深圳因改革而生、因改革而兴。40 年的高快速发展主要得益于一代代深圳人始终秉持的敢闯敢试、敢为天下先的改革精神，以推动理念、制度和体制全方位创新，有效激发了城市发展的活力和动能。土地制度改革在这场时代洪流中留下了浓墨重彩的一笔。1987 年，深圳敲响了土地拍卖"第一槌"，掀开了土地管理制度改革的大幕。此后，为满足城市迅猛发展对土地的巨大需求，深圳继续深化改革，改变传统征地模式，于 1992 和 2004 年创造性开展了原特区内外土地的统征和统转，率先实现了土地所有制结构的一元化，加快了原特区内外的城市化进程。

　　随着土地资源的日益消耗，深圳空间瓶颈问题愈发凸显，快速城市化带来的历史遗留问题也越来越多。2012 年，深圳土地利用模式出现拐点，存量土地供应首次超过新增土地，标志着深圳率先进入了以存量土地供应为主的发展新阶段。关键时刻，在部、省的联合指导下，深圳再次解放思想、改革创新，于 2012 年启动了新一轮土地管理制度改革。这一轮土改最重要的使命是转变传统依赖新增土地的发展惯性，聚焦存量土地开发，坚持"产权明晰 + 市场配置 + 利益共享"的改革思路，创新构建适应高度城市化地区的存量土地管理制度体系，通过土地利用方式转变推动城市发展提质、升级、增效。

　　依托新一轮土地管理制度改革平台，我们创新提出了土地整备的概念。土地整备立足于社会公共利益和城市整体利益，在政府的主导下，以协商谈判为基础，以利益共享为基本原则，综合运用规划、土地、资金、产权等政策组合拳，统筹解决整备范围内补偿安置问题并对零散低效用地进行整合、清理和再开发，实现了整备范围内的产权重构、利益重构、空间重构和社区发展重构，推动传统房屋征收工作实现了从突击向常态、从零星向成片、从单一货币补偿向利益共享的根本性转变。经过几年的不断探索和努力，围绕土地整备计划、规划、用地等全链条已初步形成一整套制度体系，在实施中也取得了良好成效，在消化一大批历史遗留问题的同时，为城市发展提供了大片区发展空间，有力保障了重大公共配套、重大产业项目落地以及重点片区开发建设，为城市高质量发展以及在粤港澳大湾区建设中发挥核心引擎作用提供了支撑保障。

　　新时代，深圳城市发展承担了新使命。在深圳建市 40 周年、即将迎来成立经济特区 40 周年的重要时刻，习近平总书记谋划出台《关于支持深圳建设中国特色社会主义先行示范区的意见》，赋予了深圳新的伟大历史使命和重大战略机遇。同时，党和国家实施了自然资源管理体制改革，践行生态文明建设要求，明确树立了保护优先、节约优先、自然恢复为主的治理导向，要求转变传统的发展方式，坚定不移走内涵集约高效型城市发展道路。新使命要有新作为，深圳将顺应城市高质量发展新要求、自然资源管理新形势、人民高品质生活新期待，继续传承改革创新基因，全面实施自然资源管理制度改革，加快构建全方位、全链条的自然资源管理体系。其中，存量土地的盘活利用是当前深圳又一轮改革的"主战场"和"重头戏"，我们将以土地整备为主要抓手，不断探索存量高质量发展的创新路径，通过横向空间整合、纵向立体开发、功能复合利用等，全面提高空间集约利用水平，努力以最小的空间资源消耗创造最大的发展效益，加快创建高度城市化地区高质量发展的城市范例，为其他城市提供"深圳经验"，打造"深圳样板"。

2019 年 9 月 3 日

---

* 王幼鹏，深圳市规划和自然资源局党组书记、局长。

前言

　　深圳，作为中国改革开放和现代化建设先行先试的地区，经过40年的发展与建设，已经成为全球经济最活跃的城市之一。每年，深圳以优越的政策、创新的氛围、优美的环境源源不断地吸引着来自全球各地的企业、人才在这里安家落户。但随着全市国土开发强度逼近50%，深圳也成为国内首个遭遇空间资源紧约束的超大型城市，过去依靠土地红利的城市发展模式已经难以为继，亟须通过各种手段挖掘存量用地潜力，探索建立超大型城市内涵式发展模式。

　　2012年是深圳城市发展的一个重要"拐点"，全市进入了"增量空间扩张向存量空间优化"的转型发展时期，存量用地开发成为城市空间拓展的主要方式。而深圳的存量用地，还大量存在着特殊的土地历史遗留问题亟待解决——1992年与2004年，深圳先后进行了原经济特区"土地统征"和原特区外"城市化转地"，在名义上实现了全面城市化。但由于补偿不到位、手续不完善等原因，大部分土地成为未完善征（转）地补偿手续用地，仍由原农村社区实际掌控。这些土地在缺乏管制的情况下，普遍存在私下买卖、违法建设等问题，并且与国有土地犬牙交错，形成了"半城半乡"的独特空间形态。尤其是原特区外地区，这种现象更加明显，造成了土地利用低效、规划实施率低等问题。因此，深圳的存量土地开发，不仅是要拓展城市发展空间、加强规划实施，而且要在复杂的土地经济关系中寻求解决土地历史遗留问题中的最优解。

　　2012年，深圳以国土资源部、广东省政府联合批复《深圳市土地管理制度改革总体方案》为契机，启动了新一轮以存量土地开发为对象的土地管理制度改革，力图建立一个与高度城市化地区可持续发展相适应的存量土地管理新模式。

　　作为深圳存量用地开发的重要模式之一，土地整备自2011年确立以来，快速发展成熟，形成了较为完善的体制机制及系统的政策体系。它以公共利益和城市整体利益的需要为出发点，由政府主导落实，通过多方利益统筹协商，综合土地、规划等多种方式，把权属混乱、零散低效的用地梳理整合成产权清晰、成片、成规模的用地，为城市发展谋求更大、更高质量的发展空间。

　　体制机制上，土地整备调动了利益相关者的力量，形成了"政府主导、社区主体、市场参与"的共同推进机制。在项目运作的过程中，市区政府联动，构建起以"规划统筹计划、计划引导方案、方案指导实施"的项目管理机制：市、区政府利用土地整备五年规划与年度计划统筹部署重点项目，落实城市公共利益、满足城市发展需求；区政府及社区重点依据规划计划协商形成具体方案，实现政府社区利益共享；社区联合市场主体依据方案具体执行土地确权、补偿协议签订、留用土地开发建设等工作，加快推动社区发展转型。

　　政策体系上，土地整备综合运用土地、规划、地价、资金四大手段，形成了政策组合拳。首先，给予原农村社区留用土地及符合发展需求的规划指标，保障社区未来发展的可持续性。同时为推动土地整备实施，支持原农村社区经济发展壮大，政府对土地经济关系清理、房屋拆迁、补偿安置等工作给予资金支持，并以低于市场评估价的政策性地价协议出让，保障项目顺利运转及实施建设，最终可一揽子解决项目范围内历史遗留问题，实现政府、原农村社区、相关权益人及市场的多方共赢，实现原农村社区成功转型发展。

深圳土地整备已经走过了 8 个年头，回顾其发展的历程可以大致分为三个阶段：第一阶段是整村统筹试点阶段（2011—2015 年），以坪山区南布社区与沙湖社区作为试点实施"整村统筹"。第二阶段是利益统筹试点阶段（2015—2018 年），基于"个案探索"阶段的实践经验，2015 年深圳市颁布了《土地整备利益统筹试点项目管理办法（试行）》（深规土〔2015〕721 号），将"整村统筹"实践经验总结为"土地整备利益统筹"政策，并在全市范围内遴选试点，为土地整备工作全面推广积累经验。第三阶段是利益统筹全面推行阶段（2018 年至今），结合 2015 年的试点政策和项目实践，2018 年深圳市出台《深圳市土地整备利益统筹项目管理办法》（深规土规〔2018〕6 号），全面推广土地整备政策。截至 2018 年底，深圳市共有 81 个土地整备项目正在推进，实施总用地面积达 36 平方公里，保障了包括地铁 6 号线、外环高速、坪盐通道、国际教育园等重大公共基础设施建设，以及国际低碳城、南京金龙汽车等重大产业项目用地，为深圳重大民生设施及产业发展提供了优质空间。

从全国来看，深圳土地整备探索有以下意义：一是为全国土地管理制度改革探索了经验。近年来，国家部署开展了"三块地"改革试点，统筹推进包括农村土地征收、农村集体经营性用地入市、宅基地制度改革等在内的工作，建立兼顾国家、集体、个人的土地增值收益分配机制。土地整备改变了传统征地模式和工作方式，以政府与原农村社区的民主协商和基层自治为基础，通过建立"土地 + 规划 + 资金 + 地价"的土地增值收益分配机制，将征地制度改革和农村集体经营性用地入市有机结合，改变了原农村社区"一户一栋"的土地利用现状，实现了土地资源集约节约，为全国土地管理制度改革提供了可复制，可推广的经验成果。二是为存量时期规划实施机制创新了样本。土地整备模式改变了增量用地时期政府主导、规划管控、土地征收、招拍挂供应的规划实施机制，结合存量用地时期权利主体多元、土地价值显化、产权分散的特点，建立了规划引导、多方参与、土地重划、协议出让的规划实施机制，为存量时期规划实施机制创新提供了"深圳方案"。三是为新型城市化发展提供了支撑。土地整备将"政府拿不走、社区用不好、市场难作为"的原农村社区历史用地整体盘活，实现了空间利用集聚、土地价值显化、利益分配优化的共赢格局，为解决快速城市化过程中形成的城乡二元结构和土地历史遗留问题、促进城乡统筹发展和社区转型升级提供了政策路径。

适逢改革开放 40 年，本书以规划土地管理制度改革的深圳样本——土地整备为窗口，通过对其发展历程、制度构建、政策体系、实施机制、案例实践等进行系统总结和客观评估，一窥深圳规划土地管理制度改革的内涵，为高度城市化地区的存量发展路径探索提供经验借鉴。本书内容全面综合、研究视角广阔、方法创新务实、案例丰富翔实，可作为城市规划和土地管理研究人员拓展研究视角、城市政府和研究机构创新存量用地政策、土地整备从业人员提高业务水平的有益借鉴和决策参考。

同时我们应该看到，深圳目前推行的存量开发模式，主要还是针对当前面临的现实问题，即土地资源的紧约束问题实行的，仍然较多地关注如何通过存量用地挖潜提效来提高土地集约节约利用水平、实施城市规划、实现经济增长，对城市空间质量和发展内涵提升的关注不够，今后的理论研究和政策优化还任重道远。

本书编著团队全程参与深圳土地整备利益统筹模式探索，承担了深圳市规划和自然资源局委托的《深圳市土地整备利益共享机制研究和政策设计》《土地整备规划研究制度设计研究》《深圳市土地整备专项规划（2016—2020）》等系列课题研究，承担了十余项土地整备项目的实施方案和规划研究编制工作。

本书在以上研究成果的基础上编制完成，编著工作由施源、林强负责本书总体框架设计及技术指导。各章完成具体撰写工作后，由施源、林强、李泳进行统稿和补充完善工作。各章主要编写人如下：

第 1 章：施源、林强；第 2 章：林强、许琳；第 3 章：施源、杨耀森；第 4 章：于洋洋、陈赐迪；第 5 章：李茜、陈赐迪、兰帆；第 6 章：冯小红、兰帆、林强；第 7 章：李怡婉、李孟徵、陈江实浩；第 8 章：李孟徵、兰帆；第 9 章：胡淙涛、李孟徵、唐倩；第 10 章：唐倩、毛玮丰、李泳；第 11 章：林强、李泳、夏欢。同时，特别感谢邹兵在本书写作框架、理论提升等方面给予的学术指导和重要帮助。此外，王钰莹、陈江实浩、赖鹏飞、朱润钰等在图件制作、表格整理上提供了重要支持。

土地整备政策的酝酿、研究、出台以及实施的过程中，一直得到了深圳市规划和自然资源局局长王幼鹏的高度重视和有力推动。在本书的编写过程中，还得到了刘世会、谢晖晖、王爱朝、黄超、席天海、余奕鹏等领导的指导和大力支持，在此表示衷心的感谢！本书部分案例的撰写，参考了龙华区城市更新和土地整备局、宝安区城市更新和土地整备局、坪山区城市更新和土地整备局、龙岗区城市更新和土地整备局、深圳市新城市规划建筑设计有限公司、龙岗区规划国土发展研究中心、坪山区规划国土事务中心等单位的相关研究成果，在此表示衷心的感谢！

在本书的编写过程中，中国城乡规划实施学术委员会主任李锦生、常务副主任叶裕民、副主任赵民等专家学者提出了很好的修改完善建议。本书也参考了国内外的学术论文、专业书籍等，书中已作具体引用说明，在此一并表示感谢！

此外，由于学术水平和时间精力所限，书中难免存在缺陷错漏，敬请读者不吝指正。

编者

2019 年 9 月 6 日

目录

上篇　理论基础篇

　　土地整备是深圳首创的存量土地开发模式。它既吸收了国内外地区土地开发模式的有益经验，又基于深圳自身的实际进行因地制宜地创新。作为一项公共政策，土地整备在法理上有其依据，在实践中也进行不断修正。

　　基于此，本篇将介绍本书写作缘起，阐述土地整备产生的背景及目的，对土地整备及相关概念进行界定；系统梳理土地整备相关的理论基础，包括地租理论、土地价值分配理论、产权理论、交易费用理论、协商式规划和合作治理理论等；介绍分析国内外地区的相关经验及其对土地整备的启示，包括德国的"土地整理"、日本的"土地收用"、中国台湾的"区段征收"和"市地重划"、中国香港的"市区重建"等。

第 1 章　绪论

　　土地整备是深圳城市化发展到一定阶段的产物，是存量发展阶段土地供应的主要方式，是拓展城市发展空间的有效途径，是解决土地历史遗留问题的重要手段。本章将阐明本书的研究背景和写作意义，对土地整备的概念进行界定，并介绍本书的主要内容和写作框架。

第 1 章　绪论

1.1 研究背景

1.1.1 深圳土地资源瓶颈亟待破解

深圳是一个经济大市、人口大市，却是一个土地小市。市域面积 1997 平方公里，承载着接近 1300 万的常住人口。[1] 改革开放 40 年以来，深圳以快速的土地城市化，支撑起城市经济社会的高速发展。但同时，土地资源的紧约束与城市快速发展之间的矛盾也日益突出。

早在 2005 年，深圳就提出了城市发展面临"四个难以为继"，包括土地资源、水资源、环境容量等约束。同年，深圳在全国率先划定了基本生态控制线，将占陆域面积近一半的用地划入基本生态控制线范围内进行严格管控。2010 年，《深圳市城市总体规划》正式确立了"增量空间扩张向存量空间优化"的转型发展目标。2012 年，以存量用地供应首次超过新增用地为标志[2]，深圳正式步入了以存量用地供应为主的新阶段。截至 2018 年底，全市建设用地面积已达 1004.84 平方公里[3]，超过陆域面积的一半，土地资源供应面临瓶颈，倒逼深圳土地利用模式逐渐从外延扩张向内涵挖潜转变。

不同于新增用地，存量用地开发涉及多元利益主体、复杂产权关系以及高昂拆迁成本，其实施难度要远高于新增用地。而且现行规划土地管理制度主要基于新增土地，难以适应存量土地开发管理。所以，进行规划土地管理制度改革、创新存量土地开发模式成为必然要求，深圳也成为探路的先行者。

1.1.2 快速城市化过程中遗留的土地问题亟待解决

深圳的快速土地城市化历程发生于特定的历史背景下，有着浓重的特区先行先试的色彩，在快速推进的同时，也累积了大量的土地历史遗留问题亟待解决。尤其是发生于 2005 年对原特区外宝安、龙岗两区的城市化转地，由于补偿不到位、手续不完善，形成

1　数据引自《深圳市 2017 年国民经济和社会发展统计公报》。
2　数据引自《深圳市近期建设与土地利用规划 2012 年度实施计划》。
3　数据引自《深圳市 2018 年度土地变更调查主要数据成果的公报》。

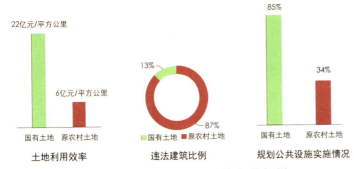

图 1-1　2015 年深圳市国有土地与原农村社区土地利用效率对比

了大量的未完善征（转）地补偿手续用地，这些土地实际上仍然由原农村社区掌控，且存在着土地私下买卖、违法建设使用、配套设施欠账多等问题。

一方面，这些土地产权不清晰，开发利用受到限制，形成了"政府拿不走、社区用不好、市场难作为"的局面，影响了土地资源的有效配置，在土地利用效率、规划实施率和违法建筑比例等方面均与国有土地存在较大差异（图 1-1）。另一方面，这些土地与国有土地相互交错在一起，由于城市化的动力和机制不同，形成了"半城半乡"的独特空间形态，也在一定程度上制约了国有土地的使用。在原特区外地区，由于土地权属复杂、空间零散交错，所以普遍存在征地拆迁难、规划落实难等问题。

1.1.3　土地整备成为破解问题的有效途径

为破解土地供求矛盾、解决土地历史遗留问题，深圳近 15 年来积极探索存量土地开发的新模式，陆续推出了城市更新、土地整备等多种手段，促进存量用地的盘活利用。2011年以前，深圳的存量开发模式主要为城市更新，以市场运作为主，实现居住、商业等经营性用地的再开发。虽然城市更新提供了一定比例的用地贡献，但多用于社区级设施的建设，对于中学、大学、医院等市区级以上公共服务设施和高快速路、主干道、污水处理厂等大型城市基础设施，以及重大产业项目用地难以保障。而针对公共基础设施项目用地收储的房屋征收模式，由于基于等价值原则实施补偿，补偿标准较低，在实践中受到较大的阻力。

正是基于上述原因，深圳市政府于 2011 年发布了《深圳市人民政府关于推进土地整备工作的若干意见》（深府〔2011〕102 号），正式启动了土地整备的探索和实践，创新了一种"以政府为主导，立足于盘活存量土地资源，拓展城市发展空间，保障重大公共基础设施和产业项目落地"的新模式。截至 2018 年底，累计实施和正在推进的土地整备项目有 81 个，总用地面积达 36 平方公里。土地整备模式之所以推进顺利，其主要原因在于利益共享机制的设计，能够较好地平衡各相关主体的诉求。

城市政府的主要诉求是推动存量用地规划的实施，实现城市基础设施和重大产业项目的落地。尤其是对于"缺地不缺钱"的深圳，获得较大面积连片空间显得尤为不易。原农村社区的主要诉求是解决土地历史遗留问题，盘活有限的土地资源，实现土地从资源向资产和资本的转变。市场主体的主要诉求是尽可能以较低的成本获得土地资源和开发利润。在土地资源有限的深圳，参与存量用地开发成为市场主体获取土地资源的主要途径。土地整备正是在各方利益诉求的推动下产生并逐渐发展成熟的，成为深圳推动存量土地开发和城市发展的主要手段之一。

1.1.4 当前的土地整备研究

土地整备是深圳首创，所以目前针对土地整备的研究大多基于深圳的实践。类型主要包括：①案例的介绍，从不同角度对土地整备项目进行解析。包括坪山沙湖、坪山南布、坪山汤坑、龙华下围、宝安三围等项目，从项目范围划定、土地分配方案、规划控制指标、资金安排、地价计收等方面对案例进行解析。②实施机制的分析。从利益共享机制的设计、成本共担机制的设计等角度对一定时期的土地整备政策进行分析，但大多数仍以政策介绍和问题辨析为主，很少上升到治理方式和制度安排的层面。③将土地整备与城市更新等存量开发模式进行对比研究。从实施主体、实施程序、利益分配等角度展开分析，并尝试提出现有模式的创新建议。

综合现有文献，目前关于土地整备研究的不足可以大致归纳为三点：①大多是个案介绍，对于深圳土地整备的制度设计和操作规程缺乏系统整体性的梳理总结。②偏于就事论事的实践操作，缺乏对其背后的理论内涵、制度背景、实践意义的挖掘和分析。③未能及时反映最新政策变化，对土地整备的讨论仍然较多地停留在整村统筹阶段，而实际上土地整备的实践创新在持续推进，是一个常看常新的课题，相关的研究需要与时俱进。本书涵盖土地整备政策发展的全历程、体制机制的全要素和项目实施的全链条，从理论基础、运作机制、政策内涵、技术要点、实践经验等角度阐述土地整备的"前世今生"，是第一本系统介绍深圳土地整备的学术专著。

1.2 概念辨析

1.2.1 土地整备

土地整备的概念始于 2011 年出台的《深圳市人民政府关于推进土地整备工作的若干意见》（深府〔2011〕102 号）。根据该文件，土地整备指"立足于实现公共利益和城市整体利益的需要，综合运用征转地历史遗留问题处理、收回土地使用权、房屋征收多种方式对零散用地进行整合，并进行土地清理及土地前期开发"的方式。这是广义

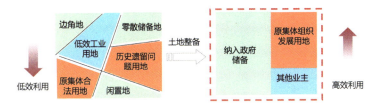

图 1-2 土地整备模式示意图

土地整备的概念，实际运用中包括房屋征收和土地整备利益统筹两种模式——房屋征收基于公共利益实现，主要针对公共基础设施用地进行，以货币补偿为主要方式，操作时通常限定于公共利益项目涉及的相关地块；土地整备利益统筹则在更大的空间范围内实施，其本质是将各类无序的土地按照规划实施的要求重新进行边界划定和产权调整（图1-2）。空间上，土地整备利益统筹将零散、低效、闲置的土地进行整理，腾挪出公共设施用地，形成有序的空间布局；产权上，土地整备利益统筹完成了土地历史遗留问题清理和原农村社区土地确权，并贡献部分土地纳入政府储备，实现了各相关主体的利益共享。

本书讨论的土地整备，较多指"土地整备利益统筹"，更加关注该模式在存量发展时期的运用。

1.2.2 土地整备与存量发展

从城市转型的本质含义来理解存量发展，应是指不依赖建设投资增量、通过对城市现有存量资产的经营和管理来获取稳定持续的现金流，保证城市正常运转并实现城市资产保值增值的方式。但目前，我国的城市化进程还未完全进入该阶段，当下普遍讨论的城市发展模式转型，重点还是强调土地利用方式由粗放向集约、由重规模向重内涵的转变。狭义的存量发展概念，是指在不新增加建设用地的前提下，通过存量用地的挖潜提效来实现经济增长。

关于存量用地的内涵，国外研究中一般指未利用的或利用不充分的土地，包括城镇增长边界内的空地，非空地中的废弃土地、再开发土地与可填充土地（Infill Land）等。国内研究中则存在不同角度的定义。从管理角度看，存量用地区别于新增用地，广义上是指已经过"农转用"审批的土地，狭义上指已通过划拨、协议、招拍挂等方式出让，有明确权利主体的土地；从土地利用现状看，一般指城乡建设已占有或已使用的土地。结合深圳特点，本书所称存量用地，包括国有已出让建设用地、原农村社区合法建设用地、原农村社区未完善征（转）地补偿手续建设用地、未经审批私自占有的国有土地等。

本书讨论的存量发展，指通过各种手段，对上述存量用地进行再开发、再利用的过程。土地整备具有公共利益优先、实施规模较大等特点，近年来逐步成为深圳主要的存量发展模式之一。[1]

1 深圳存量发展模式详见第4章。

1.2.3 土地整备与土地整理 / 整治

我国"土地整理"的概念在不断变化，早期的土地整理特指为保护耕地、提高耕地质量而进行的农用地整理。随着城市化进程不断加快，"土地整理"逐渐扩展至"城市土地整理"，指按城市发展规律和新时期城市发展的要求对历史形成的土地利用布局进行调整和改造。土地整治与广义的土地整理内涵相似，不仅包括农用地整理，还包括土地开发、土地复垦、建设用地整治等过程，是盘活存量土地、强化节约集约用地、适时补充耕地和提升土地产能的重要手段。

土地整备包含了土地整治和土地储备两个过程。但在土地整治的过程中，二者既有联系，又有不同。在工作目的上，二者都致力于优化土地利用结构，缓解土地供需紧张局面，但土地整备更加强调对公共基础设施的落实；在工作思路上，二者都通过产权重构使原本产权受限的土地得到确权进而提高土地利用效率；在工作对象上，土地整备针对深圳实际，对土地整治的实施对象进行了扩展，同时涵盖了未完善征（转）地补偿手续用地和生态用地等；在工作方式上，土地整备引入了利益共享机制，相关土地权益人参与积极性较高（表1-1）。

表1-1   土地整备与土地整理 / 整治概念比较

	土地整备	土地整理 / 整治
实施目的	落实公共基础设施和重大产业项目，服务规划实施	保护耕地、动态平衡耕地总量、优化和集约利用土地；优化土地利用结构，缓解土地供需压力
实施对象	以未完善征（转）地补偿手续用地为主	从以农用地整理为主，扩展至农用地、城市建设用地、未利用地等并存
参与方式	相关权益人主动参与，可以分享土地增值收益	按照等价值原则进行补偿，相关权益人参与积极性较低

1.2.4 土地整备与土地储备

根据《土地储备管理办法》（国土资规〔2017〕17号），土地储备是指县级（含）以上国土资源主管部门为调控土地市场、促进土地资源合理利用，依法取得土地，组织前期开发、储存以备供应的行为。

土地储备重在"储"，其重点是经营性用地收储，主要采用土地征收的手段，将土地使用者手中分散的土地集中起来进行土地整理和开发，变成可再出让的"熟地"，再有计划地将土地投入市场，服务于城市经营和土地财政，这种方法能够拓宽土地财政来源并满足公共基础设施建设的需要。与土地储备相比，土地整备重在"整"，其重点是公共基础设施和产业用地整理和储备，采用包括土地确权、留用土地、规划调整、提供整备资金等多种手段，主要目的是服务规划实施，促使公益性设施和产业项目落地，更加强调服务于规划实施的土地提前清理与准备，土地财政并不是土地整备制度设计的初衷（表1-2）。

表 1-2　　　　　　　　　　　　土地整备与土地储备概念比较

	土地整备	土地储备
实施目的	落实公益性设施和产业项目，服务规划实施	调控土地市场、促进土地资源合理利用
实施对象	以存量用地为主	以新增用地为主
	以公益性设施用地为主	以经营性用地为主
实施手段	土地确权、留用土地、规划调整、提供整备资金等多种手段	土地征收

1.2.5　土地整备与房屋征收

前文已经说到，深圳广义的土地整备包括房屋征收和土地整备利益统筹两种模式，而二者又有不同。房屋征收主要针对公共基础设施用地，以政府主导的强制征收为主，主要采用货币补偿方式，并且基于土地现状价值实施补偿或等价值置换。土地整备利益统筹不仅包括公共基础设施用地，也包含重大产业项目用地及部分其他经营性用地，采用"政府主导、社区主体、市场参与"的协商方式，综合运用货币补偿、留用土地、规划调整等多种手段。相对于房屋征收，土地整备利益统筹实现了对象上从零散地块、点状实施向多地块、片区统筹转变，实施策略上从依项目被动征收向提前主动整备转变，实施方式上从政府主导向多方协商转变，补偿原则从单一手段、等价值补偿向多元手段、利益共享转变（表 1-3）。

表 1-3　　　　　　　　　　　　土地整备与房屋征收概念比较

	土地整备	房屋征收
实施对象	不仅以公共基础设施用地为主，也包含重大产业项目用地及部分其他经营性用地	公共基础设施用地
实施模式	政府主导、社区主体、市场参与	政府强制征收
实施手段	综合运用货币补偿、土地确权、留用土地等多种手段	货币补偿
补偿原则	基于未来土地增值收益，按照利益共享原则实施补偿	基于土地现状价值实施补偿或等价值置换

1.2.6　土地整备与城市更新

目前，深圳形成了以城市更新和土地整备为核心的存量用地开发政策体系。

城市更新是国际通行的学术概念，它不仅针对土地利用方式的转变，还包含城市品质提升和功能、活力的创造，不仅具有经济意义，还有丰富的社会、文化内涵。但在当前仍然侧重于以经济增长为目标、以提高用地效益为导向的语境下，城市更新较多是狭义的概念，指存量用地的开发模式。

深圳的城市更新始于 20 世纪 90 年代初期的旧村改造，以 2009 年颁布的《深圳市城市更新办法》（深府令第 211 号）为标志正式确立。城市更新与土地整备的不同在于以下几个方面：

（1）政策目的。城市更新旨在促进局部空间的更新改造，提升片区自身的配套设施水平，实施空间相对分散，项目平均规模约 10 公顷。而土地整备致力于解决较大型公共基础设施及重大产业项目的落地问题，实施空间相对集中成片，项目平均规模约 30 公顷。

（2）实施主体。城市更新以市场主体为主导，市场逐利性较为明显，而土地整备以政府为主导，更加注重对城市公共利益的保障。城市更新的实施主体可以由土地原权利主体自行实施，也可将权益转移到单一市场主体实施，还可以由上述二者合作实施。实施主体确认后，由其负责拆迁谈判、土地清拆移交、规划编制等工作，并可以协议获得一定规模的开发建设用地。土地整备的实施主体即为原农村社区，由其负责与政府"算大账"、与各权利主体"算细账"的工作，也负责土地的清拆移交，也可以协议获得留用土地。但土地整备的规划编制由政府组织，将在规划中融入更多的政府发展诉求。

（3）准入门槛。对于市场主导的城市更新，为了规范市场运作，深圳市政府设立了包括合法用地比例、建筑年期、拆除空间范围等在内的前置立项条件，准入门槛较高，而土地整备立足于公共利益的实现，项目立项的限制性条件较少。

（4）利益共享方式。城市更新中实施主体可以获得开发建设用地、拥有规划编制权，还可以获得地价优惠，而土地整备中原农村社区除了留用土地、地价优惠、规划参与以外，还可以获得一定的资金补偿。

（5）主要适用区域。城市更新适用于城市核心区域和现状开发强度较高的区域，一般区位条件较好且土地价值较高，而土地整备主要适用于城市边缘区域和现状开发强度较低的区域，通过土地整备实现政府对这些后发展区域土地的战略储备。

综上，城市更新与土地整备是互为补充、竞合发展的两种存量土地开发模式，在实施目的、实施对象、实施主体、实施区域等方面都各有侧重。2019 年机构改革以后，深圳成立了市城市更新和土地整备局，将进一步加强各种存量土地开发工作的统筹协调，共同服务于城市可持续发展的目的（表 1-4）。

表 1-4 　　　　　　　　　深圳市土地整备与城市更新比较

		土地整备	城市更新
政策目的		解决较大型公共基础设施及重大产业项目落地问题	促进局部空间的更新改造，提升城市品质
主要政策		《深圳市城市更新办法》（深圳市人民政府令第290号）、《深圳市城市更新办法实施细则》（深府〔2012〕1号）、《关于加强和改进城市更新实施工作暂行措施》（深府办〔2016〕38号）	《深圳市人民政府关于推进土地整备工作的若干意见》（深府〔2011〕102号）、《深圳市土地整备利益统筹项目管理办法》（深规土〔2018〕6号）
实施主体	实施原则	政府主导、社区主体、社会参与	政府引导、市场运作
	实施方式	政府与原农村社区"算大账"，原农村社区与原村民"算细账"	政府与开发商"算大账"，开发商与原村民"算细账"
	拆迁清除工作	原农村社区负责拆迁补偿工作	实施主体负责拆迁补偿工作
	规划编制	政府组织编制	市场主体组织编制
	土地出让方式	留用土地协议出让给原农村社区	开发建设用地协议出让给实施主体

	土地整备	城市更新
准入门槛	门槛较低（3000平方米以上集中成片未完善征（转）地补偿手续用地）	门槛较高（包括合法用地比例、建筑年期、拆除空间范围等多项准入门槛）
利益共享方式	土地＋规划＋地价＋资金	土地＋规划＋地价
主要适用区域	城市边缘区域和现状开发强度较低的区域，通过土地整备实现政府对这些后发展区域土地的战略储备	城市核心区域和现状开发强度较高的区域，一般区位条件较好且土地价值较高
实施规模	相对集中成片，规模较大（平均规模约30公顷）	相对分散，规模较小（平均规模约10公顷）

1.3　研究方法、内容与框架

1.3.1　研究方法

（1）理论研究

在深圳土地整备的制度设计和政策制定中，始终坚持理论联系实际的工作方法。一方面，针对土地整备制度设计，梳理国内外相关研究理论，包括经济学方面的地租理论、土地价值分配理论及产权交易理论等；另一方面，针对土地整备的规划实施要求，对相关理论进行整理，包括城市规划方面的协商式规划理论、沟通式规划理论，政治学方面的合作治理理论等，并分析这些理论在深圳土地整备政策设计和项目实践上的实际应用，以此作为土地整备综合评价的理论依据与基础。

（2）文献资料梳理

深圳土地整备的实践经过了多年的历史积淀，从2009年萌芽期开始，经过了深圳市、区规划土地主管部门、原农村社区、规划研究机构、开发商等相关单位的多方合作形成。除此之外，本书在探讨土地整备时，还会涉及旧村改造、城中村改造、城市更新等存量模式，研究对象要追溯到1980年建市以来的土地制度变迁，尤其是征地拆迁的详细历史，涉及大量文献及相关研究资料梳理。

因此，本书的研究不仅基于本团队在土地整备相关政策设计、规划计划编制、项目实践上的成果，还建立在对其他相关资料的搜集、解读、总结上，具体的资料引用情况详见书中。

（3）调查访谈研究

在存量发展时期，土地权属关系复杂，涉及利益相关者众多，要推动存量规划的实施、理顺土地权利关系，必须掌握大量的一手资料，并尽可能地调动基层力量参与其中。特别是深圳存在的原特区内外二元化发展差异，在具体的政策设计和规划实施中存在不同的发展诉求和实际问题。所以，本书的研究是基于大量的实地踏勘、部门座谈、深度访谈、专家咨询等资料获取的基础上形成的，包括数据资料、影像资料、观点看法等，并进行深入的研究和分析，为政策设计与规划编制提供第一手资料。

（4）案例比较分析

"土地整备"的理念在国内外发达城市已经开始了相关的实践，包括德国的"土地整理"、日本的"土地收用"、中国台湾的"区段征收"和"市地重划"、中国香港的"市区重建"等。本书对上述地区的经验做法进行梳理和分析，并选取了具体的项目案例进行解读，总结其成功经验或失败教训，从利益分配、补偿方式、实施程序、合作方式等方面进行分析，以寻求对深圳土地整备工作的有益启示。

（5）定性分析与定量分析相结合

在土地整备各政策的研究中，一方面，运用归纳和演绎、分析与综合等方法，对案例资料、调研资料等进行定性分析，总结存量发展时期规划土地制度设计的关键环节等；另一方面，通过定量分析，深入把握深圳存量时期土地相关情况，以更加科学地指导政策设计和规划编制，如对利益分配政策中的参数设计，包括地价优惠、容积率奖励的幅度等，进行了大量案例模型的演算分析；又如运用 ArcGis 空间分析工具，在土地整备专项规划当中对潜力用地进行评估等。

1.3.2 研究内容与框架

本书研究框架如图 1-3 所示，分三篇，共 11 章。

第一篇是基础理论篇，介绍了本书的写作背景及土地整备的相关理论基础和经验借鉴，分为 3 章。其中，第 1 章是绪论，介绍本书写作缘起，并系统阐述了深圳土地整备实践的目的及意义，对土地整备及相关概念进行界定，并提出本书的研究方法、内容与框架。第 2 章是理论基础，重点梳理了地租理论、土地价值分配理论、产权理论、交易费用理论、协商式规划和合作治理理论的内涵、演变及特点，并分析这些理论对深圳土地整备的启示。第 3 章是经验借鉴，对德国的"土地整理"、日本的"土地收用"、中国台湾的"区段征收"和"市地重划"、中国香港的"市区重建"等经验做法进行梳理和分析，并从利益分配、补偿方式、实施程序、合作方式等方面分析对深圳土地整备的启示。

第二篇是制度创新篇，是对土地整备制度的系统介绍，分为 4 章。其中，第 4 章对深圳市土地使用的变迁历程及现状特征进行梳理，分析土地整备制度产生的现实背景。一方面，以时间为轴，分析了深圳城市的发展历程和土地国有化的变迁历史；另一方面，分析当前阶段深圳土地利用面临的问题和挑战，并对深圳已经开展的土地二次开发进行

图 1-3　本书研究框架

探索，包括城市更新、未完善征（转）地补偿手续空地入市等模式进行介绍。第 5 章是本书的核心章节，对土地整备的体制机制进行全面总结和分析。首先总述土地整备的制度设计框架，其次从组织架构、资金安排、规划计划、项目管理、项目实施等方面展开详细阐述。第 6 章是土地整备的政策解析。对土地整备的政策演进历程进行介绍，分析了三个阶段的政策特点，其次围绕纲领性文件、技术规范和审批管理政策，分别从政策目的、政策要点等方面进行深入分析，重点对土地整备政策中留用土地、规划研究、地价计收和资金补偿进行解读。第 7 章是土地整备规划技术要点，重点围绕编制内容构成、内容深度、技术要点、强制性内容、与相关规划关系等方面对土地整备专项规划、年度计划、项目实施方案、规划研究等规划类型进行分析，并结合案例进行阐述。

第三篇是典型案例篇，是对土地整备项目的实践案例进行介绍，分为 3 章。选取了整村统筹类、设施统筹类及产业统筹类 3 种类型的案例，从项目背景及意义、项目范围划定、土地分配方案、留用土地规划方案等方面进行全面介绍和分析，为更多不同情形下的实践提供样本参考。

最后，以土地整备的经验总结和发展展望作为本书结语，系统总结了土地整备的实践探索和政策创新，并对下阶段土地整备的发展方向进行展望。

第 2 章　理论基础

土地整备作为存量用地开发的一种重要模式，涉及城市规划、土地管理、经济学、社会学等相关学科。本章节主要介绍与土地整备政策设计相关的地租理论、土地价值分配理论、产权理论、交易费用理论，以及与规划实施相关的协商式规划、合作治理理论等。这些理论既是土地整备政策探索的逻辑出发点，也为土地整备项目实践提供理论支撑。

第 2 章　理论基础

2.1 地租理论

2.1.1 古典经济学地租理论

古典经济学产生于 17 世纪末，其中，地租理论是古典经济学最重要的组成部分，代表产业资本家将矛头对准地主阶级。威廉·配第是第一个对地租问题进行开拓性研究的学者。他在 1662 年出版的《赋税论》中就提到了资本主义地租问题。配第从劳动价值论和工资论出发，认为地租是土地自然力作用的结果，指出地租等于土地所生产的农产品价值扣除了生产资料（即种子及其他等）、劳动力（即工资）两项价值后的剩余部分。同时，由于生产资料的价值是确定的，地租量由工资大小决定。此外，配第从土地位置和土地丰度差异出发阐述了级差地租。亚当·斯密则最早系统地研究地租理论。他在 1776 年发表的《国民财富的性质和原因研究》中提到，"地租是随着土地私有制的产生而出现的范畴，是资本主义社会里地主阶级的收入"。大卫·李嘉图则是古典经济学中对地租理论研究最充分的。在 1817 年出版的《政治经济学及赋税原理》中，李嘉图以劳动价值论为基础，探讨了地租与利润、工资的关系，认为利润和地租以"此消彼长"的关系互动，利润取决于无须地租的土地上资本提供生活必需品所需要的劳动量，而地租抬高是因为用同一资本难以提供相同的劳动量，使得工资上涨。此外，李嘉图对级差地租进行了全面的深入研究，认为"土地质量并非无限，质量也不尽相同"，地租是在土地有限性、土地丰度、位置不同的条件下产生的，其中，由于土地肥沃程度或位置不同而产生的级差地租为级差地租 I，在同一块土地上追加资本、集约耕种而产生的级差地租为级差地租 II。

2.1.2　新古典经济学地租理论

新古典经济学派兴起于 19 世纪末 20 世纪初。新古典经济学地租理论的代表人物有克拉克、阿隆索、马歇尔等。新古典经济学者认为，各种生产要素都能够创造价值，并按照各自的价值取得报酬，地租是土地创造的价值。土地使用的报酬只是商业租金，包含转移收入和经济租金，其中，转移收入是对地力消耗的补偿，而经济租金是反映土地资源稀缺性的有价值支付。与古典经济学的地租理论不同，新古典经济学者认为，尽管地租是因为使用土地而给予的支付，但是它与土地这个生产要素的一大特性相关联——土地的供给是非弹性的：①当土地是大量的，供给完全弹性时，商业租金完全由转移收入组成，经济租金可以忽略不计。②当土地是短缺的，供给完全非弹性时，商业租金完全由经济租金组成，转移收入可以忽略不计。③当土地是有限的，供给存在一定弹性时，经济租金和转移收入同时存在，两者的构成比例取决于供给弹性的大小。一般来说，城市规模越大，供给弹性越小，经济租金比例越高；反之亦然。

2.1.3　马克思地租理论

马克思在批判性继承威廉·配第、亚当·斯密等古典经济学家以及大卫·李嘉图的地租理论的合理成分后，依托劳动价值理论、生产价格理论、剩余价值理论，建立了马克思主义地租理论。马克思在 1894 年出版的《资本论》第三卷中提到，地租是土地使用者由于使用土地而交给土地所有者的超过平均利润之上的那部分剩余价值。劳动是超额利润产生的源泉，土地所有权是地租产生的原因，而土地的性质，如肥力、位置等，则是地租产生的自然基础。正如马克思所说的"地租的占有是土地所有权借以实现的经济形式。当存在土地所有权并且土地所有权需要以经济形式表现时，地租的出现就成为一种可能"。根据地租产生的原因和条件差异，马克思把地租分为绝对地租、级差地租和垄断地租三类。

（1）绝对地租

绝对地租的出现是以市场经济作为客观条件的。由于土地私有权的存在，租种任何土地都必须缴纳的地租，即农产品价值超过社会生产价格的那部分超额利润，是土地所有者凭借土地私有权获得的地租。

（2）级差地租

马克思指出"凡是有地租存在的地方，都有级差地租。"级差地租是由相对较好质量土地经营权垄断而获得的超额利润转化而来，可以分为两种形式：级差地租I和级差地租Ⅱ。级差地租Ⅰ是由等量资本投在等面积但是质量不同的土地所产生的超额利润转化而来，级差地租Ⅱ是由在同一块土地上连续追加等量投资所获得的超额利润转化而来。级差地租Ⅰ是级差地租Ⅱ产生的基础。级差地租形成的条件有三个：一是不同地块差异化的肥沃程度，二是不同地块距离市场远近的距离差异，三是同一地块追加投资的生产率的差别。其中，由前两个条件形成的就是级差地租Ⅰ，由第三个条件形成的就是级差地租Ⅱ。

（3）垄断地租

由于土地的所有者对某块具有特殊性质的土地具有垄断权，这种垄断权必然会形成垄断价格，由垄断价格所带来的垄断利润最终会因为土地所有者对土地的垄断而转移到土地所有者手中，从而形成了垄断地租。

2.1.4 对土地整备的启示

土地的稀缺性在深圳发展中表现得尤为突出。地租作为经济杠杆，对城市经济的调节作用也越来越明显。首先，根据绝对地租，征收未完善征（转）地补偿手续用地，导致了原农村社区失去了对土地所有权，就必须支付对价。其次，土地整备过程中，新土地使用权获得者以及政府都是土地价值增值部分的贡献者，都有权参与级差地租的分配。新土地使用权获得者对土地追加了投资，推动了土地增值；政府加强了基础设施的修建，提升了片区的城市规划，带动了片区整体价值提升。在实际经济活动中，由于不可能准确区分土地上资本投入的界限以及它们生产的不同结果，明确界定比例存在着技术困难，因此很难区分其中多少财富属于级差地租Ⅰ归转让前的土地使用者所有、有多大比例属于级差地租Ⅱ归追加投资人所有。土地整备虽然无法明确界定级差地租分配的比例，但能够制定相对一致的分配标准，包括对原土地使用者的补偿标准、对政府收储土地的类型和规模标准、对部分新土地使用者优先获得土地使用权的标准等。土地整备应当通过探索利用多种方式，确定级差地租分配的合理方案，由政府根据深圳实际情况制定，尽可能减少利益主体的博弈空间，降低分配的随意性，避免分配格局的混乱和不合理，以形成稳定的分配预期，有利于城市存量发展的健康运行。

2.2 土地价值分配理论

2.2.1 土地价值和土地增值

土地作为经济社会运行的载体和基本要素，其价值随着城市化进程的推进日益提高。

关于土地价值，学术界大致存在三种观点，第一种观点主张土地无价值，因为土地是一种自然物，而自然物本身无价值。正如马克思所说"土地本身是自然物，不是生产物，没有价值"。第二种观点认为土地是有价值的，由土地资本价值和自然价值内在耦合运行中形成，将完全未经人类劳动参与、投入交易的天然土地也纳入价值范畴中。第三种观点又称为土地二元论，认为土地由自然土地和人工土地构成，前者无价值，后者有价值，二者组成土地整体。

土地增值，从字面意义上看是土地价值的提高。亨利·乔治在《进步与贫穷》一书中提到，人口的集聚、生产的需求导致了土地价值的增加。而地价的上涨抬高了人们的收益预期，不愿出让土地而因此囤地，从而进一步抬高了地价，导致生产停滞。城市的增长或扩张往往伴随着城市土地的增值。在我国，土地有偿使用制度的实施极大显化了城市土地的价值，充分利用土地价值获取城市建设所需的大量资金，已成为我国推进城市化进程的主要途径和手段之一。在这种情况下，如何充分提高土地利用的效益，使土地增值的收益得到合理的分配，达到政府利用土地增值效益推进城市建设和公众福利及激发土地使用者的生产积极性、促进经济发展的双重目标，就成为我国土地管理和经济发展领域的重要课题。

土地增值利益构成的探讨是确定土地增值收益分配的基础。关于土地增值的原因、分类，学术界存在不同看法。张俊从权利的界定与分配视角出发，认为土地增值收益可以分为自然增值和人工增值两部分，前者是外部投资、供求变化、结构优化等带来的增值，后者是由于用途变更、强度提高带来的增值。杜新波等基于级差地租理论，认为土地增值可以分为地租增值和土地资本增加，前者归国家所有，后者依据"谁投资、谁收益"的原则进行分配。何芳根据我国基准地价分等定级体系以及城市范围内土地区位价值差异，从整体性与个别性视角、系统因素和非系统因素视角出发将土地增值收益分为整体性增值和个体增值两大类，前者关注城市人口增长、政策变化等系统性因素引起的土地整体性增值，后者关注土地投资人、使用权人、所有权人等通过调整地块用途、提高开发强度等主观努力导致的个体地块的增值。总的来说，土地增值原因主要可以归为以下几种：土地供求型增值、城市建设发展型增值、土地政策型增值、用途型增值、强度型增值等，共同影响着城市土地价格。

2.2.2　土地增值收益分配制度

（1）城市土地增值收益分配形式

城市土地增值收益分配是指对城市土地增值收益在各利益相关者之间如何进行分配的规定，也就是说对分配对象、分配主体、分配比例及分配方式的界定。分配对象是城市土地的总增值额；分配主体包括中央政府、地方政府和土地使用者；分配比例也就是在考虑产权、贡献、激励等因素的条件下，各获得多大比例的问题；分配方式是指采取怎样的具体形式来进行分割。城市土地增值收益分配具有多种形式，例如地租、地税、地费、土地再调整、土地储备等。

（2）城市土地增值收益分配理论

土地增值收益是各利益相关者盘活存量土地的根本动因。目前造成土地再开发再利用效率较低的原因主要是土地增值收益的分配政策不清晰，难以指导和满足实践需求。土地增值收益的管理和分配直接体现了政府与土地使用者的关系，因此在政治和经济方面都是十分敏感的话题。例如，在多数情况下，土地产权的安全性是政府通过一系列的法律条款如土地使用条例、土地税收等来确定的，因此政府在界定土地增值收益的分配时无疑会倾向于自身利益。但政府在界定土地产权时并不能随心所欲，一方面，在不同的发展阶段，政府有自己的目标和政策；另一方面，政府必须考虑到土地使用者的利益，不能挫伤了土地使用者的积极性，从而影响经济增长。因此，在土地增值收益的管理中，政府必须平衡自身与土地使用者之间的关系以促进土地市场的公平与效率。

对于土地价值分配的归属，学术界主要有三种看法："涨价归公""涨价归私""公私兼顾"。"涨价归公"认为土地增值收益大部分应当归政府所有，因为政府通过公共财政投入、基础设施改善和人口引进政策导致增值。最早提出"涨价归公"思想的是英国经济学家穆勒，他在《政治经济学原理》中提出，土地现有价值归土地所有者所有，而由于社会进步而增加的价值应当由国家通过税收的形式获得，国家可以通过地价税的形式获得地价增值的收益，因为这一份不属于劳动所得。此后，美国经济学家乔治也提出了土地增值收益应当归国家所有。他认为土地价格上涨是由于城市发展，政府应当对土地增值收益进行征税以支付必需的公共服务。"涨价归私"认为土地增值收益大部分应当归权利人所有，因为权利人享有土地所有权，理应获得土地增值收益，政府应当通过税收调节过高的个人所得部分。从产权的角度出发，"涨价归私"强调了土地产权的完整性，农民除了拥有农地占有权、使用权、收益权、处分权外，还拥有土地非农开发权，因此集体土地被征用后获得的自然增值也应当由农民集体所有。从机会公平角度看，涨价归私并不是完全归属私人，因为土地从农业用途向其他城市土地功能转换中的增值收益会由政府和用人单位分享。"公私兼顾"则认为，土地增值收益的分配首先应保证被征地农民的利益，其次归于政府，用于经济社会的建设和发展。根据这种思想，政府和原权利人共享土地增值收益，应当根据土地投入贡献分配增值收益，兼顾公平与效率。

土地增值收益交织着多权利者的互动反馈。何芳基于利益分配理论，认为土地增值收益归属应当遵循以下原则，首先是"谁拥有、谁收益"的原则，保障土地所有者获得绝对地租的权益，以及国家在市场经济下凭借着土地所有权参与城市土地增值收益分配；其次是"谁投资、谁收益"的原则，保证利益与成本的对应；再者是效率分配原则，考虑"帕累托效率"，将效率作为发展的前提，土地增值收益分配发生公平与效率矛盾时以效率为先，合理、有效配置和利用社会资源；最后是公平原则，在追求效率的同时，必须公平分配，若国家从土地增值中收益过多，会损害土地使用者权益，若土地使用者之间分配不均会挫伤投资积极性。

2.2.3　土地增值收益的捕获方式

公共行为应当产生公共效益。不同国家和城市在建立和完善土地增值收益分配机制的过程中，不断选择和创新增值收益分配工具，为公共基础设施建设、改善人民生活等寻求资金。这个过程称为土地价值捕获，即将归因于社会贡献的土地增值收益全部或部分被社会回收的过程。土地价值捕获方式包括了财政性手段和相关管理手段。财政性手段包括土地税、费；管理手段则使开发商或私人业主以资金或实物的形式对公共利益作出贡献。

（1）土地税收

土地税收是目前回收土地增值收益、分担基础设施建设投资最有效的方式之一。哈里特（Hallent）将土地税收分为针对所有城市土地收取的土地税，以及在特定情况下对土地增值收益评估纳税，包括了物业税、土地增值税和基础设施收费等。从理论上来说，公共活动引起了土地价值提高，而以土地价值为标的的地税是土地增值额的分割，因此有必要征税。但是在现实中，土地税收却存在一定复杂性和实行难度。例如，为防止土地增值收益归地主所有，英国在 20 世纪中叶开始引入土地开发税。此后，工党政府和保守党多次进行土地开发税的设计，无论是引入、废除还是调整土地开发税，都分别造成房地产市场停滞、土地投机盛行以及政策实施成本过高等困境。

（2）地费

地费是人们享受政府提供的特定服务而应当缴纳的管理费、手续费等规费，或者是由于直接或者间接使用某些基础设施所必须缴纳的项目性费用。例如，美国的受益者付费制度合理地利用了基础设施带给相关宗地的土地增值，既保护了公平，也保证了效率。中国台湾借鉴美国和英国的做法，征收开发影响费和工程受益费。

（3）管理手段

管理手段是指政府针对城市土地增值收益的使用、分配设计的机制，从而实现利用土地增值来追求广泛的社区经济、政治、环境方面的目标。包括公共设施配套要求、容积率奖励、开发权转移等。

1）公共设施配套要求

公共设施配套要求是针对政府提供公共设施引起土地增值收益的一种增值捕获工具。例如，为减轻政府在公共基础设施投资中的财政负担，美国曾经在20世纪60年代提出了开发商在特定地块提供基础设施或者缴纳配套费用作为获得开发许可的前提。加拿大在借鉴美国的基础上又提出，开发商不仅应建设还应当维护公共设施。

2）土地储备

土地储备是指政府收购土地所有权或使用权，对土地进行前期开发整理与储备，以调控城市建设用地需求，获取未来土地增值收益的工具。一般来说，政府通过改良土地，待土地增值后以较高价格卖给私人业主，将"生地"变成"熟地"，导控城市开发，同时获得的收益可用于改善民生。瑞典和荷兰都是利用土地储备制度获得土地增值收益较为成功的国家。

3）奖励区划

奖励区划是为了提高分区规划控制的弹性和适宜性采取的一种增值捕获的工具。当开发商愿意向社区提供一些额外公共利益的时候，地区规划部门允许开发商超过原有的区划控制来开发土地，其中最常用的手段就是提高土地容积率。通过区划调整，增加了土地价值，开发商会获得超额利润，超额利润中的一部分又通过额外公共利益反馈。地方政府通过这种方式，来实现对土地增值收益的分割。

4）开发权转移

开发权移转在美国的应用较广，其目的是集中发展应该被发展的区域，限制不应发展的区域。首先划定一个开发权的发送区域和接受区域。位于发送区域的土地所有权人对其土地的发展不能达到原规划条例规定的开发限度，但是他们可以将其未用的发展权出售给接受区域的土地所有权人。这个方式可以用来保护开发空间，限制生态脆弱地区的开发，或者实现历史性建筑的保护等广泛的社会和环境目标。

2.2.4 对土地整备的启示

存量土地开发伴随着巨大的土地增值收益，其分配作为利益博弈焦点，是存量用地开发的关键环节，也是开发能否成功的关键，更影响着城市的可持续发展。但当前的土地征收和出让制度使得大部分土地增值收益归地方政府所有，造成高房价、城镇粗放发展等问题。究其原因，是政府作为社会管理者和土地所有者的"二元性"造成土地收益分配不规范。一方面，政府作为土地所有者，以所有权收益最大化作为目标；另一方面，政府作为社会管理者，扮演着裁判的角色。存量发展阶段，利益主体需求的多样化、利益关系的复杂化都使得土地增值收益分配难度增大，也要求土地增值收益更大程度地在各利益相关主体之间合理共享。

所以，土地整备政策设计的关键，就是土地增值收益的分配，要运用多种政策工具平衡各利益相关主体的诉求，实现"各取所需"。首先，为了改变以往仅仅通过货币补偿的方式将原农村社区排除在土地增值收益共享范围外的垄断性做法，土地整备应当探索多元利益共享方式，向原土地权益人的土地开发权适当"让渡"。原农村社区可以享有部分土地的使用权，且可以入市交易、转让流通、抵押融资等，这样的制度设计可以保障原农村社区得以合法、可持续地享受城市发展增值收益，实现从利益排他向激励相容转变。其次，为了保障公共利益，同时减轻政府财政负担，土地整备应当进一步探索土地价值的捕获方式，收回更多的公共利益。比如公共基础设施配建，可以以奖励建筑面积的方式鼓励土地获得者兴建人才住房、公共租赁住房等，并由政府指定购买，从而实现双方互利共赢。又比如，社区拥有留用土地的开发使用权，由于不同规划用途会带来收益差异，土地整备需要根据规划情况、建筑容积率等进行地价联动的利益调节，向原农村社区分段收取地价，既避免规划容积率突破的困境，也可以保证政府收益。

2.3 产权理论

2.3.1 产权内涵和功能

（1）产权内涵

产权是一个复杂的概念，源于现实生活中产权的存在和运动的复杂性。从法学意义上看，产权是相对于某一个客体的静态的权利体系，主要是人对物的权利；从经济学的意义上看，产权实质是一系列用来安排每个人相对于物的行为规范，是每个人都应该遵守的与其他人之间的相互关系，以及承担不遵守这种关系的成本。从产权的外延看，产权是一种权利束，可以分解为多种权利。配杰威齐认为，产权包含了控制权、使用权、收益权、处置权、交易权等。施瓦茨明则认为，产权是人对有形物和无形物的权利，如表决权、履约权、专利权等。而从机制上看，产权是从国家或法律强制性的层面进行界定而形成人对资产权威的制度形式，同时又是通过市场竞争形成的人们对资产能够拥有权威的社会强制机制。因此，产权作为规定人们相互关系的规则，构成市场机制的基础，也是社会基础性的行为规则。

（2）产权功能
1）外部性内部化
产权最大的意义是能够将外部性内部化。当一个经济主体对另一个经济主体的影响不能够通过市场来解决而存在正外部性时，会削弱经济主体的积极性，而明确的产权可以给产权主体以激励性，使得外部性内部化。

2）激励和约束功能

产权关系既是一种利益关系也是一种责任关系，因此具有激励和约束功能。明确的产权可以界定行为主体的选择集合，使其行为有收益保证或者稳定收益预期，从而形成有利益激励和刺激。

3）资源配置功能

产权安排影响资源的配置、产出的构成、收入的分配等，从而使得资源中包含的产权进入决策效用函数。设置产权就是对资源进行配置，任何稳定的产权格局和结构都会形成一种资源配置的客观状态，产权变动也会改变资源配置的状况，改变资源在不同主体之间的流向、流量和分布。

2.3.2 土地产权制度理论

马克思在《资本论》《政治经济学批判》等著作中，提出了一系列产权思想。马克思认为，土地产权是一系列土地权利的集合体，其内部各个权能形式是相互矛盾和相互统一的，并处于一种结构状态。随着同一块土地上利益关系的复杂化，同一块土地的财产产生了不同的相关权利主体，出现了多样的土地权能，包括以土地所有权为核心而衍生的相关产权权利，以及彼此间相互矛盾的关系。

（1）土地所有权理论

1）土地终极所有权

土地终极所有权具有唯一性和排他性，只有一个主体可以拥有，并且随着时代发展，无论土地所有权被赋予什么其他附加权能，土地终极所有权始终只有一个，并且被社会和法律所保护。因此土地终极所有权是绝对的、社会认可的、支配性的权力。因此，马克思提倡，土地要收归国家所有，土地的终极所有权由国家控制，而其他附加的权能受到它的控制。土地终极所有权者一般不直接生产经营土地，其拥有的是对土地的最终和最初的控制权。

2）土地占有权

土地占有权是土地所有者对土地的实际控制权，是行使土地所有权和土地使用权的基础。因此，土地占有权一般由土地所有者行使，但也可以根据所有者的意志和利益分离出去，由非所有人行使。

3）土地使用权

土地使用权指土地的使用人按照土地的性能和用途进行事实上运用的权利。

4）土地收益权

指土地产权主体按照自己的土地产权而获取经济利益的一项权利。收益权是所有权在经济上的实现形式，人们所有或占有土地，都是为了在土地之上获取某种经济利益以满足自己的需要。

5）土地转让权

土地转让权指土地产权主体在特定情境中拥有的对自己土地产权进行转让的权利，包括两种形式：一种是土地所有者将土地所有权有偿或无偿地转移给他人；二是拥有土地其他产权的主体，也可在特定情境下对自己所享有的土地产权进行转让的权利。

（2）土地权能的结合与分离理论

土地各个权能形式既可相互分离，拥有独立的价值，又可以统一于土地终极所有权之下。但是在不同历史时期，不同的权能在结合的过程中，不会集中在某一个主体上，而是以自由的方式组合。权能分离的一个重要问题是如何监管代理者，使得代理者不损害所有者的利益，同时明确产权界定，避免不同权利主体之间的侵权行为。

（3）土地产权商品化理论

马克思将土地产权看作可以进入市场流通、买卖的商品，土地产权既是土地所有者——农民的基本生活维持收入的来源，也是一种生产要素，成为农业产品即商品的投入资本，当商品在市场中经过一系列流通产生剩余价值时，农民也拥有了为社会所认可的分割剩余价值的权利。

2.3.3　二元土地管理制度下的产权问题

资源有效配置的前提是土地产权的清晰。虽然我国存量土地盘活制度变迁经过了将低效率的计划配置资源的方式转向市场竞争机制的土地有偿使用制度改革阶段，限定政府为盘活主体的土地储备制度建立阶段，以及在城市经济转型倒逼下的盘活制度变革阶段，呈现出逐渐放松对产权流转的限制，增值利益更多向权利主体让予的特点。但是由于我国城乡土地仍然采取两套不同的法律约束，形成城乡二元的土地权利体系。刘守英提出，我国城乡土地拥有不同的配置方式，农村集体土地在交易、流转等方面存在限制，必须通过征收为国有土地后才能获得完整的交易和处置权益，农民难以分享土地增值收益，同时大量的集体建设用地不能合法进入一级市场，土地资源难以在城乡之间合理配置，城乡土地权能不对等、价格体系不相同，管理制度不协调，土地增值收益出现城乡间巨大鸿沟。因此，不少学者由此提出同地、同价、同权概念，即同样的土地，不论是集体所有还是国家所有，应具有同样的权能和市场价格，不因所有权的不同而有差异。

同权是基础，即无论是国有还是集体所有应当有同样的占有、使用、收益和处置的权能，特别是强调流转、抵押等处分权能。

2.3.4 对土地整备的启示

在我国城乡土地二元管理体系中，深圳的土地产权制度拥有更加强烈的特殊性。深圳存在的大量未完善征（转）地补偿手续用地，存在产权不清晰、后期政策不明确的问题，这些土地在使用权、处分权、收益权等方面在法律或者政策上都存在较大的桎梏，难以合法合理地在市场上流通。在巨大市场利润诱惑下，部分村民绕开政府管控，私下进行土地买卖和市场交易，造成管理混乱；同时未完善征（转）地补偿手续用地与国有土地犬牙交错，加大了国有土地开发难度，最终政府难以在该部分土地上实施规划，形成了"政府难以收回、土地权利人无法使用"的困局。而产权是市场机制的基础，明晰的产权是交易的重要前提，深圳的土地历史遗留问题成为城市管理者无法绕开的问题。

"有恒产者有恒心"，为了调动原农村社区参与存量开发的积极性，土地整备应当致力于产权明晰和利益主体确定的政策制度设计，通过权能再赋，实现土地重划和用地确权。在此过程中，要充分考虑深圳复杂的土地历史问题，辩证看待合法外用地在推动深圳早期城市化中发挥至关重要的作用和权益人实际使用的事实，统筹项目范围内历史用地的处置，既要将较高比例的历史遗留问题用地收回，也要通过土地整备将原农村社区实际使用的土地进行确权，使原农村社区能够合理合法地使用土地。确权后，该部分土地转为产权清晰的国有土地，取得了法理上与实际掌控情况的统一。同时，原农村社区也获得了留用土地的使用权，使原农村社区拥有稳定的发展预期，提升了土地的权能和价值，使原农村社区能够更好地使用土地发展产业等，避免原村民成为依赖房租的食利阶层。

2.4 交易费用理论

2.4.1 交易费用的内涵

交易费用又叫交易成本，是新制度经济学最基本的概念。罗纳德·科斯在1937年发表的《企业的性质》一文中最早提出了交易成本的思想。他认为，"交易成本是通过价格机制组织生产的最明显的成本。由于市场的运行是有成本的，所以通过组成一个组织，并允许某个权威来支配资源就能够节约某些市场运行的成本"。由于交易成本发生在一定的社会关系之中，所以是一种人与人的关系成本。此后，其他学者进一步丰富了交易成本的内涵。威廉姆森是科斯思想的集大成者，他分析了交易成本的决定性因素，提出了交易产品专属性、交易不确定性、交易频率三个因素，并将交易成本分为搜寻成本、信息成本、议价成本、决策成本、监督交易成本等。此后，威廉姆森又在1985年进一步将交易成本分为事前的交易成本和事后的交易成本。

2.4.2 交易费用与制度安排

科斯讨论了在交易成本为零、交易成本不为零等情况下的权力配置与资源配置的关系，即著名的"科斯三定律"：在交易费用为零的情况下，不管权利初始配置如何，当事人之间的谈判都会导致资源配置的帕累托最优；在交易费用不为零的情况下，不同的权利配置会带来不同的资源配置；因为交易费用的存在，不同的权利界定和分配，会带来不同效益的资源配置，所以制度的设置是优化资源配置的基础（达到帕累托最优）。交易费用的实质是交易费用对制度安排的影响，交易费用影响制度变更与安排，反过来制度安排也会影响交易费用。在很多情况下，不同的制度安排决定了交易成本的高低。因此，要推进土地利用的帕累托最优，实现土地利用效能的最大化，就需要政府做好制度的安排与设置，为不同行动者的博弈提供公正公平的平台，实现土地流动，并降低组织和交易成本。正如科斯所说"在某些条件下，经济的外部性或者说非效率可以通过当事人的谈判而得到纠正，从而达到社会效益的最大化。"

2.4.3 对土地整备的启示

根据交易成本理论，土地存量开发的重要内容之一在于能否通过有效的制度设计，降低空间转型的交易成本。在存量发展时代，土地二次开发面临的一个重要难题是产权的交易，其核心问题是利益的再分配，从而实现资源的有效配置。产权与交易制度是要素配置的重要内容，明晰的产权和清晰的交易制度是土地要素流动和配置的前提。但产权本身是一种交易，确定需要付出成本，在存在交易成本的世界里，产权安排对资源配置效率产生很大影响，而经济人的有限理性和机会主义、产权界定的不清晰等会导致高昂成本。深圳原农村社区模糊的权益主体和复杂的经济关系使得政府在征收土地和实施规划中成本大幅提高，政府要厘清、确定产权主体，需要投入大量行政成本。因此，土地二次开发的外部性需要由政府通过制度设计来解决。

首先，土地整备应当探索通过对价比例关系的政策设计来实现农村土地确权和权能再赋，让原农村社区可以进一步分享城市发展和规划实施带来的增值收益，降低实施难度。其次，为了降低土地整备的规划实施成本，可以在土地整备中充分发挥社区的纽带作用，由社区分别与政府和村民、非村民进行协商谈判，进行利益分配，统筹处理房屋和相关土地产权的分割和权利配置，既可以提高利益核算和确权效率，也将政府与相关权利人的利益博弈内化为原农村社区的内部决策和利益平衡。再者，相对于农村土地征收为国有土地后以"招拍挂"形式实现土地供应的制度设计，土地整备可以创新土地出让方式，例如通过协议出让留用土地的方式向原土地权利人倾斜，以降低原农村社区空间转型的交易成本。

2.5 协商式规划

2.5.1 协商式规划内涵

协商式规划又称为沟通式规划（Communicative planning）、协作式规划（Collaborative planning），其理论源于 1979 年德国社会哲学家哈伯马斯提出的"交往理性"和吉登斯的"结构化理论"。交往理性将交往者承认、重视并遵守共同的社会规范，及交往者的对话作为实现交往行为合理化的两个关键条件，即建立在主体与主体间相互理解基础之上，动态的、双向或多边交流的理性。吉登斯的结构化理论则认为，人们被所处的社会情境所塑造，同时也在积极塑造这种情境，权威结构、分配结构、观念等共同促进主体的理解并推动结构演变。这为构建和运作基于沟通、协作的规划提供了理论基础。福利斯特在哈伯马斯的交往理性和杜威等人的实用主义基础上，提出了沟通伦理和批判实用主义，认为规划师不是权威的问题解决者，而应当是公共利益的组织者，应注重倾听和调节。此后，学术界衍生了交往式规划、沟通规划、辩论规划、建立共识、协作式规划、论述式规划、协商规划等多个同源的概念与模型，这些概念与思想均提倡在多元主义思想下，寻求规划的决策过程中政府、规划师、开发商、公众等的多方合作并达成共识。

规划作为对空间资源的使用、收益进行分配和调整的过程，是一种涉及政府、市场、公众、社区等多利益主体的复杂、敏感的治理行动，需要平衡目前与长远、效益与公平、局部与综合、个体与群体的各种矛盾，统筹经济、社会、生态、技术等各方面的关系。早期的以精英主导的蓝图式规划具有高效实施的特点，对于城市的公共卫生、基础设施、环境恶化、种族冲突问题等发挥了重要作用。但随着现代社会的快速发展，蓝图式规划逐渐暴露出问题。空间是一个复杂综合体，交织着多元的利益主体和多维度的问题，寻求共同目标、价值和利益在一定程度上加大了规划的复杂性和难度。学者开始反思规划的价值取向，如达维多夫提出的倡导式规划和克鲁姆霍尔茨对公平规划的辩护都指出，规划者应该考虑规划的结果和弱势群体的利益，也有部分学者开始反思和批判系统规划方法的局限以及规划师角色权威的正确性与合理性，并探讨理性规划中公地悲剧和囚徒困境，推动规划理论者对广大市民意见和利益的考虑。与此同时，20 世纪，在社会主体日益多元化、利益诉求呈现多元化取向的背景下，公平、民主逐渐成为发达国家和西方先进城市聚焦的核心问题之一，强调"民主、自由的公民借助对话、讨论、审议、协商，在广泛考虑公共利益的基础上，利用理性指导协商，赋予立法和决策以政治合法性。"基于市民社会的民主正义被认为是保障规划实施的重要前提，需要以新的规划方式来回应规划中日益增长的争论、复杂性和不确定性，处理开发过程中的争端，协调公共利益与私人利益。在此背景下，国外学者提出了协商式规划的新路径，强调社会广泛参与，从追求高效的规划结果转向协调关系，并注重过程的平衡。

2.5.2　协商式规划的特点

协商式规划具有多方性、长期互动性和深入参与性的特点。首先，传统规划编制重视空间的布局，轻视土地的权益，重视规划理想，轻视意识共建，重视规划蓝图，轻视实施路径。人是空间的主要分配者和使用者，协商式规划将民众需求和公众意愿作为规划工作的主要方向，通过各种方式唤起人们的认同感和归属感，强调让各类主体参与到规划编制中，激发参与动力和培养参与能力，推动城市多元化发展。其次，协商式规划将公开、透明作为规划工作的基本要求，强调通过搭建公平、公开的沟通平台，建立多方长期、稳定的沟通关系，打破政府单方主导的做法，形成沟通机制，让主体可以全程性参与到规划的编制、决策、实施和监督中。再者，协商式规划重视社会和谐和可持续发展，将社会和谐与可持续发展作为规划的目标，通过多方协商、调解和谈判解决矛盾，构建规则明确的利益诉求和表达机制，协调各方利益，形成共同规划目标、行动纲领和实施方案，共同协作推进规划实施。

21 世纪以来，我国城市逐步进入市民化社会，市民权力得到社会广泛关注。而在城市规划领域，城市规划作为重要的公共政策，也面临着如何协调多元社会诉求、维护多元利益平衡的问题。传统的自上而下的强制性规划编制方法，缺乏与市场协商的基础，规划方案唯一性强，缺乏灵活性和弹性。市场化也推动城市规划由传统自上而下、强调政府主导的规划向协商和妥协为基础、重视各方利益的协商式规划转变。目前，我国对于协商式规划的讨论还处于初期阶段，大多数仍是点式的项目实践以及协商式规划的本土化理论研究，协商式规划的运作仍存在制度和认知上的障碍。首先，协商式规划中公众参与的制度仍不健全，仍需要进一步探索及完善协商式规划所依托的平台和机制。其次，公众参与意识不强。因此，探索激发相关利益者的参与动力，并促使其通过主动学习和了解提高规划参与的能力，是协商式规划需首要解决的问题。此外，如何搭建沟通平台和建立沟通机制，促进冲突暴露和问题聚焦也是协商式规划的操作难点。

2.5.3 对土地整备的启示

早期政府强调其在规划中的主导作用，以"自上而下"原则编制规划，垄断了用地供应和土地处置，形成"征收土地—转变用途—招拍挂"出让土地的新增用地规划编制模式，在制定规划时比较强势。但是随着对土地权益和房屋财产权的重视，以及土地价值预期在快速城市化下的不断提升，在存量时代继续原有的以刚性控制、技术分析为导向的规划难以保障多元、弹性的用地需求，实施起来困难重重。

首先，相比较内地城市，以开放、包容、市场化为主要特征的城市文化使得深圳形成"大市场、小政府"的格局，协商规划的实行具有文化基础。其次，深圳已经基本实现全面覆盖的法定图则[1]与原农村社区土地利用现状存在错位、错配问题，亟待通过共同协商、深度互动的方式进行完善。从实施情况看，原农村社区法定图则实施率较低，大量规划确定的公共基础设施难以落实，同时原农村社区零散、碎片化的土地空间也与法定图则的地块边界存在错位；从发展意愿协调看，法定图则更多体现城市发展意愿，以刚性手段为主，而原农村社区土地利用空间则更多反映土地利益格局和产权关系，制定时协商不足的法定图则，难以反映原农村社区的发展意愿和土地诉求。所以存量时期的土地整备规划，应当以共同协商、深度互动、充分博弈、达成共识的方式进行，使得政府从单一的资源占有者变为多方利益的协调者。首先，相比以政府为主导、体现政府城市发展意愿和土地开发意图的法定图则，土地整备规划应创造一个社区、政府、技术编制单位、相关权利人等共同参与的平台，在规划范围划定、留用土地选址、规划指标安排等方面体现社区利益诉求。其次，规划方案在编制、审批等环节都需要经过原农村社区股东代表大会表决。在此过程中，政府的根本目的是落实规划，优化调整用地结构，提高土地资源利用效率，具体目标是确定社区留用土地的容积率、校核片区的公共基础设施情况；而社区的主要目标是确定社区留用土地的功能、容积率和社区配套设施等。政府通过刚性控制公益性设施，合理分配经营性用地，保障了公共利益诉求；社区根据自身发展导向和诉求，通过参与到留用土地的规划中，更好地决定社区的发展方向。

2.6 合作治理理论

2.6.1 合作治理内涵

作为新治理的重要特征，合作在社会治理中的地位越来越重要，能够更有效地改善公共政策的制定和执行。在传统的社会治理路径中，政府通过收紧权力、建立等级森严的组织、颁布法令制度等创建"秩序"。然而，进入工业化时代，一方面，传统治理路

1 深圳法定图则是对各片区土地利用性质、开发强度、配套设施等控制性要求作进一步明确的规划，相当于其他城市的控制性详细规划。

径出现了治理瘫痪：权力路径下权力视差导致的压迫或控制，法律路径面临法律刚性与现代治理时效性之间的排异，管理路径面临政府的"我在性"思维引发的行政傲慢问题。而另一方面，经济的发展，社会结构的多样化，新的社会群体、利益、组织的蓬勃发展，呼唤着社会治理朝着"合作"方向发展。在此背景下，合作治理作为一个新兴的理论逐步引起关注。国外学者安舍尔（Ansell）和加什（Gash）认为，"合作治理"是为制定或执行公共政策、管理公共事务，由政府部门和非政府部门的利益相关者直接参与，旨在以共识为导向的集体决策过程的制度安排。我国学者张康之则基于治理目的的多元价值因素，认为合作治理是多种治理主体在平等、主动、自愿的原则下以某一方为侧重参与社会公共事务的治理方式。也有学者认为，合作治理并不是国家和社会关系的对立，而是国家与社会对公共事务的合作管理。总的来说，合作治理是公私部门为了实现公共治理的目的而开展的权利分享与协作。在政府主导下，通过制度创新发展相互合作关系，动员市场、社会组织、公众等参与到公共事务的治理中，将所有利益相关者包容在合作讨论平台中，通过平台讨论公共政策问题并形成解决方案，是公共危机应对的必然选择。相对于管理，治理的内涵更加广阔，不仅仅包括了由政府主导的一元治理模式，还包括由政府、开发商等联盟形成的"增长同盟"的治理模式，由开发商与社会联盟形成的以市场为主导的治理模式和以社区主导的治理模式等。

2.6.2 我国合作治理的发展及趋势

我国治理发展具有独特的历史背景。在注重等级制度、加强中央集权的古代，宗族血亲、地方力量等通过提供的公共物品，成为补充中国正式国家体系的重要力量。进入近代，国内外危机、战争和权力争夺使得基于等级制度的管控进一步发展，并在新中国成立早期形成统一的社会体系来实现公共利益的最大化。改革开放以后，党政分开、国有企业改革、现代企业制度建立等政治化改革和市场化改革使得我国社会空间逐步浮现并得以扩展，共同推动了中国公共行政的萌芽，跨部门的合作、特许经营和公私伙伴关系、服务合同兴起。同时，20 世纪 90 年代的分权改革通过权力下放强化地方政府的利益主体角色，使得地方政府成为地方经济增长的"剩余索取人"，激励地方政府充分挖掘地方资产、开展地方性改革试验。地方性政府依靠强大的行政资源与开发企业结成联盟，形成社会主义特色的经济增长同盟，没有社会资源的居民难以与其抗衡，被排除在决策和实施之外，表现在土地二次开发中就是强制拆迁。

当前，我国经济社会面临着一系列的挑战，例如老龄化、严重社会分层、腐败等公共难题。同时，随着我国市民社会的日益成熟和民主意识逐步普及，延续"大政府""全能型政府"的理念已不再适合复杂的环境，政府应当向社会让出部分空间。在此背景下，为实现公共目标，在公共、非营利以及私人部门内部或者跨部门间所进行的权力的共享、协作的合作治理，作为一种整体性的治理模式，正逐渐成为我国政府解决各种公共和社会问题的新型手段，并通过关注广泛的利益和权力分配及互动合作方式，为解释我国统一而不断演变的政治体制和公共治理的实践提供了新视角。

在我国特殊的历史背景下，强调各方的平等地位和权力共享的合作治理，对以政府占主导地位的传统文化具有一定冲击，因此应坚持渐进主义的原则，逐步探索、推广。首先，应坚持合作治理中政府的领导、协助、沟通角色，构建政府、社会、市场之间的协调机制，以保证合作治理不偏离公共目标。其次，应当以法治为基础和保障，多元协同是合作治理的前提，不同价值取向的治理主体协商需要利益的妥协，只有构筑利益保护的法治栅栏，才能够使不同治理主体间找到契合点，避免寻租行为和腐败现象等抵消合作治理带来的益处，从而确定最佳的治理方案，保障让步利益主体和公共利益。

2.6.3 对土地整备的启示

以往的存量土地开发仍然有土地财政的影子——政府掌握着较大的开发主动权，以"征收土地—转变用途—供应土地"的方式进行开发。这种模式中政府占据主导地位，忽视了原农村社区、原村民等权益人作为社区主体参与治理的必要性、可行性，存在不少问题。首先，相对于多元参与的实际需求，二次开发中治理机制相对滞后，缺乏对明确参与者权力的有效制度保障，在一定程度上促使参与者通过非制度化的方式来维持或者争取更多利益。其次，各方参与者由于掌握的资源、具备的能力不同，拥有不同的决策权力，在缺乏合理的博弈平台下，强势群体很容易对弱势群体进行利益剥夺，不利于权力分享与协作，难以实现和谐、可持续发展的社会管理。

与城市更新通过市场化解决、预期收益较大的经营性开发方式相比，土地整备被赋予更多社会治理的期望，包括公共设施建设、发展空间拓展和土地历史遗留问题处理等。作为以公共利益为导向的土地整备，应当在制度设计中建立政府、原农村社区、相关权利人、市场主体等多方主体协调谈判的工作机制，将合作治理贯穿于土地整备实施全过程。所以，对土地整备中各利益相关主体的角色进行界定是最为重要的问题。其中，政府是土地整备的制度设计者，也是利益相关者之一，在土地整备过程中起主导作用。市级政府对全市事务有统筹安排的能力，因此应主要负责全市土地整备政策的制定、规划编制、项目审批等工作；区级政府作为基层治理的主体，对本地实际有更加深入的把握，应主要参与到具体项目的推动和实施中，负责提供技术支持、项目监管以及项目申报审批等工作；街道办与原农村社区联系最为紧密，应主要侧重于谈判和实施工作的组织协调与操作引导；原农村社区既是土地整备地区过去的生活主体，也是今后的发展主体，他们对本社区发展有最为深刻的感受和理解，在土地整备中应当发挥主体作用，承担着与政府、原农村社区居民等参与者的协调谈判和具体实施工作；市场主体掌握了更多的信息，具有较高的执行效率，既减轻了财政压力，也为社区提供更多开发经验，也应当在土地整备中拥有一定话语权。总之，明确的角色分工能够保障政府、原农村社区等相关权益人在土地整备中的充分参与权，实现共治共享，提高决策水平。

第 3 章　经验借鉴

　　深圳土地整备是在存量时代背景下，为应对超大城市的快速发展建设而产生的、集多种政策工具于一体的综合性存量开发手段，具有鲜明的地方特色。独特的城市发展背景，使得这样的实践不仅在国内其他城市少有，在国际上也难以找到完全相同的实践案例。但他山之石，可以攻玉，本章选取了德国、日本、中国台湾和中国香港等的类似实践作为案例，通过借鉴国内外在土地整理、市地重划、市区重建等方面的优秀经验，挖掘其中对深圳土地整备有益的启示。

第 3 章 经验借鉴

3.1 德国——土地整理

德国的土地整理由来已久，早在 1886 年，巴伐利亚王国（现为德国巴伐利亚州）就制定了第一部《土地整理法》。其后，伴随着德国不同社会经济发展时期所带来的现实需求，德国对《土地整理法》进行了多次修订，土地整理的内涵、目标、手段等不断演进，从最初的保障农业规模化生产，转型为结合生态保护、村镇革新、文化传承、城镇一体化等内容的区域整体可持续发展策略。经过多年的实践检验和政策完善，目前德国土地整理体系已经十分成熟，是欧盟乃至全球学习参考的重要范例。

3.1.1 发展历程

（1）第一阶段（19 世纪初—20 世纪初）

19 世纪初到 20 世纪初为德国工业化阶段。工业化进程使农业生产机械化成为必然趋势，因此这一阶段的土地整理主要以改善农业生产条件和推动农业生产机械化和规模化为目标，针对零散的农地实施集中连片措施，提高了农业生产率，推动了城市化进程。

（2）第二阶段（20 世纪初—20 世纪 70 年代）

20 世纪中期，随着信息化产业及新兴服务业的兴起，以城市为集聚点的第三产业迅速发展，吸引农村人口向城市流动。新兴城市不断迅速发展，实行以大城市为龙头，大中小城市并行，小城镇星罗棋布的分散化、均匀化发展布局，实现"生活等值"，即坚持均衡发展的原则，使不同地区的民众能够享有同等的生活水准、生活环境和生活质量。这一阶段的土地整理主要结合基础设施和公共事业建设开展，建立良好的区域交通、通信、供水、供电等基础设施网络服务，加强城市之间的联系和要素流动，完善城市和小城镇功能，统筹城乡发展。

（3）第三阶段（20 世纪 70 年代以来）

20 世纪 70 年代以来，进入以高新技术为支撑的后工业化时代，社会经济和科学技术迅速发展的同时也产生了城市拥堵、噪声污染、生态环境恶化等问题。土地整理围绕可持续发展目标变得更加综合化，增加了景观环境保护和乡村更新的内容，其目标在于追求经济、社会、环境的有机统一，成为促进农村综合发展的主要工具。

3.1.2　经验做法

（1）实施主体

19 世纪初，德国土地整理不是行政行为，而是在政府指导下由全体地产所有者共同参与实施的经济活动。土地整理组织体系由政府行政机构和社会法人团体两部分构成，前者作出土地整理行政决策，后者实施土地整理项目。在政府行政机构中，联邦政府负责土地整理政策法规制定，州土地整理局负责领导和监管辖区内土地整理局和社会团体联合体，地方（市）土地整理局负责土地整理项目的审批、检查和监管。在社会法人团体中，土地参加者联合会由土地整理区域内全部地产所有者和部分政府行政人员、学者组成，负责土地整理方案的制定和执行；农村发展管理协会作为地方（市）所有参加者联合会的联合体受参加者联合会委托，承担各联合会招标、建筑工程管理等工作。

"以政府为主导，社会组织负责实施"的组织模式，既保障了公共利益，又保护了私人权益；既发挥了政府宏观规划职能，又提高了具体方案的可行性和合理性，有效地降低了土地整理中的利益冲突和目标冲突，提高了土地整理质量和效率。

（2）补偿原则

在补偿原则上，德国宪法规定私有产权是个人自由的前提，但又规定财产所有权包含着服务于公共利益的社会责任。这一宪法原则使德国政府对私人财产有广泛的规制权，财产补偿义务比较小。土地整理实行"等价值补偿"和"涨价归公"的原则。每个参加土地整理项目的权利人都能获得一份与纳入土地整理的宗地价值相等的土地补偿。

在土地价值提升的趋势下，依照等价值补偿的原则，权利人重新分配的土地面积通常小于原有土地面积，因此产生的剩余土地可由政府用于修建道路、广场、文体等公共设施。项目区公共设施的完善是公共利益和个人利益的体现，实现了公权和私权的融合。

（3）土地整理费用

土地整理费用分为程序费用和实施费用两类，其中程序费用主要包括土地整理过程中的行政办公费、专业评估费等；实施费用主要包括公共设施修建费用、土地修整和改良费用、土地测量标界技术费用、参加者联合会业务费（成员补助）和管理费等。

土地整理费用一般由政府资助80%（其中联邦政府60%，州政府40%），土地所有者自筹20%。政府资助土地整理费用比例可以有导向地调整，例如土地改良，政府一般资助70%；道路、水渠规划和建设，政府资助70%～90%；生态环境保护和景观保护，全部由政府承担。资助导向政策有利于促使土地整理参加者重视公共利益、生态环境保护，实现土地整理综合目标。

（4）土地整理中的公众参与

无论是空间规划还是土地整理，德国都非常重视"自下而上"的公众参与和地方政府、部门间的横向协调，这种纵横双向协调机制是由《空间规划法》和《土地整理法》予以保障的。

"自下而上"的决策过程不仅体现在联合会负责具体实施土地整理的组织方式上，也体现在农村发展规划、方案和土地整理方案需反复征求当地居民意见的公众参与模式上，纵向协调增强了公众责任意识，弥补了单纯技术研究的局限性，增强了项目设计的可行性和科学性。

3.1.3 实践案例——巴伐利亚州的土地整理

巴伐利亚州是德国最大的农牧区，近年来主要依靠其现代化农村建设的突出表现，一跃成为目前德国经济发展最好的联邦州之一。在发展过程中，巴伐利亚的农村不可避免地遭遇到世界各国农村发展的共性问题：人口老龄化与劳动力失调、基础设施建设滞后、财政收入难以为继等。在此背景下，巴伐利亚州进行了一系列的乡村革新，目的在于让不同地区的居民都能享受到等值的生活条件。为实现这一目标，巴伐利亚政府所采取的主要手段是土地整理。

巴伐利亚约有13万名农场主，由于历年来遗产继承分割产权等原因，土地所有权比较分散，人均农地面积仅为110公顷左右，低于周边平均水平。在农业高度机械化的德国，分散的农地产权显然不适应大面积的现代化农业种植要求，阻碍了地区发展。为此，巴伐利亚实行的土地整理是通过土地置换的手段，将分散、畸零的用地进行整合，便于大型农机作业。此外，由于土地的耕种条件通常根据地理情况成片分布，土地整理能够使更多成片的优质土地集中用作农业生产，而劣等的土地则可以用作农业基础设施、加工配套设施、工厂等建设，大大提升了土地资源的使用效率。

科学有效的土地整理使原本较为落后的巴伐利亚州焕发了巨大的活力，不仅吸引了大量中小企业在此落户，同时还保留着田园牧歌式的乡村生活，既支撑了地区产业的发展，又催生了旺盛的旅游业需求，成为德国生态建设的一张亮丽名片。

3.1.4　对深圳土地整备的启示

作为最早制度化开展土地整理的国家，德国在历史悠久的实践中逐步形成了一套行之有效的工作方法，其中不乏可借鉴之处。

土地估价方面，德国的土地整理中，土地所有者通过贡献自己一部分土地的方式来获得政府提供的土地改良收入，而其放弃的土地将免费提供给政府用于公共设施建设。政府在改良前后对土地进行两次市场价值的评估，这种评估可以通过德国国家"土地价值公报"（公立的专门提供土地估价服务）或者第三方土地估价公司进行，这种土地估价体系在德国已经相当成熟。一方面通过规范评估计算方法并邀请第三方独立估价机构参与评估，更容易取得土地所有者信任，使补偿价格更容易被重建双方接受。就深圳而言，在进一步规范补偿金额计算方法的基础上，可在土地整备中探索引入第三方市场机构参与补偿价格评估。将政府机构与市场机构的评估结果赋予权重后，取加权平均值计算补偿价格。此外，可逐步放开评估限制，探索允许业主委托有资质的估价机构进行评估，在与政府补偿价格不一致时，通过第三方进行裁决补偿价格，提高补偿的公信力。

土地整理项目财务平衡方面，德国的经验做法是，根据评估前后的价值差异，政府和土地所有者通过协商，确定土地整理后重新分配给原土地所有者的土地面积。对于土地所有者来说，其利益在当时不减少，而且未来还存在增值空间；对于政府而言，除了公共基础设施建设需要的部分土地外，还能有剩余土地，因此一般能够弥补 90% 以上的改良投资，甚至有盈利的可能。对深圳来说，由于近年深圳经济发展态势良好，在政府雄厚的财政力量支持下，深圳市的土地整备工作主要以落实基础设施为导向，甚少从财政收支角度考虑项目操作的可持续性。从城市发展和政府运作的长远角度来看，考虑到不同地方经济发展的差异性和阶段性，不应一味依赖财政收入作为整备资金来源，可探索综合运用规划、产权等工具，争取更多的整备资金来源，以保障公共项目用地为前提，加强土地整备项目推进的可持续性。

3.2　日本——土地收用

日本作为世界第三大经济体，凭借极其有限的国土空间支撑了密集的人口和快速的经济发展，这离不开其完善的土地管理制度和完备的土地收用程序。由于土地收用涉及敏感的土地权益问题，为保障征收流程的规范性，日本一直强化相关法律支撑，通过《土地收用法》《城市规划法》《国土基本法》《国土利用计划法》等系列法律规章，对土地收用的程序、补偿原则、公众参与等内容都作出了详细的规定。对深圳市土地整备来说，日本土地收用的实践在法律保障和流程设计等方面均有可借鉴之处。

3.2.1 发展历程

1947 年颁布的《日本国宪法》第 29 条第 3 项规定："私有财产在有正当补偿之下，可供公共所使用。"为了城市开发过程中公共事业的建设，取得公共用地自然是必不可少的，这需要剥夺原土地所有者享有土地或建筑物的所有权或租借权。1951 年，日本颁布了《土地收用法》，作为保障一般土地收用制度的基本法律。60 多年来，《土地收用法》几经修改，与《城市规划法》《公共用地取得特别措置法》等特别法一并构成了日本土地收用的法律体系主干法。

《土地收用法》第 1 条明确规定："本法的目的是，规定公益事业所需必要土地等的征收或使用有关的要件、程序、效果以及伴随的损失补偿，谋求公共利益的增进与私有财产之间的协调，有助于国土适当且合理的利用。"可见，该法旨在以土地收用的手段实现公共利益与私人权益之间的协调，并且围绕此目标，对原土地所有人的损失补偿也有详细的规定。

3.2.2 经验做法

（1）强制征收前的斡旋与仲裁

在日本，根据《土地收用法》第 15 条之 2 至第 15 条之 6 规定的斡旋程序，公共用地的取得首先会通过事业承担人（一般为政府）和土地所有权人之间的买卖交涉来进行。若双方未能协商一致，任何一方都可以向都道府县知事提交斡旋申请，请求斡旋委员的帮助。

如果双方未能就土地所有权买卖达成一致，但谈判内容仅限于赔偿问题的话，可以直接向仲裁委员会申请仲裁。作为民事仲裁，仲裁结果不具备法律强制性。

（2）事业认定与收用裁决

如果未能通过斡旋和仲裁的民事手段实现土地的收回，双方始终无法达成一致协议，公共事业的建设又迫在眉睫，即会启动土地强制征收的流程。

强制征收的第一步是事业认定，即认定征收行为是否为了服务于公共利益的目标。事业认定是政府的行政行为，是实施土地收用行为的公权力保障。由于土地收用和再建设会对土地所有人、相关利害关系人甚至周边居民带来重大影响，因此《土地收用法》在事业认定阶段提供了各种程序性保障，如举行事前说明会、召开听证会、发布公告、提出意见书、信息公开等。

事业认定许可下达之后，征地事业就会进入收用裁决阶段。收用裁决的下发意味着土地权的正式转移。收用裁决分为两种：第一种是权利取得裁决，它是指决定土地所有权转移具体时间以及损失补偿事项的裁决；第二种是迁出裁决，它必须在作出权利取得裁决的同时或其之后发布，其内容是具体决定原所有人搬迁的时间以及其他补偿（迁出费用等）。收用裁决必须在事业认定许可下达一年之内出具，一是为了加快项目推进，二是防止出现因时间过长而导致的约定条件变化的情况。

（3）损失补偿

公共事业产生的公共利益是社会全体享用的，而基于此目的的土地收用必然会给土地所有者或相关权利人带来损失，这些损失也应完全由社会全体平等负担。在此基础上，形成了日本的土地收用补偿程序。

根据《土地收用法》的相关规定，在事业认定和收用裁决两阶段进行的同时，损失补偿是贯穿始终的。原则上，土地补偿金会在下发收用裁决时发放，但土地权利人也可以要求在事业认定之后提前获得补偿，具有一定的灵活性。

1）土地收用补偿的原则

土地收用补偿的原则主要包括完全补偿原则、通损补偿原则和补偿方式多样原则。其中，完全补偿原则是日本土地收用补偿的核心，指的是对土地权利所包括的所有利益进行完全补偿。通损补偿原则，指的是对于土地收用过程中产生的损失，如转移费用、营业损失等进行补偿。补偿方式多样原则，是指虽然日本《土地收用法》原则上以货币形式进行补偿，但也存在用替代物进行实物补偿的情形，比如换地补偿等。

2）土地收用补偿的内容

土地收用补偿的内容可以分为"有关土地的补偿"和"有关让出的补偿"。

有关土地的补偿，主要是由于土地价值、租地权等衍生权利的消灭而造成的损失，其补偿额根据权利的交易价格、合同内容、收益性等因素综合计算。若因土地部分被征用，造成剩余地的价格下降而遭受到的损失，也可以得到补偿。补偿额的计算标准以事业认定公告日价格为准。

有关让出的补偿，主要包括建筑物补偿，即转移建筑物所需的费用；建造物补偿，即转移围墙、门等建筑物之外物件的费用；树木补偿，即移植庭院树木的费用。除此以外，还包括因土地收用而通常会发生的损失，主要包括动产转移补偿，租借人补偿和停止营业补偿。补偿额的计算标准以作出交付裁决时的价格而定。但是，为了防止原权利人利用违法抢建、加建的方式侵占公共利益，事业认定后，未得到政府批准而新建、扩建的建筑物，不能作为补偿的内容。

3）土地收用补偿的方式

土地收用补偿主要有货币补偿和土地置换两种方式。其中，土地补偿金是最主要的补偿方式，数额是公布认定公告时附近同类土地的交易价格乘以物价变化的校正系数。土地置换，是应被征收人要求，征收主体应当统一用置换土地顶替全部或者一部分土地补偿金。

3.2.3 实践案例——"仓吉市城市规划案"最高法院判决

虽然根据《日本国宪法》规定："私有财产在有正当补偿之下，可供公共所使用"，但关于"正当补偿"的界定，学界一直有所争论。主流的观点分为 "完全补偿"和"适当补偿"两种。在日本的司法制度下，最高法院对具体案件的判例具有重要的参考意义，而"仓吉市城市规划案"无疑是关于土地收用补偿标准的一个重要判例。

1948 年，依据仓吉市最新发布的城市规划，市内某块土地被划定为公共道路用地，并计划在 1964 年最终完成征收工作。在此期间，由于《城市规划法》对规划公共道路用地上的建筑给出了明确的建设限制，因此这块土地经历了明显的地价下降。而在 1964 年政府向土地所有权人发放征地补偿时，补偿价格是依据 1964 年较低的地价水平测算得出的。为此，土地所有权人向法院提起了诉讼，主张这一算法违背了宪法关于"正当补偿"的要求。经过连年的层层上诉，最终在 1973 年，最高法院给出了如下判决：

因为《土地收用法》中损失补偿的目的是为特定公益上必要的事业而征收土地时，谋求挽回该土地所有者遭受的特别牺牲，因而必须是完全补偿，也就是使得与被征收人的财产在征收前后这段时期价值相等的补偿。用货币进行补偿就是指，可以让被征收人取得在附近的，与被征收地同等之代替土地的金额。《土地收用法》第 72 条应当被解释为体现以上趣旨的规定。

根据这一解释，原告赢得了这场诉讼，获得了依据该土地在 1948 年未经历地价下降时的补偿。该判决被认为是站在完全补偿说的立场，明确指出了《土地收用法》的补偿原则，体现了日本最高法院最大限度保障财产权的精神。自此判决以后，完全补偿的思路在实践中得到了确立，成为日后土地收用补偿的重要原则之一。

3.2.4 对深圳土地整备的启示

从日本的土地收用可以看出，法治精神是贯穿始终的重要原则。由于土地收用同时涉及城市公共利益和私人利益，往往金额庞大，社会影响突出，因此更加需要严谨的法制保障。日本通过严格的法律对每一个环节进行约束，以期达成宪法规定的经过正当补偿后的公共利益的实现。

在土地收用的程序方面，有别于纯粹的政府行政行为，日本在启动强制征收前设置了斡旋和仲裁环节，优先通过沟通的方式争取与民众对损失补偿等内容协商一致，有效降低了可能带来的社会风险。

深圳一直走在全国改革开放的前列，同时也是公认的政府服务意识较强的城市。在土地整备的探索中，有很多积极有益的措施，逐步建立了灵活运用多种手段实现利益平衡的政策体系。对于其中一些经过实践验证的、成熟的做法，应该尽快以法律的形式进行明确。此外，还可参考日本土地收用的斡旋和仲裁环节，在土地与房屋征收的工作前期增设与被征收人的协商环节，充分了解各方利益诉求，更好地服务城市公共利益目标。

3.3 中国台湾——区段征收和市地重划

区段征收和市地重划都是中国台湾地区推动旧区改造、落实城市重大设施的重要工具。区段征收属于土地征收的一种，遵循完全补偿的原则，能够在现金补偿和抵价地补偿之间灵活选择，加强了土地征收的可操作性。市地重划本质是土地整理，是将产权人原本畸零破碎、利用效率低下、价值不高的土地进行重新划分整理的方式。它将一部分土地转变土地用途后返还给原产权人，并提升公建配套，落实公建的费用由土地溢价和抵费地[1]实现平衡。区段征收和市地重划在台湾地区城市化建设过程中发挥了非常积极的作用，在落实大批公共利益项目、提升城市整体建设水平的同时，保障了土地原权利人的合法利益，兼顾了效率和公平。

3.3.1 区段征收

（1）主要内涵

从本质上来说，区段征收是征收的手段之一，但相比于一般征收，区段征收能够返还被征收的所有权人部分土地，其做法又较一般征收完善，能够为政府与土地所有权人共创双赢。相较于一般征收，区段征收属于政策性征收，征收范围大，并通过抵价地[2]补偿的方式实现完全补偿，使被征收人能够恢复征收前的生活状态，因此也更多地体现政府对土地原权利人财产权的尊重。

（2）实施目的

区段征收的目的，是基于城市建设发展需要，提升一定区域的土地利用价值。其立法精神保留了征收的强制性，一方面使征收具有强制力，另一方面也令开发后的建筑用地更加集中，达成整体规划的目的。

区段征收主要用于大型基础设施用地的取得及基础设施周边用地的全面规划。该制度结合了市地重划的优点，可在不损害被征收土地所有权人土地价值的情况下取得基础设施用地，同时，又加入了强制征收的法律效力，土地可不按原区位返还，以实现整体规划，便于大型基础设施落地。

基于区段征收的目的，在其征收完成后，区段内的土地可分为四种类型：

①大型公共设施用地。征收完成后，拨供需地机关使用，让售给需要土地的公营事业机构。

1　实施市地重划所需费用，包括工程费用、重划费用、贷款利息等，由出售抵费地所得金额抵充。

2　区段征收中，应土地所有权人要求，部分土地返还给土地所有权人，以补偿土地所有权人的损失。

②配套设施用地。征收完成后，由政府直接支配使用，兴建城市规划中预定兴建的基础设施。

③抵价地。返还给土地所有权人，以补偿土地所有权人的损失。

④剩余土地。总土地在扣除基础设施用地以及抵价地后，剩余的土地可办理公开标售、标租或设定地上权。处分土地后的收入，在偿还开发费用及补偿金后，存入平均地权基金。

（3）实施时机

区段征收的实施时机，基于实施目的，在下列工作开展时实施：

①对新划设城市地区的全部或部分地区，实施整体开发与建设。

②为了加强旧城市地区的公共安全、卫生与交通功能，或是促进旧城市地区内土地的合理使用而实施城市更新。

③城市的农业区、保护区变更为建筑用地，或工业区变更为住宅区、商业区。

④开发建设农村土地。

⑤农村社区为加强基础设施、改善公共卫生的需要或配合农业发展规划而实施农村更新工作。

⑥对其他依法可以进行区段征收实施整体开发的地区进行开发。

上述规定表明，区段征收的上位计划是城市规划、非城市地区的土地使用管制规则，因此其征收实施的范围，不局限于城市地区，还包括非城市土地开发以及农村社区。基础设施建设是其主要功能，而基础设施的类型与布局，则按照城市规划、非城市地区的土地使用管制规则的规划，以最终确保城市地区开发、旧城市地区土地合理使用、使用分区变更下的配套开发、非城市土地成片开发、农村公共卫生环境改善以及农业规划的实现。

（4）办理程序

区段征收主要用于大型基础设施建设用地的取得及其周边用地全面规划，其办理程序包括了实施地区选定、区段征收计划书拟定、补偿费发放与抵价地申请、工程规划设计及施工、抵价地分配、地籍整理及交地作业以及土地处理等。区段征收的主要环节如下：

1）实施地区选定

征收作业的实施，应当有明确的法源依据。区段征收的法源依据，大部分情况下为城市规划。城市规划规定应办理区段征收的地区，其细部计划已发布实施且明确记载区段征收范围时，依该范围办理。城市规划规定应办理区段征收的地区，但未明确记载区段征收范围时，由需用土地人会同当地直辖市或县（市）主管机关及其他相关勘选。还有一种情况是基于兴建重大设施的需要，先行进行区段征收，此时要先办理变更城市规划以取得法源依据，再予实施。

上述规定也表明，区段征收的上位计划是城市规划的主要计划与细部计划，以及非都市土地使用管制规则，故区段征收没有自行决定变更目的的权利，而要依照城市规划所编定的内容实施，作为落实城市规划的工具。因此，区段征收的实施地区，包括了新城市地区、保护区土地变更、非城市土地、农村社区。虽然区段征收也可应用于旧城市地区，但由于旧城市地区土地价值较高，地主较欢迎发回55%土地，故仍以市地重划搭配权利变换为佳。

2）区段征收计划书拟定

征收计划书的重点，在于预测开发费用能否回收，故其重点在于地价评估及未来发展评价。根据《区段征收实施办法》第五条的规定，区段征收评估报告书，应记载下列事项，并应附具范围图：

①开发目的。

②法令依据。

③区段征收范围勘选原则、四至及面积。

④土地权属及其面积、土地使用现况。

⑤城市规划或土地使用配置规划情形。

⑥预计土地所有权人领回抵价地比例。

⑦土地所有权人意愿。

⑧开发总费用、经费来源、偿债能力等财务计划分析。

⑨目前实际作业情况及预定工作进度表。

⑩总结。

区段征收范围勘选原则、四至及面积，是在考虑土地权属及其面积、土地使用现况、城市规划或土地使用配置规划情形、预计土地所有权人领回抵价地比例等四个事项下，通过财务计划测算后最终确定。

3）修正城市规划

区段征收范围勘定后，应配合办理变更城市规划。直辖市或县（市）政府在征得"中央"主管机关同意后，应办理城市规划通盘检讨变更，或基于配合中央、直辖市或县（市）兴建之重大设施，办理快速变更，并于一年六个月内发布实施主要计划，于主要计划发布实施后六个月内发布实施细部计划。若是先行进行区段征收，再修改城市规划，应于区段征收公告期满一年内发布实施修改后的城市规划。

抵价地分配阶段，也可能产生与原城市规划相互抵触的问题，若区段征收区内城市规划所划设的街廓或道路无法符合抵价地分配需要时，要在不妨碍原城市规划或土地使用计划规划及道路系统的原则下，增设或加宽为十米以下道路。道路增设或加宽后，在抵价地分配结果公告确定后，依法办理城市规划细部计划变更或非城市土地分区或用地编定的变更。

4）抵价地申请

抵价地用于土地被征收的补偿。当土地所有权人未提出申请发给抵价地时，其土地补偿的部分，才按其应补偿金额发给现金补偿。抵价地分配，原则上不按原位置分配，但若申请按原位置保留分配土地，要会商需用土地人订定原位置保留分配审核作业规定。能够按原位置分配的土地，有其先天条件。以台中市为例，在《台中市区段征收范围内合法建筑物基地申请原位置保留分配审核作业规定》第五条指出，合法建筑物有下列情形之一时，不予原位置保留分配土地：

①位于公共设施用地范围者。

②妨碍街廓抵价地分配者。

③有影响区段征收工程之虞者。

④所附证件不全或原申请发给抵价地案件未经本府核准，经通知补正，申请人未于期限内补正或经补正后数据仍未完整者。

⑤其他有具体事实足以认定妨害区段征收进行之虞者。

⑥核算补偿费用及拟定拆迁安置计划。

补偿费包括土地补偿、建筑改良物、农作改良物、土地改良、营业损失、人口及地上物迁移费。前述费用，需由三家专业估价业者估价后，选定其中一家结果为准。其查估方法，则散见于相关法令。选定估价结果后，前述补偿费用的公告期限为15日，公告15日期满后，正式发放补偿费。

区段征收范围内已办理建筑物登记的建筑改良物，在妨碍城市规划或区段征收计划时，应予拆除，对于因拆除而需办理拆迁安置时，需用土地人会商直辖市或县（市）主管机关订定拆迁安置计划。

拆迁安置计划内应载明的补偿一般由三个部分组成：第一是合法建筑物的拆迁补偿，需由三家估价公司估价而成。第二是合法建筑物的拆迁安置，安置补偿是按户按月计算，补偿时间的计算，按搬迁、拆除、工程施工、产权登记与交屋所需花费的时间计算。以"新北市永和区保福段661地号等208笔土地都市更新事业计划案"为例，搬迁1个月、拆除2个月、工程施工40个月、产权登记与交屋5个月，故该案共计补贴48个月，建筑物面积99.174平方米以下的，每个月每户补贴2万元台币，超过99.174平方米的，每3.3058平方米增加300台币／月。第三是合法建筑物的代为拆除费用，以该计划案为例，为每平方米1350元台币。在补偿费发给完成并拆除后，土地所有权人对其原有土地的所有权即灭失，由直辖市或县（市）主管机关通知该主管登记机关办理建筑物灭失或标示变更登记。

5）抵价地分配

区段征收的工程，包括道路、桥梁、沟渠、地下管道、邻里公园、广场、绿地等配套公共设施的建设，工程完竣后，始得进行抵价地分配。抵价地分配作业程序如下：

①计算抵价地总面积。

②规划抵价地分配街廓、分配方向及订定各街廓最小分配面积。

③划定区段征收后地价区段，评定区段征收后地价。

④计算各分配街廓面积、单位地价及抵价地总地价。

⑤计算各土地所有权人应领抵价地之权利价值。

⑥订定抵价地分配作业要点。

⑦召开抵价地分配作业说明会。

⑧受理合并分配之申请。

⑨订期通知土地所有权人办理抵价地分配。

⑩依配定之位置，计算各土地所有权人领回抵价地面积，缮造分配结果清册。

⑪公告抵价地分配结果。

⑫缴纳或发给差额地价。

⑬嘱托办理抵价地所有权登记并通知受分配之土地所有权人。

6）土地处理

征收完成后，土地可分为四种类型，包括该次征收目的兴建的特定基础设施用地、一般基础设施用地、抵价地以及剩余土地。因此，实施单位处理土地时，需完成以下工作：

①发交抵价地。

②道路、沟渠、公园、绿地、儿童游乐场、广场、停车场、体育场及国民学校用地，无偿提供当地政府。前款以外基础设施，依需要有偿或无偿拨供各单位使用。

③国民住宅用地让售予管理单位。

④其余可供建筑土地，应标售、标租或设定地上权。

（5）实施效益

从各方社会角色的角度来看，区段征收的实施效益主要体现在三个方面：

1）政府角度

政府实施区段征收的目的，多半是为了取得特定基础设施或事业设施用地而进行的土地征收工作，但大面积拆迁的成本很高，故融入了市地重划制度以整体开发。一方面，完善地区的基础设施，提高地价；另一方面，借由抵价地返还的补偿方式，提高土地所有权人的参与意愿，以最终实现城市规划所要求的配套基础设施。因此，政府实施区段征收的好处，一方面，可取得基于宏观经济发展所必需建设的特定基础设施或事业设施的用地；另一方面，也可借此取得配套公共设施用地，完善地方生活环境，提高土地利用水平。区段征收的另一好处，在于以抵价地补偿所有权人。由于抵价地来自原土地所有权人一定比例的土地，因此对政府而言，在实施区段征收的过程中，不但可以取得基础设施用地，又可以将剩余土地的一部分折价抵付征收补偿金，另一部分土地则可出售，补充征收及公共工程建设经费用。故而对政府来说，可以节省土地征收以及基础设施建设费。

2）土地所有权人角度

区段征收的补偿方式分为现金以及抵价地。目前的补偿方式，原则上以现金补偿为主，以抵价地补偿为辅。土地所有权人有权利在现金以及抵价地之间任意选择，且两者在补偿之日时的价值相同。抵价地补偿的优点，在于所有权人可以持有并等待地价上涨。因此，对所有权人而言，只要在地价上涨后再行售出，其获利程度都较现金补偿高，而其缺点，则在于等待售出的时间成本，包括土地能否顺利出售，以及出售时的售价。抵价地的价格涨幅，关系到补偿能否至少满足土地所有权人的土地征收损失。区段征收的过程中，政府至多取得 50% 的土地。换言之，土地所有权人可以取回原有土地最高为 50% 的抵价地。尽管该土地不保证与原土地区位相同，但由于区段征收是对全征收区域进行妥善规划，地价有较大上涨的可能性。因此对土地所有权人来说，虽然土地被征收，但发还的抵价地存在增值空间，可享有土地涨价优势。地价只需上涨一倍，即与原土地的价值相当。其次，区段征收后发还的土地，享有土地增值税减免，可为土地所有权人节省大笔税金支出。

3）社会角度

一般征收，是依托具体项目的"点"的征收。由于土地征收须以公益性为前提，因此当被征收土地上建成基础设施后，其外溢的外部性可以拉动地区地价上涨，使被征收土地的周边地价上涨，周边的土地所有权人享有大量的不劳利得。反观区段征收，是将外部效益内部化的过程，将公共设施外溢的空间范围全数纳入征收范围，范围内原有的农业区、保护区或原不可建设土地，通过变更城市规划，变成住宅区、商业区或其他可建筑用地。虽然地价上涨，但所有权人原则上只能领回原土地 50% 的抵价地，另外 50% 的不劳利得，则用于基础设施用地以及设施建设费。此一外部性效益内部化的过程，符合涨价归公的社会公平原则。

3.3.2 市地重划

（1）主要内涵

市地重划是依照都市计划内容，将一定区域内杂乱不规则的地形、地界和零散、不能经济利用的土地，加以重新整理、交换分合，并兴建道路、沟渠、公园等公共设施，使每幅土地大小适宜、形状方整，然后在保留公共设施用地和部分抵费地的前提下，将剩余土地按原有位次分配予原土地所有权人的一种市地改良利用方式（图 3-1）。

（2）发展历程

台湾地区经济自 20 世纪 50 年代后期开始发展迅速。按照人均 GDP、农业增加值比重、城市人口比例等指标，台湾地区在 2001 年已经完成第一次现代化，并进入第二次现

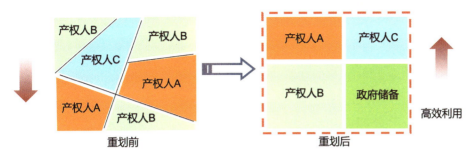

图 3-1　市地重划前后对比图

代化的起步期。城市人口的高度密集带来了系列城市问题，对城市发展提出了新的要求。在此背景下，市地重划应运而生。

　　台湾地区实施市地重划最早在 1937 年，当时的日本政府在台北实施《市地重划》的都市计划令。1958 年《都市平均地权条例》修订实施，由高雄市先行试办市地重划，取得了良好的效果，此后市地重划陆续在台湾地区各地推广。1979 年 6 月，台湾地区颁布了《都市土地重划实施条例》，同年 9 月颁布了《奖励都市土地所有权人办理重划办法》，这样就大致形成了市地重划的主要规划体系。

　　台湾地区早期的土地重划目的主要是通过土地的重新划定，以利于土地的使用。在《土地法》中，指出了土地重划的几种情况，包括：①实施都市计划；②土地面积畸零狭小，不适合于建筑使用；③耕地分配不适合农事工作，或不利排水灌溉；④将散碎土地交换合并，成立标准农场；⑤应用机械耕作，兴办集体农场等。随着经济的发展，城市人口增加，对城市土地需求的不断扩大而土地的经济供给又有限，市地重划的目的也发生了一些变化。宏观方面，市地重划的目的或意义在于促进城市土地的有效利用，提高土地价值，为城市用地者提供更多的城市土地，引导城市健康发展，增加社会财富，为城市居民提供良好的居住生活环境等。微观方面，每一宗市地重划项目的具体目的也不相同。

（3）主要特点

　　市地重划之原理在于，政府建设公共设施所需要的土地，不以收买、征收或者捐献的方式取得，而是由重划地区的土地所有权人按受益程度比例分摊。另外，实施重划所需费用，包括工程费用、重划费用、贷款利息等，也由出售抵费地所得金额抵充。其余土地仍旧归还原土地所有权人。由于需要负担公共设施用地及抵费地，所以重划后原所有权人所分到的土地面积必然减少，但是由于基础设施配套齐全、宗地地形方整，并且伴随着土地用途的转变，地价往往能够大幅增长，因此容易得到民众的支持。

《平均地权条例》规定，市地重划中，政府收回的公共设施用地和抵费地不得超过45%，但若所有权人半数以上同意，则可以不受此限制。依台湾地区市地重划案例来看，一般公共设施用地所占比例约为35%，抵费地约为10%，原土地所有权人所得土地为55%。

（4）实践案例——台中市的市地重划

市地重划是重要的土地开发与土地规划管理方式，也是社区改造与解决地方自治财源问题的有效措施，对健全城市规划、提升城市居民生活环境品质有重要贡献。台中市的市地重划工作自 1965 年开始，至 2009 年已经完成了 12 期的重划工作（表 3-1）。

表 3-1　　　　　　　　　　台中市市地重划成果表（单位：公顷）

期别	重划面积	提供建筑用地	无偿取得公共设施用地
第 1 期大智	14.53	11.10	3.43
第 2 期麻园头	24.26	17.58	6.68
第 3 期忠明	18.65	10.92	7.73
第 4 期东山、中正	440.66	311.04	129.95
第 5 期大墩	228.31	156.74	71.57
第 6 期干城	19.43	13.16	6.27
第 7 期惠来	353.40	202.55	150.85
第 8 期丰乐	148.80	86.46	62.34
第 9 期旱溪	120.35	72.55	47.80
第 10 期军功水景	221.20	118.04	106.85
第 11 期四张犁	140.98	78.26	62.84
第 12 期西屯区	81.05	—	40.80
合计	1811.62	1078.40	697.11

从台中市的情况来看，政府无偿收回的公共基础设施土地平均占到了 38% 左右，如果公共基础设施用地和抵费地一共在 45% 左右，那么政府可以用于出让的土地仅有7%。当然政府可以通过出让地块的选择以及规划用途、容积率，使得 7% 的土地出让带来很高的回报。

根据台中市政府的资料，市地重划为台中市带来的主要效益包括：

①提高土地价值，增加土地所有权人的财富，并且能扩大税基，增加土地税收，充裕地方财源，加强地方公共建设。

②重新丈量及设定界线，健全地籍管理。土地经过整理、交换、分合，除了可以消除畸形零散土地外，还可以减少土地界线引起的权属纠纷，保障土地所有权人的财产权。

③取得公共设施用地，建设公共设施，健全都市生活环境品质，增进人民福祉。

④协助完成都市规划，促进都市及安全发展。土地经过重划后依照城市规划内容予以整体开发，并且配合开发新社区，经完成各项公共设施建设后，可以提供良好的居住环境，加强对地方居民的关怀。

⑤促进都市区更新，提高土地经济效用，美化市容观瞻，促进都市经济复苏。

3.3.3 两者的比较

区段征收与市地重划的主要区别在于，区段征收采取征后返还的方式，返还方式灵活，土地所有权人可以自由配置资金补偿和抵价地。市地重划仅限于都市计划内的土地，而区段征收不受此限制。

《平均地权条例》规定，市地重划中，政府收回的公共设施用地和抵费地不得超过45%，实际中政府收回的土地也大致在此比例，原土地所有权人收回土地为55%。在区段征收中，由于征收土地区位条件相对较差，建筑密度较小，抵价地总面积一般为征收总面积的40%左右。

3.3.4 对深圳土地整备的启示

就深圳而言，庞大的城市人口、蓬勃的社会经济发展以及独特的城市发展历程，形成了高度密集的城市建设现状，也带来了数量庞大、错综复杂的原农村用地用房问题，城市开发的重点亟须由新增用地向存量用地转变。在此过程中，为改善旧城环境、提高城市建设质量、落实重大民生及产业项目，政府与原农村权利人围绕土地征收与补偿的博弈无疑是重中之重。

大陆地区的征地补偿通常是在政府的强势主导下完成的，集体土地产权在征地过程中没有得到应有的重视。政府仅仅看到了农地对于农民的生存保障功能，也仅仅把农地作为农民集体的生产资料而不是有价值的财产。补偿的基本思路是以土地补偿费、安置补助费以及青苗补偿费等作为农地的影子价格，来替代农地的生存保障功能，保障农民的基本生活水准。

台湾地区在区段征收和市地重划工作中，其刚弹性结合的工作机制值得深圳参考与借鉴。在弹性方面，台湾地区的补偿方式体现了对原权利人财产权的充分尊重，灵活地运用了货币、土地等补偿手段，实现了兼顾政府、原权利人、社会利益的多元化目标。通过土地重划，原权利人的土地面积虽然减少了，但土地总价值并不减少，大多数情况下甚至是大幅增加，更多地体现了完全补偿的思路，也有利于提升项目的推进效率。而在刚性方面，通过一系列的立法，在明确公共利益优先的前提下，保障了征收工作的强制性。这样一来，"看不见的手"与"看得见的手"携手合作，有力推动了台湾地区的城市发展。

3.4 中国香港——市区重建

中国香港市区重建经历了以市场主导模式为主，到政府有限度地介入，到市场机制下政府角色的强化和积极干预的转变过程。目前，香港明确将市区重建界定为公共利益，以改善居民生活环境、解决楼宇老化问题和完善公共设施配套。经过不断实践，香港在组织架构设置、拆迁补偿标准、补偿裁决机制等方面已形成行之有效的经验和做法。通过建立公平、多赢、高效的土地增值收益分配机制，香港不仅有效地推进市区重建工作，而且提升了民生福祉。

3.4.1 发展历程

（1）早期的市区重建（1988年前）：积极不干预政策下的市场主导模式

20世纪60年代以前，香港政府对市区重建基本上采取放任自流的态度，让私人开发商自发在市场中寻找重建机会，而政府本身极少介入旧区重建和改造。1960年开始，由于老旧市区环境的日益恶化，政府开始采取一些专项举措以改善市区的物质环境，例如上环城市更新（1969年）、环境改善区计划（1973年）、市区改造计划（1974年）以及综合发展计划（1978年）等。但是，由于这些计划规模十分有限，又基本属于临时性质，在政策体系、机构设置和实施机制等方面缺乏有效的制度支撑，在项目实施、管理和协调方面产生不少问题，并未凸显市区重建的效果。加上香港政府的城市政策重点仍然放在新市镇开发，而市区重建作为一种存量开发的手段，并未在战略层次上得到重视。本阶段市区重建基本上是由市场机制所主导，私人开发商是市区重建的主要力量。

（2）土地发展公司（LDC）时期：政府有限度介入、市场主导模式未变

到了1980年代，低密度、改造成本较低的旧市区已基本上被开发商重建完成，剩下不少征地难度大、财务可行性低的空间，改善老旧市区的需求依然存在。为全面推动香港市区重建进程，1988年土地发展公司（LDC）成立，作为法定公营机构，专责市区重建事业。土地发展公司在运营的12年中总共完成了16个重建项目，启动了14个项目。有80.5%的建筑面积用作经营性的商业/写字楼用途。在这个时期，由于香港政府并未给土地发展公司实质性的财政支持，因此虽然土地发展公司作为政府的公营机构，但仍然依照市场规则自负盈亏。为顾及自身财务平衡，土地发展公司不得不将焦点放在那些具有营利性的项目上，而回避那些真正需要重建但是财务不可行或拆迁难度大的地区。

这种逐利导向与一般开发商无异，更与其公营机构的身份和社会责任不符。

（3）市区重建局（URA）时期：市场机制下政府角色的强化

为进一步加快市区重建工作，香港政府于 2000 年 7 月制定《市区重建条例》，并于 2001 年 5 月通过注资 100 亿港元成立了市区重建局（URA）。市区重建局属于法定机构（公营机构），其在管理架构、实施战略、财务机制、规划程序、土地征收、赔偿安置、社区利益保障等方面相比较土地发展公司（LDC）进行了改进。特别是在土地征收方面，香港法律授予市区重建局可直接向政府申请强制性征购而不必事先与业主进行谈判协商的权利，减少了征地难度，提高了重建效率。市区重建局的成立代表着政府在城市更新领域的一种新思路、新趋向，即改变旧体制下完全由市场主导、商业化运作的重建模式，改变重物质指标、轻社会功能的片面更新理念，体现政府角色在市场机制前提下的强化、全面化城市更新理念的主张以及"以人为本"的城市更新价值观的初步形成。

成立之初，由于缺乏完整的政策机制，又没有长远的行动纲领，市区重建局基本上延续土地发展公司（LDC）单一的零星拆建思路，以重建发展为主，对于楼宇修复、旧区更新和文物保育重视不够，且与民众的沟通不足，以"自上而下"的方式推进市区重建。

随着时间推移，公众对文物保育、社区延续以及楼宇维修方面的价值观及诉求都有明显的转变。为回应这些诉求，2008 年香港政府推出了新的政策和措施，包括全新的文物保护政策、多项法定和行政措施以改善楼宇维修。同时，市区重建局启动了为期两年的《市区重建策略》编制工作，通过广泛公众参与将市区重建的主要共识纳入至《市区重建策略》中。新策略提出了"以人为先、地区为本、与民共议"的工作方针，并在原来单一市区重建局主导模式上增加至三种重建工作模式，即除市区重建局自行提出开展重建项目外，还增加了需求主导模式以及促进者模式。后两种模式均由业主提出重建诉求，改变了原有的单一市区重建局主导格局。市区重建局作为协调者的角色为本地居民切实考虑未来片区发展诉求，加快了旧区重建的速度，也有效地改善了旧区居住环境，真正落实了"以人为先、地区为本、与民共议"的工作方针。

3.4.2 经验做法

（1）市区重建的一般流程

首先，由市区重建局对拟重建项目从业权情况、建筑结构、社会影响等方面进行评价，综合评估开展重建的必要性。在确定开展重建工作后，市区重建局会拟定下一年度的业务纲领和业务计划，呈交财政司司长批准。在获得批准后，市区重建局会进行为期两个月的项目公示，在每期宪报刊登公告公布本项目的相关信息，确保市民在一定的时限内知悉其物业会否被收回。随后，市区重建局以私人协商方式介入，通过协议方式参与物业业权收购。市区重建局将依据《物业收购准则》，根据物业的类型、使用情况等对业主进行补偿，同时对物业的租客也将进行适度的补偿。

当市区重建局的业权收购达至一定比例（一般为80%），但剩余业权由于种种原因，如遗产继承手续未办妥或业主失踪等，无法与所有业主达成买卖协议时，市区重建局将向发展局局长提出书面申请，要求向行政长官会同行政会议建议，根据《收回土地条例》收回市区重建局实施重建所需的土地。如果得到行政长官会同行政会议的批准，市区重建局会将已收购部分业权的土地交给地政总署，由地政总署根据《收回土地条例》启动收地程序，强行收回未能成功收购的业权。在启动收地程序前，地政总署会在区议会进行公众咨询。随后地政总署会刊登公告于政府宪报，期限为两个月，并在受影响物业张贴公告，进行收地调查登记，发信通知受影响物业业主及其占用人。地政总署需要在复归日（即土地收归政府的时间，一般为刊宪日起计三个月后）起28天内，向受影响物业的业主及其他相关人员提出补偿建议。业主及其他相关人员需要在发出补偿建议日起28天内回复。无论业主及相关人员对补偿建议是否接受，土地一般都会在刊登宪报之日起三个月后复归政府。

土地收归政府后，地政总署会对土地的所有业权进行"清零"。市区重建局在需要使用时向地政总署申请批准。在得到行政长官会同行政会议批准后，市区重建局方可出售或处置土地。一般在土地开发阶段，市区重建局会通过公开招投标选择开发商共同开发。

（2）市区重建的主要特点

1）拓宽路径，政府主导与市场主导相结合

市区重建局不属于政府部门，也不是私营机构，属于"法定机构"（公营机构）。市区重建局的最高权力架构是董事会。董事会的主席和20多位董事会成员，都由特区行政长官委任，并不支取工资，属于公共服务性质。董事会的成员，有些是政府官员，有些是专家、学者，他们的工作都和市区更新有关。

市区重建局的设置将公营和私营机构的特点集于一身。公营的特点主要体现在监管问责和公权力两方面。首先，市区重建局每年要制定全年的工作计划，经发展局局长呈交财政司司长审批，每年六月还要向香港的立法会报告全年工作，接受监督。此外，法律也赋予市区重建局一定的"特权"，可向香港政府申请因开展市区重建而需要强制收回的土地。私营机构的特点则体现在市区重建局的日常运作方面，以公司化方式运作大大提高了工作效率，具有市场灵活性。同时也可规避部分政府行政限制，比如不需要接受立法会财务审计等，给予工作更大的弹性。

除市区重建局"自上而下"地制定发展计划和开展市区重建工作外，香港也探索"自下而上"需求主导的市区重建。具体来说，就是由大厦的业主联合或由业主立案法团向市区重建局申请开展项目重建。申请开展重建的物业用地面积必须大于400平方米，且

改造方案必须由 67%（三分之二）以上业主联合申请并得到 80% 以上业主接受。满足该条件后，市区重建局会对申请改造的单位的房屋结构、破旧程度、房屋年龄等进行综合评估，并纳入年度工作计划。在计划获得财政司长批准后，市区重建局会开展此类需求主导的重建项目。

除此之外，为加快市区重建工作，香港还允许开发商或业主通过收购业权的方式，将旧楼整体出售后进行开发重建。但这种方式收购物业的条件极为严格，因此开发商或业主自发收购物业重建主要出现在业权单一或业权状况简单的地块。

2）立足公益，探索建立强制收回机制

物业收购和业权整合是市区重建中的最大难题。目前香港约有 4000 幢楼龄达 50 年或以上的楼宇。未来十年，该类楼宇的数量会每年递增 500 幢，楼宇老化正在加速。由于香港土地的业权分散、业权类型多样，大大影响了香港的市区重建进度。为加快市区重建速度，香港将市区重建明确界定为改善居住和卫生环境的公共利益，在一定条件下可采取强制措施推进重建。根据实施主体的不同，香港对旧楼宇的处理可分为强制征收和强制售卖。

市区重建局在重建过程中主要采取向政府申请强制征收解决"钉子户"问题，其主要法律依据是《市区重建局条例》和《收回土地条例》。《市区重建局条例》赋予市区重建局向政府申请强制收回土地的权利，而政府强制收回土地的权利则是由《收回土地条例》赋予的。该制度设计使市区重建局在无法完成所有物业收购时，可通过政府介入将剩余的业权强制收回，从立法层面赋予市区重建局这一公营机构"特权"，从而提高了市区重建的效率。为了促进土地二次开发，1999 年香港颁布实施了《土地（为重新发展而强制售卖）条例》，又于 2010 年进行了修改，规定在三种情形下申请强制售卖的比例由 90% 降至 80%：一是地段上的楼宇每个单位各占该地段不可分割数的 10% 以上；二是楼龄 50 年或以上的楼宇；三是规划作为工业用途的地区，而地段上所有楼宇均为楼龄 30 年或以上的工业大厦。

3）利益共享，健全土地征收补偿体系

土地征收所涉及最根本的问题是公民的私有产权与公共利益之间如何取得平衡，而其中补偿标准和分配方式是关键。在香港，市区重建局主要采用货币或物业方式进行补偿。虽然市区重建属于公共利益，政府可以强制征收，但是在补偿标准和计算方法上也考虑了业主在土地增值收益中的合理分配，力求实现政府与业主的利益共享。

市区重建补偿金额是以香港立法会 2001 年批准的"同区 7 年楼龄"（指与动迁楼房处于同一地段、楼龄为 7 年的楼房）作为赔偿定价基础。具体来说，市区重建局在进行市区重建物业收购时，依据《物业收购准则》确定补偿金额。业主的补偿金额由法定补偿和特惠补偿两部分构成。法定补偿是依据《土地收回条例》确定的补偿额度，即"楼壳价"，指被收回的土地及其上的任何建筑物在复归日的价值，按照剩余年限评估，数

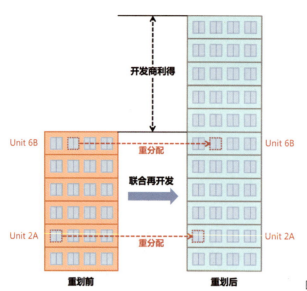

图 3-2　香港的垂直重划方式

额较少。特惠补偿是在法定补偿的基础上，政府根据物业情况（包括使用情况、租赁或经营收益等）综合确定的补偿价格。特惠补偿主要分为两类：自住居所津贴（额外津贴）及额外补偿。自住居所津贴主要是针对自用住宅的业主，用以补足 7 年楼龄的市场价格。对于出租或空置住宅业主的补偿则主要采用额外津贴，其金额一般是自住居所津贴的一定比例。对于住宅物业的租客、商业物业的业主和租客，则采用额外补偿的方式进行补贴，主要用作搬迁费用及相关开支。

物业补偿，也称为"楼换楼"计划，是给予受市区重建局重建项目影响的住宅自住业主现金补偿以外的另一选择。选择"楼换楼"的住宅自住业主必须先接受按"同区 7 年楼龄"计算的现金补偿金额，才可选择"楼换楼"。之后，他们可选择购买在原址重建的楼房物业，或选择购买市区重建局在启德发展区的"楼换楼"住宅。市区重建局会在发出收购建议时确定"楼换楼"住宅的价格，若补偿金额与购买住宅的市场价格不一致，则实行多退少补。若业主选择在原址重建的房屋作为补偿，重建后的物业采取垂直重划，也称为"一层换一层"的方式进行分配，即原业主会获得在原址重建的与原物业同面积、同楼层、基本同方位的新物业（图 3-2）。

4）公开透明，引入第三方评估提高补偿结果的公信力

补偿金额虽然有明确的标准和计算方法，但是评估主体的客观公正性则直接影响了评估结果的公信力。不同于内地房屋征收中由政府单方面确定补偿金额的方式，香港在补偿价格评估中引入第三方独立的市场估价机构进行补偿金额评估，提高了评估结果的公信力。

在整个市区重建过程中，一般会有四个补偿金额，即市区重建局的补偿金额、地政总署的补偿金额、业主委托评估机构评估的补偿金额和土地审裁处的最终补偿金额。第一个补偿金额是市区重建局进行物业收购的价格，该价格以"同区 7 年楼龄"作为评价基准，采用法定补偿加特惠补偿的方法计算。市区重建局通过公开邀请 7 家独立的估价机构评估。所有符合资格的估价师都可以报名，抽签决定入选者。在 7 家独立估价机构评出 7 个结果后，去掉最高价和最低价，然后平均，得出补偿金额。受影响的居民、地区代表参与评估全过程的监察。业主有 60 天的考虑期，考虑是否接受市区重建局的补偿金额。如果业主不愿意接受，收购无法谈拢，则该物业会移交至地政总署启动土地收回程序，这时候地政总署会产生第二个补偿金额。该价格同样以"同区 7 年楼龄"作为评价基准，但地政总署只会邀请一家独立的市场估价机构评估。一般来说，由于计算方法一致，该补偿金额可能与市区重建局提出的补偿金额基本持平，或者略低于市区重建局的价格；如果该方案不被业主接受，业主也可申请上诉，并自己委托一家市场估价机构对物业进行评估，该费用由地政总署承担。业主委托的估价机构评估的补偿金额会提交上诉委员会裁决，并由发展局局长进行复核和作出最终决定。如果仍然无法达成一致意见，则该争议会提交至土地审裁处进行最终裁决，土地审裁处确定的补偿价格是该物业的最终补偿价格，政府与业主都必须接受，否则土地审裁处将强制执行。

5）搭建平台，建立公正高效的申诉审裁机制

在开展市区重建前，政府会要求市区重建局按照程序开展民意咨询。一个重建项目要顺利推进，除了居民咨询，还要闯过多道关卡。首先是政府立项，城市规划委员会审批规划方案。在立项、规划审批过程中，重建区居民和其他市民都可以提出意见，甚至挑战政府的最终决定，因此重建项目会得到充分的讨论。由于前期的参与和充分沟通，在项目实施时，各方对重建项目已基本形成共识。以全港最大型的观塘重建项目为例，市区重建局经过两年 5 轮共 60 次的咨询会，并通过公开展览、民意调查，才最终确立重建方案。

此外，完善的申诉机制有助于业主合理表达利益诉求。香港市区重建的申诉途径主要有两方面：上诉委员会和土地审裁处。在地政总署启动土地收回程序后，如果业主对地政总署发出的补偿金额不满意，可以在地政总署作出决定后的 60 天内，向上诉委员会提出上诉。如果业主对发展局的最终决定仍然存在异议，则可以寻求第二条申诉途径：向土地审裁处申请进行裁定。土地审裁处是根据《土地审裁处条例》设立的，涵括了所有涉及土地纠纷问题的专门法庭，由 4 位法官出任土地审裁处庭长，3 位区域法院法官出任土地审裁处法官，2 位认证测量师任审裁处成员。土地审裁处行使的是司法权，在职能上它具有原讼和上诉的司法管辖权，其审理程序较为简化，庭费不高，效率迅速。在土地征收补偿方面，土地审裁处与高等法院原诉法庭具有同等权力，可以裁定的赔偿和租金的金额不设上限。土地审裁处对补偿金额的裁决是终审裁决，业主和政府都必须执行，不得上诉。

图 3-3 湾仔和昌大押改造前后对比图

6）多样重建，加强文物保育与旧工业区活化

香港拥有丰富的文化遗产，目前香港有法定古迹103处，经认定的历史建筑近千幢。修复和保存独特的文化遗产，不仅符合香港可持续发展的目标，而且可以保留不同地区本身的特色，有助于推动旅游业发展。为系统地开展市区重建及文物保育，香港政府制定了业务大纲及行动计划，例如活化历史建筑伙伴计划、历史建筑维修资助计划等。活化历史建筑伙伴计划，旨在保存政府拥有的历史建筑，历史建筑维修资助计划针对私人拥有的已评级历史建筑，向其业主提供资助，让他们自行进行维修工程。市区重建局的4R原则[1]中明确指出文物保育是对具有历史、文化或建筑价值的楼宇、地点及建筑物给予保存和修葺，并致力于保留地方特色。此外，为解决历史建筑遭受拆除重建威胁的问题，政府会采用具吸引力及有效的行政方法，如提供修葺和定期保养工程，以防止私人拥有的历史建筑遭到拆除，也会让有关利益享有者参与订定合适措施，包括换地和转移发展权益，以补偿业主所失去的发展权益（图3-3）。

除文物保育之外，香港政府试图采取一系列创新的措施，将旧工业区活化纳入市区重建中，以扶持医疗、教育、创新科技、文化创意等六大优势产业发展。2009年，香港提出了实施活化工厦政策，鼓励业主通过改装或重建工厦，促进工厦转型和升值。活化工厦政策主要包括重建和改装两方面政策。重建政策方面：一是位于非工业区且楼龄30年以上的工厦，申请强制拍卖的门槛由集齐90%业权降为80%业权；二是容许"按实补价"，业主可以向地政总署申请，按照重建后的实际楼面面积来补交地价，而不需要按土地最高发展密度来缴交地价；三是若重建补交的地价超过2000万元，可以选择按总金额的八成，定息按5年分期缴付。获批准的重建项目须于五年内完成。改装政策方面：如果业主选择改装而不是重建，只要楼龄符合15年或以上，并坐落于工业、商业或商贸地带，业主可在无须缴付土地补价的情况之下，申请在该工厦的有效使用期或契约有效期内（称为豁免期），改变整座工厦的用途。改装申请需由全体业主同意并提出，改装后楼宇的

1 市区重建局的"4R"原则包括重新发展（Redevelopment）、楼宇修复（Rehabilitation）、旧区活化（Revitalization）和文物保育（Reservation）四大业务策略。

图 3-4　旧工业区活化项目——石硖尾赛马会创意文化中心

高度、体积或总楼面面积不得增加，并在整个豁免期内不可恢复为工业用途，将来重新发展时，需缴付十足的土地补价。整栋改装项目须在三年内完成。政府希望通过上述措施鼓励业主推行重建或改装工厦的计划，活化工业大厦，并为大厦增值，从而推动经济增长，创造就业（图 3-4）。

3.4.3　实践案例——丽星楼重建

丽星楼位于香港大坑道，于 1966 年兴建，1989 年落成，共有 176 户业主。到 20 世纪初，丽星楼年久失修，再加上最初修建时停车位、消防设施严重落后，与大坑道周边的豪宅格格不入（图 3-5）。

香港置地公司从 1999 年开始收购其中一部分单元，至 2004 年取得了 171 户业主的同意，超过了当时申请强制售卖的比例 90%，即 159 户。2005 年 1 月土地审裁处根据《土地（为重新发展强制售卖）条例》同意强制售卖申请，房屋及规划地政局在拍卖前对该地块重新开发后的规划条件，特别是对容积率作出了限制，因为只有额外增加的容积率才使得二次开发有利可图。最后，香港置地公司以 17.1 亿元取得丽星楼产权，厘清和统一了业权。

香港置地公司以"一层换一层"与小业主达成重建协议，小业主除了可获得一套重建后的同面积、同楼层、基本同方位的房屋外，还可获得平均每户 40 万元的过渡补贴，用于搬家费用以及重建期间的临时居住费用。

经过 10 亿元的投资和几年的建设，两栋 50 层的住宅大厦顺利完工，新的豪宅被命名为"上林"，中低层单位交还原产权人或购买原业主"换楼权益"的产权人后，可供销售的房屋为 97 户，销售额为 36 亿元，净利润超过 20 亿元。

3.4.4 对深圳土地整备的启示

（1）发挥政府与市场合力，实现多元整备目标

深圳市土地整备对象多元，涵盖空地、旧工业区和旧村等。可借鉴香港的经验，丰富土地整备工作的内涵，从单一收储土地保障城市发展，扩展到包含文物保育、旧工业区活化在内的多元整备目标。特别是在旧工业区活化方面，土地整备实施主体一方面可加强旧厂房收购，改变单纯拆除重建的做法，对于有一定工业文化保育价值的厂区可整体保护开发；另一方面，土地整备主管部门可作为"协调者"的角色，协助原权利人参与工业区活化，通过资金支持协助业主整修厂房、完善设施等，并可搭建平台对接厂房业主和用房单位，为工业区升级提供服务。

（2）完善整备强制机制

由于土地整备对象多元，不同利益主体的诉求多样，整备过程中同样会面临"钉子户"问题。可借鉴香港的经验，将土地整备界定为"公共利益"，并探索建立强制整备机制，纳入司法裁决范畴。具体来说，就是在土地整备中，当整备地块中单位和个人中的多数（80%以上）已就整备安置补偿方案达成一致意见，而少数人反对，且已穷尽其他办法并进行合理协商后仍然无法达成协议后，可以向法院申请对剩余的少数原权利人的土地实施强制整备。

（3）丰富利益补偿形式

土地整备中的核心问题是货币补偿金额和物业分配方式的确定。在货币补偿方面，可借鉴香港的做法，通过采用法定补偿和特惠津贴，法定刚性加上操作弹性的做法，使相关部门制定的市区重建补偿金额更有针对性，业主更容易接受补偿方案。法定补偿主要依据全市统一标准，具有刚性；特惠补偿则依据项目具体情况确定的弹性补偿空间，各区可有所差异，应适度考虑土地的增值收益和利益共享。这种方式使土地整备的补偿金额更具有操作性，容易被原业主接受。

在物业补偿方面，可借鉴香港垂直重划的经验，最大限度地考虑复数以上的原业主在物业重新分配中的公平性问题，操作性比较强，也有利于减少过程中可能产生的利益纠纷。

（4）建立健全整备沟通与申诉机制

土地整备中利益诉求的表达与土地纠纷的裁决是土地整备能否顺利推进的重要因素。土地整备中涉及的利益主体多元，如果没有合适的利益诉求表达渠道，可能影响土地整备工作的推进。建立完善的土地整备咨询与申诉机制，有助于加强政府与业主的沟通交

图 3-5　香港丽星楼重建

流，大大减少整备过程中政府与业主的冲突。此外，土地整备也必须加强土地纠纷调解，一方面可探索由规划国土部门与法院联合成立专门受理土地整备案件的审判法庭，建立土地整备纠纷的司法通道；另一方面，可引入第三方裁决机制解决补偿不公和"钉子户"问题，减少土地冲突。

（5）探索"自上而下"与"自下而上"相结合的实施促进机制

目前深圳市的土地整备主要以区政府为主体推进实施，路径较为单一。可借鉴香港的做法，一方面完善政府统筹的"自上而下"的重点片区和重大项目土地整备工作机制；另一方面探索建立社区和市场主体"自下而上"需求主导的土地整备申报通道，使基层的土地再开发利益诉求能够得到实施。此外，可积极探索土地整备局和区整备中心作为"促进者"角色提供中介服务，协助原权利人集合物权，整体整备。通过"两条腿走路"，进一步完善土地整备工作机制，加快盘活存量土地资源。

中篇　制度创新篇

　　自 2011 年确立以来，土地整备快速发展成熟，形成了较为完善的体制机制及系统的政策体系。

　　本篇将全面系统地对土地整备模式进行介绍：分为三个阶段介绍深圳土地利用历程并重点阐述土地整备模式产生的背景；从组织架构、资金安排、规划计划、项目管理、项目审批等方面对土地整备制度框架进行解析；从政策阶段、政策类型、政策内容等方面对政策体系进行分析；对各类规划、计划的编制技术要点进行详细说明。

第4章　深圳土地利用变迁及开发模式创新

　　新制度经济学指出,外部环境变化将引致制度变迁。深圳的城市化历程表明,不同阶段的城市化需求,对土地管理制度创新,特别是土地征收制度创新起到了不可忽视的引致作用。土地征收制度不断应城市化需求而变革,在特区城市化初期,以项目征收为主的传统征收模式可以满足当时的特区建设需求;随着城市发展速度的加快,单元式、项目式的模式已经滞后于现实需求,因此成片开发、土地统征、土地统转等方式纷纷应运而生。但在大规模、运动式的土地征收实施时,由于征收政策细节缺失、技术储备不足、体制机制滞后等原因,不可避免地产生了各种各样的土地历史遗留问题,深圳进入了有地不能用、不好用的尴尬境地。由于《物权法》《土地管理法》等上位法调整,以往行政强制征收的模式已经过时,市场化协商式的"利益共享"模式才能契合当前城市化的需要,城市更新、土地整备、未完善征(转)地补偿手续空地入市无一不是在这一理念下的探索尝试,以"利益共享"实现多方主体共赢、促进公共基础设施落地、保障重大项目实施,实现城市有质量的发展,实现土地更高效率的利用。深圳的城市化尚未完结,改革仍在继续,创新永不止步,正如过往为现在蹚出了一条路,现在也将为未来夯实创新的基础。

第 4 章 深圳土地利用变迁及 开发模式创新

4.1 深圳城市发展和土地国有化历程

1980 年，深圳经济特区设立。改革开放 40 年以来，深圳迅速从一个边陲小镇成长为一座现代化大都市，综合经济实力跃居全国大中城市前列，创造了世界工业化、现代化、城市化发展史上的奇迹。如今，社会经济方面，全市 2017 年末常住人口约 1253 万人，实际管理人口接近 2000 万，全年人口净流入 53 万人，具有较强的人才吸引力。2018 年全市 GDP 达到 2.4 万亿元，其中，第二和第三产业增加值占比分别为 40% 和 60%；人均生产总值约 18.3 万元（2017 年），是全国平均水平的三倍多；全年完成一般公共预算收入 3538.4 亿元。国土资源方面，深圳市陆域面积 1997 平方公里，海域面积 1145 平方公里，海岸线约 260 公里，2018 年实际建设用地规模已达 1004.84 平方公里。全市共 9 个行政区（福田区、罗湖区、盐田区、南山区、宝安区、龙岗区、坪山区、龙华区、光明区），1 个功能区（大鹏新区），1 个特别合作区（深汕特别合作区）[1]。

深圳土地征收、土地国有化作为推进特区发展和农村城市化进程的重要驱动力，在过去的 30 多年里承担着为城市建设提供用地保障的重大使命，取得了巨大的成绩。回顾土地国有化的发展历程，深圳通过体制机制、政策体系等的大胆创新与探索实践，逐步推动各项工作规范化，逐步构建了与城市发展相适应的工作模式。深圳城市发展和土地国有化历程大致分为如下三个阶段：原特区内城市化（1980—1992 年）、原特区外城市化（1993—2008 年）、全市深度城市化（2009 至今）（图 4-1）。

4.1.1 第一阶段：以土地统征推进原特区内城市化（1980—1992 年）

（1）发展背景

1980 年，深圳经济特区经全国人大常委会批准设立，成为改革开放的窗口，率先建

1 经国务院批准，2016 年 10 月坪山新区、龙华新区改为坪山区、龙华区；2018 年 5 月光明新区改为光明区。为了方便阅读，本书文字叙述中统一称"坪山、龙华区、光明区"，仅在相关文件标题中按实际情况称"坪山新区、龙华新区、光明新区"。

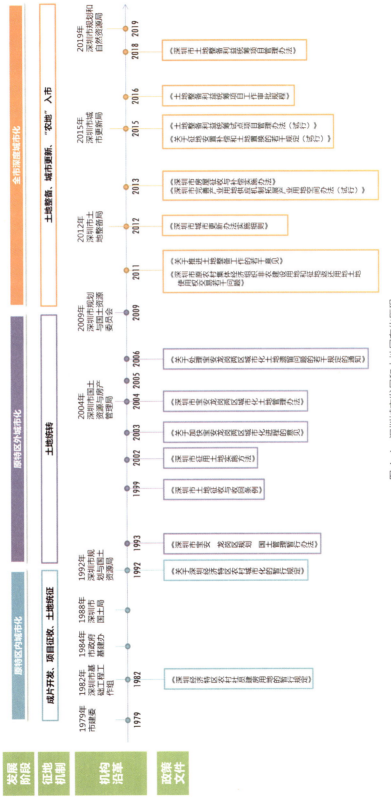

图 4-1　深圳城市发展和土地国有化历程

立起市场经济体制，大力促进社会经济发展。从特区设立起，深圳立即展开了大开发大建设，1982—1992年这十年间，深圳市逐步完成了经济特区城市化。这一阶段，土地征收作为土地国有化的主要手段，探索实施了成片开发、项目征地、土地统征等多种征地方式，为特区建设提供了充足的用地保障，推动实现了原特区内（福田、罗湖、南山和盐田）第一轮农村城市化。

（2）管理体制

随着深圳行政体制不断的优化调整，土地征收、征地拆迁体制机制也在不断地调整完善。1979年3月，在原宝安县建设局基础上成立了市建委，成为深圳最早的建设用地管理机构。1982年，市政府成立市基础工程工作组，负责履行政府建设投资项目管理职能，具体承担市政基础设施、文化教育设施，以及特区内土地开发等政府投资项目的开发建设管理任务。基础工程工作组下设征地拆迁办，主管特区内的征地审批和具体执行。1984年6月，成立市人民政府基建办公室，直接受主管副市长领导，管理城市基础设施用地的审批；下设征地办主管集体土地征收；全市土地管理分别由市规划局、征地办、基建办负责，其中特区内罗湖、上沙、南头、沙头角、蛇口5个管理区的土地又由市政管理委员会、城建管理委员会、征地办以及蛇口工业区房地产公司进行管理。1988年，市城市规划局国土处、市地名管理委员会办公室撤销，与基建办的征地办组建成市国土局，作为市政府主管全市城乡土地的职能部门，下设的地政处主管征地拆迁工作。1992年，市政府批准成立市规划国土局，设征地拆迁办公室（行政事务机构）主管全市征地拆迁工作；同时按五个行政区划设置五个分局，各分局征地拆迁办公室主管各区的征地拆迁工作。

（3）实施机制

建市以来，以1989年为时间节点，深圳特区内的征地拆迁工作经历了两个时期，1989年以前的直接征地和1989年以后的统征地。在直接征地时期，为了保证城市总体规划的实施，市政府根据每个行政村的不同情况，按照人口划定了一定数量的住宅用地和工业用地红线等非农建设用地保障原农村社区生产生活，不考虑征地另外返还土地或留用土地的问题。1989年开始统征地时，基本上是对每个行政村的土地进行一次性征用，根据不同的情况返还农村部分发展用地。到1992年底，深圳市基本完成了原特区内所有农村集体土地的征收，原特区内的福田、罗湖、南山和盐田基本实现土地国有化。

1）征地方式

①直接征地模式（1989年以前）

直接征地是指土地使用单位直接向集体土地所有权单位依法商谈土地征收补偿、安置补偿等事宜，并签订征收土地协议书的行为。采用这种方式征地的范围主要包括：蛇口、华侨城、车公庙工业区、沙头角保税区等大的片区。原则上均实行先由政府划定大的用地范围，再由蛇口招商局、南油集团、泰然集团、沙头角管委会等单位在其各自的用地范围内，自行组织统一规划、设计、征用和开发；八卦岭、上步工业区、园岭、通心岭、南园住宅区、体育馆片区及市政基础设施用地等，均由原城市基础工作组织统一征用和开发；具体的项目用地征用则按照 1982 年广东省颁布的《国家建设征用土地条例》有关规定办理。

直接征地模式与当时的土地供应制度紧密联系在一起。当时深圳采取两种土地供应方式：一是市政府划拨成片土地给一些政府授权的开发公司，由开发公司出资进行统一征用、统一开发、统一引进项目进行市场化经营；二是直接经市政府审批的单个项目，由用地单位直接征用集体所有土地。

②土地统征模式（1989 年后）

统征土地是指政府授权的土地管理部门取代土地使用单位，统一向集体所有权单位依法征地的行为。一般以行政村为单位，除留给原农村社区和村民自用土地外（含工商、居住、配套用地等），对其余土地实行一次性统征。这种模式主要特征为：一是征地的主体是国家，而不是直接用地者。由代表国家的土地管理机关取代土地使用单位，直接充当征地主角。其行为等于国家征收集体土地，然后通过出让等形式把土地使用权划给用地单位开发使用。二是统征地的主要目的是变更集体土地所有权和使用权，然后将国有土地使用权有偿出让给用地者。三是统征土地的程序是先征待用，作为政府出让土地的储备用地，与之对比，直接征地者则必须先有项目，资金到位才准予征地，严禁少用多征，征而不用。四是征地款来源于政府的土地开发基金（财政支出一部分），而无需向用地单位单独收取。征地费只是地价款的组成部分，至于土地出让金和征地费、土地开发费的开支是在政府部门之间进行协调。

2）补偿方式

20 世纪 80 年代末，深圳特区经济建设和城市建设飞速发展，原特区村民的居住条件、生活水平都发生了根本改变。深圳特区经济发展较快，大部分农村早已不再从事农业生产，农村集体的主要收入转而依靠工业和服务业，大部分农地撂荒，少部分出租给外来人种植经济类作物。因此，以往按年产值测算征地补偿费用的做法已然行不通，只能参照其土地类别进行结算，对大中型水利水电设施的补偿标准也参照同样的办法进行结算征地补偿费用。安置手段是给被征地单位返还一部分工业用地或者其他经济发展用地，逐步引导农民向服务业或工业转变。在统征土地过程中，若以解决农转非指标、安排多余劳动力就业等简单的、传统的安置方式对农民来说没有任何吸引力。农村集体经济组织迫切要求政府提供一定的工商业用地，并给予一些特殊的倾斜政策，以便他们自己解决统征土地后的生存和发展问题。因此，深圳在征地过程中，实行以安置为主，补偿为辅的征地补偿方式，使补偿与安置有机结合，妥善解除了集体土地被统征后集体及村民的后顾之忧。

（4）政策法规

1982—1992年间，不仅是深圳经济特区土地国有化、征地拆迁管理体制发展的初步阶段，也是深圳征地拆迁法制建设的初步阶段。深圳经济特区的土地征收管理体制成形于20世纪80年代，规范于20世纪90年代。这一时期出台的、在当时对征地拆迁有着重大影响的政策法规文件主要包括：《关于进一步加强深圳特区内农村规划工作的通知》（深府办〔1986〕411号）、《关于深圳经济特区征地工作的若干规定》（深府〔1989〕7号）、《深圳市房屋拆迁管理办法》（深府〔1991〕225号）以及《关于深圳经济特区农村城市化的暂行规定》（1992年6月）。这一时期，通过推进原特区内四个区的农村城市化，划定非农建设用地和征地返还地等，实现了特区内的"五统一"开发。

4.1.2 第二阶段：以土地统转推进原特区外城市化（1993—2008年）

（1）发展背景

随着原经济特区内福田、罗湖、南山和盐田城市化基本完成，深圳市整体步入快速成长时期，深圳城市市政、交通路网以及其他大型公共基础设施建设等加速推进，城市可开发建设用地已经接近极限，原特区内福田、罗湖、南山和盐田等土地资源稀缺已成为主要发展瓶颈。1992年，深圳原特区外宝安、龙岗"撤县改区"，城市建设拓展到全市域范围。同时，1994年深圳编制了《深圳市总体规划（修编）纲要》，提出建设多功能国际性大城市的目标。自此，特区建设开始向原特区外的宝安、龙岗推进，原特区外城市化拉开序幕。

随着特区城市化全面铺开，经济社会高速发展与资源稀缺的矛盾愈发凸显。在此形势下，深圳市委市政府下定决心，一次性将宝安、龙岗两区农村集体经济组织全部成员转化为城市居民，原属于集体所有的土地依法转为国家所有。2005年，深圳召开宝安、龙岗两区城市化转地工作的动员大会，正式开始了城市化最核心环节——土地所有制转换工作。深圳推动的城市化转地，政策法规先行，率先出台了《深圳市宝安龙岗两区城市化土地管理办法》（深府〔2004〕102号）等一系列政策文件。在此基础上，深圳完成了原宝安、龙岗两区的农村城市化转地工作，1000多平方公里农村集体土地理论上转为国有土地，基本实现了全域土地所有权一元化。然而，由于转地过程中补偿安置不到位、实施不彻底，大量土地仍然由原农村社区实际控制，衍生了大量土地历史遗留问题，制约城市发展建设。

（2）管理体制

1994 年，为深化规划国土房地产管理体制改革，市委市政府决定优化调整深圳市规划国土管理体制，由过去的市区分级管理调整为市派出机构直接管理，即为市局、分局和管理所三级管理的新体制。市局负责规划国土宏观管理，分局负责微观管理，管理所负责具体执行。市局下辖 5 个分局及 36 个管理所，按 5 个行政区划设置罗湖、福田、南山、宝安及龙岗 5 个分局，管理所特区内原则上按街道办事处的区划设置，特区外原则上按镇的区划设置。市征地拆迁办公室作为市规划国土局的直属单位，负责征地拆迁行政管理工作。

2004 年，深圳市规划局与国土局分立，国土局与房管局合并，成立市国土资源和房产管理局，征地拆迁办公室予以保留。2006 年以来，深圳不断创新征地拆迁管理体制机制，逐步探索和推行区、街道办为主的拆迁新模式，拆迁管理部门回归管理者角色，彻底摆脱了行政管理权和事权不分的尴尬局面，确立征地拆迁新的工作思路，即保障重点项目，坚持以人为本，强化服务意识，全力推进重点项目的征地拆迁制度。2009 年，深圳实施大部制改革，为解决城市总体规划与土地利用规划不衔接、日常管理中职能交叉等问题，将规划局、国土资源和房产管理局的有关职能整合，组建成立深圳市规划和国土资源委员会，确立了两级垂直管理体制。市规划国土委负责决策和管理，各管理局负责具体执行。市征地拆迁办作为直属单位由市规划国土委管理。

（3）实施机制

经过十多年的发展和演变，深圳征地拆迁制度从直接征地到统征土地，两者在补偿安置方面并没有质的改变，其根本区别在于征地主体由用地单位变为政府。对于征地的客体——集体土地所有者来说，不管主体是谁，其征地的过程和结果都是一样的——农村集体在得到相应补偿和安置的同时，所掌握的农业用地将转变为非农业用地。这段时期，"统征土地"制度从理论到实践逐渐得以确立并巩固，征地拆迁实施机制不断完善。

1）工作机制

一是将统征土地与土地开发结合起来。鉴于征地进度难以把握，需要提前运作，而且，土地开发基金不是很充足，时常不能及时拨付征地款，这就要求征地拆迁计划要结合土地开发计划，区分轻重缓急开展工作。一般来说，签订征地协议后，如被征土地在当年或可预见的短期年限（如一、二年）内被政府开发使用，则较易清理青苗和附着物，并将所征土地交给建设单位使用。但是，若超过两年仍未开发使用的土地，补偿标准随着地价浮动出现较大差距，政府又未能及时开发利用，村民便按原经营项目继续无偿使用，到期清理具有一定困难。因而，采用征地计划和土地开发计划相结合的方法，使土地开发与统征土地衔接起来，可以有效避免二次补偿，不致管理脱节。

二是加强沟通协调，创新工作机制。由于征地拆迁工作涉及面广，与相关部门的工作衔接要求紧密。针对征地拆迁工作涉及的利益面较广、工作复杂性较强、容易产生腐败的特点，实行重大项目上会制度；针对征地拆迁工作时间紧、难度大、任务重等特点，研究制定年度工作计划，周密部署，围绕计划开展工作，及时协调、做好跟踪督办工作。

2）补偿安置

一是以等价核算为原则，补偿安置实行产权调换、作价补偿或产权调换和作价补偿相结合的方式。由于实行产权调换，当事人往往对补偿安置房的位置、区位、面积、结构、楼层、朝向等存在异议，也易就安置房的面积、结构、质量差价产生纠纷。同时，随着城市功能分区的日益明显，原地安置补偿难以实现，异地安置补偿又因区位差异逐步增大而不太现实，因此，深圳在借鉴香港经验基础上，以等价核算方式为原则实施补偿安置。对于统征土地的补偿，按国家规定返还一定比例的土地作为被征地单位的安置用地，项目征地通常进行经济补偿，一般不返还土地。

二是区分不同情形进行拆迁补偿。政府统征地或以招标拍卖方式批出的经营性用地，在批出用地前涉及建筑物或电力、通信等设施拆迁的，由分局负责组织实施；其他项目用地上需进行拆迁的，由用地或建设单位自行解决，拆迁补偿费用纳入其开发或建设成本。拆迁建筑物的，对违法建筑不予补偿；对合法建筑进行补偿的，有偿用地上的合法建筑给予市场价补偿，而其他用地上的合法建筑，按市场价扣减市场地价后予以补偿；对电力、通信等设施进行拆迁的，未经规划许可或不按规划批准方案兴建的不予补偿。

（4）政策法规

1993年宝安、龙岗撤县改区，是深圳行政管理制度上的又一次大变动，在规划国土领域，参照原特区内做法，市政府颁布了《深圳市宝安、龙岗区规划、国土管理暂行办法》（深府〔1993〕283号），主要对象是宝安、龙岗两区城市建设规划区范围内的集体所有土地或范围外的预留用地；其征地方式是以政府行政手段为主，由派出机构对城市建设规划区范围内的集体所有土地或范围外的预留用地实行分期分批征用或一次性征用，并划定非农建设用地。

1994—2002年是深圳征地拆迁法律法规体系的发展成熟阶段。这一阶段，市政府以及各区政府制定了一系列的征地、收地、转地以及房屋拆迁的法律法规和操作实施办法，主要包括《深圳市土地征用和收回条例》《深圳市征用土地实施办法》（深圳市人民政府令第121号）、《深圳经济特区处理历史遗留违法私房若干规定》《深圳经济特区处理历史遗留违法私房若干规定》实施细则（深圳市人民政府令第111号）、《深圳经济特区处理历史遗留生产经营性违法建筑若干规定》《深圳经济特区处理历史遗留生产经营性违法建筑若干规定》实施细则（深圳市人民政府令第 112 号）等，逐步建构起较为完善的土地征收政策体系。

为加快城市化转地工作推进，深圳市政府先后颁布了一系列政策，包括《深圳市宝安、龙岗两区城市化转为国有土地交接与管理实施方案》（深府〔2006〕43 号）、《关于处理宝安、龙岗两区城市化土地遗留问题的若干规定》（深府〔2006〕95 号）、《深圳市人民政府关于深圳市城中村（旧村）改造暂行规定的实施意见》（深府〔2005〕56 号）、《深圳市公共基础设施建设项目房屋拆迁管理办法》（深圳市人民政府令第 161 号）等，大大加快了征地拆迁工作的步伐，有力促进深圳征地拆迁工作朝着法制化、规范化、程序化的方向迈进。

4.1.3　第三阶段：以存量土地开发推动全市深度城市化（2009 年至今）

（1）发展背景

虽然经历了两轮农村土地城市化运动，深圳名义上完成了土地的全面征转手续并实现了全域土地国有化，但由于土地征转工作实施不彻底，带来了大量土地历史遗留问题。目前全市约 434 平方公里土地仍然由原农村社区实际掌控和使用。受限于深圳市行政区域的狭小，加上 30 年的快速发展，深圳土地资源极度紧缺，城市发展的重心由增量空间逐渐转移到存量空间。2010 年版《深圳城市总体规划》提出城市空间发展模式由"增量扩张"向"存量优化"的重大转变，对城市规划的实施提出了更高要求。2012 年深圳存量用地供应首次超过新增用地供应（图 4-2），城市发展迎来拐点，存量开发成为深圳土地供应的主要方式。城市如何转型发展、存量空间如何优化，已经成为在深圳这个时期所面临的重大挑战。

为有效破解这一难题，在存量土地开发上先行先试、积累经验、作出示范，深圳以原国土资源部赋予的土地管理制度改革综合试点为平台，以深化土地供给侧结构性改革为主线，以构建适应存量土地开发的新型规划土地管理制度体系为目标，按照"规划统筹、公益优先、利益共享、产权明晰、节约集约"的总体思路，成立专门的存量土地管理机构，充分发挥政府与市场的合力，逐步探索形成了城市更新、土地整备等多种行之有效的存量土地开发模式，切实提高了存量用地效益，支撑了城市可持续发展。

（2）管理体制

存量开发时期，深圳逐步形成了城市更新和土地整备为主的两大实施路径，在管理体制上也不断地探索创新，先后成立了市土地整备局和市城市更新局。

2012 年，在原市征地拆迁办基础上设立市土地整备局（副局级），作为全市土地整备工作的专责机构，为市规划和国土资源委员会直属单位。市土地整备局承担的主要职

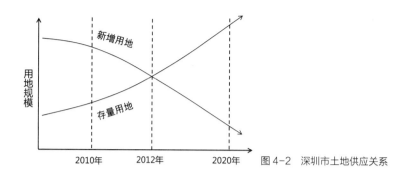

图 4-2　深圳市土地供应关系

责包括：根据城市总体规划和土地利用规划，统筹协调、指导全市土地整备、征（收）地和房屋征收工作，负责相关政策、标准与规范的制度与协调，组织编制土地储备专项规划和土地整备年度计划，统筹全市房屋征收、土地收回以及补偿安置房建设年度计划，统筹协调土地资产的经营管理（含土地投融资）等。各区（新区）则根据辖区实际，整合或依托现有相关机构设立土地整备机构，开展土地整备工作，保障征地拆迁工作和土地一级开发工作的顺利开展。

2014 年，市委市政府决定在原有市城市更新办公室基础上设立市城市更新局（副局级），作为全市城市更新工作的专责机构，为市规划和国土资源委员会直属单位。市城市更新局主要负责组织、协调全市城市更新工作，包括拟订全市城市更新政策法规及技术规范、城市更新总体规划和计划、拟订或审查城市更新规划研究、开展城市更新项目建设用地规划许可、用地审批及土地使用权出让合同管理工作、管理城市更新专项资金、组织实施市政府部署的城市更新项目，以及指导各区城市更新职能部门开展城市更新相关工作。

2016 年，深圳推进"强区放权"改革，存量土地开发体制有所调整，包括城市更新、土地整备等在内的部分审批职权下放到各区政府。根据《深圳市人民政府关于印发全面深化规划国土体制机制改革方案的通知》（深府函〔2016〕259 号）要求，部分市土地整备职能调整至各区政府，具体包括审定土地整备项目实施方案；组织留用地占用国有储备土地不超过 3000 平方米的土地整备规划研究的报批工作；审批留用地占用国有储备土地不超过 3000 平方米的留用地供地方案和农用地转用实施方案；组织开展土地整备项目验收、分类移交、入库、管理等工作；负责非经营性国有储备土地移交入库及相关管理工作等。2019 年，在国家自然资源资产体制改革大背景下，深圳的规划国土海洋管理体制发生重大调整，市城市更新局和市土地整备局合并成立市城市更新和土地整备局，负责全市的城市更新和土地整备工作，标志着城市更新和土地整备工作融合协调共同推进的局面即将到来。

（3）实施机制

存量开发阶段，土地权利人主体多元、诉求多样，传统的征收补偿方式已经不再适用。这一阶段，深圳征地拆迁方式发生了重大的转变，与以往的依靠行政手段实施征地拆迁不同，开始有意识地运用市场手段与行政手段结合，并逐步向完全市场手段转变。政府主管部门的身份也逐步从既是征地拆迁的决定者又是拆迁利益关系人的身份解脱出来，逐步转向拆迁的组织者、监督者和协调者，彻底摆脱同时充当"裁判员"与"运动员"角色的局面。因此，深圳围绕存量土地开发不断加大改革创新力度。特别是 2012 年新一轮土地管理制度改革启动以来，深圳着力于制度设计，以问题为导向、以利益共享机制为核心，创新了多项政策，初步形成了城市更新、土地整备、未完善征（转）地补偿手续空地入市等多项存量土地开发模式。

城市更新由 20 世纪 90 年代初期的旧村改造发展而来，于 2009 年初步建立制度体系，目前已经成为深圳存量土地开发的重要模式。其最大的特点是探索以市场化方式推动存量土地的开发。城市更新利益共享方式为，政府无偿获取更新单元不低于 15%、3000 平方米的公配用地（涉及历史用地，还需先行移交 20% 土地，方可纳入更新，并缴纳 10% 公告基准地价作为历史用地行为的处理）、地价（以基准地价为基础），以及配建一定比例的保障房、产业用房，其余由开发商和原业主自行协商分配。

土地整备立足于公共利益和城市整体利益的实现，以政府为主导，进行土地清理和用地整合，形成成片土地纳入政府储备，能够保障公共基础设施实施、促进重大产业项目落地、优化城市空间布局。其利益共享方式为"政府与社区算大账，社区与居民算细账"，也就是政府与社区共同明确留用土地、补偿费用及缴交地价，社区将相关利益分配给各权利主体，再将其余土地交由政府无偿收回的过程。土地整备的改革探索丰富了拆迁补偿方式，促进了等价值补偿向利益共享的转变，促进了政府主导补偿向协商补偿的转变，实现了多方共赢。

未完善征（转）地补偿手续空地入市始于 2013 年，以符合规划的原农村社区经营性建设用地为对象，通过入市交易、收益分成等方式，拓展土地供应渠道。其利益共享方式为，允许原农村社区尚未完善征（转）地补偿手续且符合规划的工业、养老服务设施或安居型商品房用地，在理顺厘清经济关系的前提下，通过公开交易平台入市交易，原农村社区可选择获得土地收入分成、建成后物业分成、受让方公司股权等灵活多样的方式得益。未完善征（转）地补偿手续空地入市为实现不同权利主体土地的同价同权，以市场化方式提高重大产业项目、公共设施用地配置效率开辟了新路，对建立全国城乡统一的建设用地市场具有一定的借鉴意义。

历史遗留违法用地和违法建筑处理则由来已久。基于深圳土地城市化的特殊历程，深圳历史违建处理在存量用地开发上主要表现在：一方面，与城市更新、土地整备等政策联动，通过支付一定的对价，将历史遗留违法用地转为国有用地，同时将历史遗留违法建筑进行拆除；另一方面，满足一定条件的历史遗留违法建筑通过确权转化为合法建筑，使之获得更多的使用权能，纳入规范化管理。

（4）政策法规

城市更新方面，以 2009 年出台的《深圳市城市更新办法》（深圳市人民政府令第 211 号）为标志基本建立。以此为基础，围绕城市更新计划申报、城市更新单元研究编制和审批、项目实施主体确认等方面，深圳市陆续颁布了一系列政策文件和技术规范，完善了城市更新的制度设计。土地整备方面，以 2011 年出台的《关于推进土地整备工作的若干意见》（深府〔2011〕102 号）为标志初步建立。之后在试点政策实践的基础上，于 2018 年出台了《深圳市土地整备利益统筹项目管理办法》（深规土规〔2018〕6 号），搭建起以利益共享为原则，土地、规划、地价、资金联动的政策框架。未完善征（转）地补偿手续空地入市方面，以 2013 年出台《深圳市完善产业用地供应机制拓展产业用地空间办法（试行）》（深府办〔2013〕1 号）为标志，允许原农村社区尚未进行开发建设的、符合规划的工业用地进入市场。以此为基础，深圳市又于 2015 年陆续将未完善征（转）地补偿手续空地入市政策扩大到安居型商品房和养老设施用地。历史遗留违法建筑处理方面，于 2009 年以前先后出台了系列文件，形成了违建查处的政策体系，但缺乏具体的实施办法。2015 年以后，深圳进行铁腕治违，稳定了违法建筑"零增量"的局面。在此条件下，深圳于 2018 年出台了《农村城市化历史遗留产业类和公共配套类违法建筑的处理办法》（深圳市人民政府令第 312 号），优先对产业类和公共配套类存量违法建筑进行处置。

4.2 深圳土地利用现状与问题

4.2.1 土地利用现状

1979 年建市以来，深圳市建设用地在空间上不断向外扩张。1979 年，深圳市建设用地主要在原特区内零星分布。1986 年，建设用地主要沿罗湖口岸、107 国道分布并向北延伸，同时在原特区外也有少量扩张。1996 年，建设用地被自然地形和生态用地分隔成若干组团，在空间分布上以特区为中心，沿东、中、西三条走廊向北部延伸。2009 年，原特区内建设用地基本已无扩张空间，建设用地增长主要发生在原特区外。到 2018 年，除山川河流以及一些生态用地外，建设用地基本密布全市，呈见缝插针的密集分布状态。根据年度土地变更调查成果（图 4-3），2018 年深圳陆域控制面积 1997.47 平方公里，其中，农用地 870.96 平方公里（其中耕地 36.35 平方公里），建设用地 1004.84 平方公里，未利用地 121.67 平方公里。

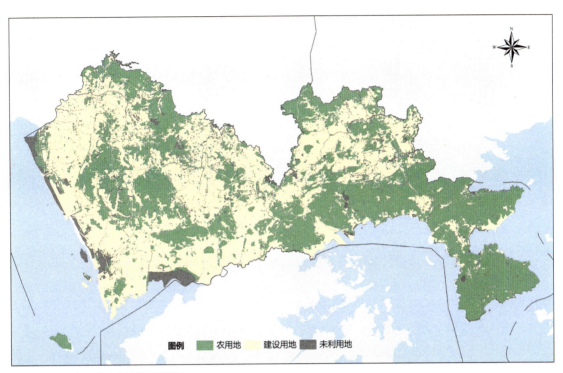

图 4-3 2018 年深圳市土地利用现状图

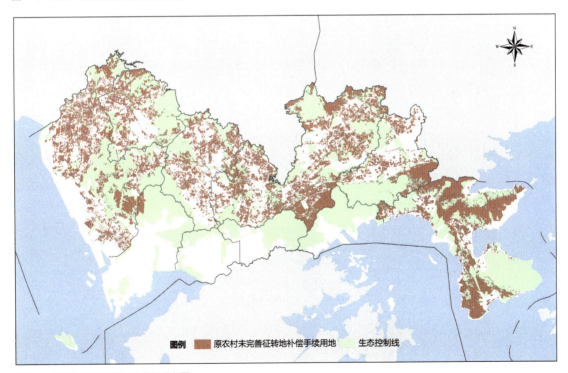

图 4-4 原农村社区控制用地空间分布图

在权属方面，深圳市经过 1992 年特区内统征和 2004 年特区外城市化转地之后，全市土地名义上已经全部国有化，但在土地的实际控制权上存在明显的二元化特征。据统计，截至 2018 年 6 月，深圳未完善征（转）地补偿手续用地面积约 434 平方公里[1]，其中约有 51% 的用地位于深圳市基本生态控制线内，约 210 平方公里用地为规划建设用地。

对于 210 平方公里的未完善征（转）地补偿手续规划建设用地，在空间上呈原特区外分布较广、原特区内分布少量的状态（图 4-4）；在建筑密度上，基本已为建成区，仅有少量空地，且空地规模偏小、形状不规则，难以利用；在建设强度上，平均容积率为 1.03，利用效率偏低；在建筑功能上，以居住及工业功能为主，公共配套设施严重不足，空间结构不合理、空间品质较差。

4.2.2 土地利用存在问题及挑战

（1）土地空间资源紧缺

相比于北京、上海、广州等超大城市，深圳土地资源极为紧缺。按照城市总体规划，到 2020 年深圳规划建设用地总规模为 976 平方公里。然而截至 2018 年底，深圳全市建设用地面积已达 1004.84 平方公里，超过陆域面积的一半，超过了规划建设用地总规模，土地资源供应面临瓶颈。当前，深圳正处于转型发展的关键时期，产业升级、公共设施落地、住房建设等都需要空间予以保障。所以，如何拓宽新增用地来源、挖掘存量用地潜力、加强节约集约用地、提高空间保障能力，以有限的土地资源支撑城市的高质量发展，成为新时期面临的最为迫切的现实难题。

（2）建设用地结构不尽合理

深圳市建设用地以工业用地为主，与国际大都市相比，工业用地比重过高。随着城市居民物质和文化生活水平的提高，人们越来越追求生活质量与人居环境质量。未来深圳市应调整建设用地结构，逐步降低工业用地比重，调整产业结构，打造宜居城市。另外，深圳市居住用地比重也偏低，随着未来城市人口数量进一步增长，以及城市居民对住宅面积扩大的需求，应有序提高居住用地比重。同时，考虑到深圳市建筑密度比东京等国际大都市的建筑密度更大，2015 年深圳市人均住宅面积达 35 平方米／人，因此，未来居住用地比重的提升幅度应根据城市自身发展水平和建筑特点综合确定。

（3）区域发展不均衡

目前，深圳市建设用地产出效益与世界先进城市、国际化大都市相比还有较大差距，主要原因在于原特区内外建设用地产出效益二元化。由于发展次序、区位条件，尤其是历史上存在的"二线关"等因素，原特区内外形成了明显的"二元结构"，突出表现在城市功能、产业结构、交通网络、社会管理等多方面差异较大。尤其是原特区外，因历史上建设行为大多为自下而上，造成了违法建筑众多、产业用地低效、公共设施欠缺、组团辐射作用弱等系列问题。对此，亟须依托战略重点区域开发、产业结构转型升级、重大交通设施建设等措施，增强原特区外的辐射带动能力，疏解原特区内的人口、产业，促进原特区内外的均衡协调发展。

（4）土地空间结构二元化

在已建成区内，大量合法建筑和合法外建筑混杂交织形成独特的"城中村"景象，其中繁复的产权情况成为土地再开发利用的巨大障碍。经 1992 年原特区内统征和 2004 年原特区外城市化转地之后，全市土地已全部国有，但征转地历史遗留问题没有得到有效解决，土地二元化现象依然存在，实际土地使用情况十分复杂。由于这些土地权属不清、手续不全、粗放低效，导致"政府拿不走，社区用不好，市场难作为"。同时，由于土地产权不清晰产生了大量的违法建筑，已成为制约城市发展的障碍。同时违法建筑在占据大量空间资源的同时，也存在建筑质量、消防、安全、社会管理等诸多问题。

（5）公共配套设施欠账多

当前，深圳城市发展取得了一定成就，但公共配套设施难以满足现实需求。一方面，深圳市公共配套设施总量不足，虽然近年来加大了建设力度，但是仍存在较大缺口，而且存在质量参差不齐、区域分布不均衡等问题；另一方面，公共配套设施的建设时序明显滞后于居住、产业用地的开发，加之大量公共配套设施用地被非法侵占，导致规划实施率偏低，进一步加剧了民生欠账问题。此外，深圳市的供水、供电、供气等资源能源保障压力日益增大，水源外向依赖性高，电力设施超负荷运营，油气等能源也严重依赖外部供应。民生问题已成为当前城市发展的一大短板，科学合理确定城市承载力，进一步提高规划的实施性，加强土地供应确保公共设施落地，是建设民生幸福城市的重要命题。

（6）低成本空间遭受挤压

深圳被誉为"创新之城""创客之都"，是大量民营企业、高新技术产业成长的沃土，创新驱动一直是深圳经济增长的动力和引擎。但较高的房价、地价，在不断地挤兑低成本空间的生存空间。一方面，成本提升加剧了对制造业外迁的驱使，或者促使产业用地功能异化为办公、商业，甚至居住等，生产链条的缺失影响了产业转型升级和创新的持续；另一方面，大规模的城市更新，将使城中村等低成本空间逐步消失，创新创业成本不断加大，缺乏培育初始创新的土壤。同时，高房价也对深圳的人才吸引力形成负面影响，与深圳一贯有之的包容开放特质不相符。

4.3 深圳土地二次开发模式探索

2012 年，深圳存量用地供应占供地总量的 56%，首次超过新增供地，正式步入了以存量用地供应为主的新阶段。过去依靠人口红利、土地红利的时代结束了，城市发展进入了转型期，土地利用模式和经济发展模式也都在发生转变。深圳要实现特区一体化发展，加快建设现代化国际化城市，就必须进行制度创新，建立与城市发展转型、存量土地开发利用相适应的新型土地管理制度体系。挖掘存量用地潜力、提高土地利用效益是当前深圳市拓展城市发展空间的主要手段。而存量土地开发利用不再像新增用地建设那样在一张白纸上画画，客观上存在权利主体多元、利益诉求多样、历史遗留问题复杂等问题，必须通过利益机制的调整来破解僵局。近年来，深圳市积极发挥政府和市场的合力，在土地二次开发利用的制度重构上展开实践，通过城市更新、土地整备、未完善征（转）地补偿手续空地入市、历史遗留违法建筑处理等诸多手段，加快盘活存量土地资源。关于土地整备模式的详细介绍，详见后续章节，这里重点对城市更新、未完善征（转）地补偿手续空地入市、历史遗留违法建筑处理作简要梳理。

4.3.1 城市更新

（1）政策脉络

深圳市城市更新始于城中村改造，并在后续发展中逐步演变。2004 年，深圳市陆续出台了《深圳市城中村（旧村）改造暂行规定》（深府〔2004〕177 号）、《关于工业区升级改造的若干意见》（深府〔2007〕75 号）等政策文件，以城中村（旧村）改造、旧工业区升级等为试点推进城市更新工作。2009 年，凭借广东省《关于推进"三旧"改造促进节约集约用地的若干意见》（粤府〔2009〕78 号）的政策东风，深圳市出台《深圳市城市更新办法》（2009 年深圳市人民政府令第 211 号），标志着深圳市城市更新制度初步建立。以此为基础，围绕城市更新计划申报、城市更新规划研究编制和审批、项目实施主体确认、用地审查、旧屋村范围认定、房地产证注销等方面，深圳市陆续颁布了《深圳市城市更新办法实施细则》（深府〔2012〕1 号）、《关于拆除重建类城市更新项目实施主体确认工作的通知》（深规土〔2010〕207 号）、《城市更新项目用地审查操作规程》（深规土〔2011〕22 号）等一系列政策文件和技术规范，为城市更新快速推进奠定了制度基础。2012 年，围绕历史遗留问题复杂、更新实施难等问题，聚焦城市更新利益分配问题，深圳市出台了《深圳市城市更新办法实施细则》（深府〔2012〕1 号）、《关于加强和改进城市更新实施工作的暂行措施》（深府办〔2012〕45 号）等政策文件，重点在地价政策、历史遗留问题处理等方面进行政策创新，进一步调动市场活力，加快推动城市更新实施。

（2）政策要点

1）以市场为主体推进改造，通过协议方式出让土地

深圳市城市更新遵循政府引导、市场运作的原则，大部分城市更新项目由市场主体完成。市场运作体现在两方面：一是通过市场机制确定实施主体，土地权利人和实施主体可以通过自由谈判的方式开展合作开发，政府不主动介入；二是由市场主体制定更新改造方案、确定补偿标准及补偿方式、编制城市更新单元规划等，政府主要负责制定政策、编制计划、审批规划。政府引导、市场运作的原则充分激发了市场的活力。

此外，当城市更新项目完成拆迁工作后，土地可以通过协议方式出让给市场主体进行开发，这也是深圳城市更新在土地管理方面的重要探索。通过协议方式出让土地，为相关权利主体参与土地再开发利益分配提供了路径，提高了土地权利人和市场主体的积极性，也降低了城市更新项目的准入门槛。此外，考虑到市场主体的拆迁补偿成本，城市更新项目主要使用基准地价体系，依据规划设计条件由市场主体按规则补缴地价。与市场评估地价相比，采用基准地价大大降低了实施主体的资金成本，保证了更新项目的开发利润。

2）建立城市更新单元规划制度，提高改造实施效率

存量用地开发涉及多方利益，需要协商谈判的空间，也存在较大不确定性，这对蓝图式的控制性详细规划提出了挑战。为了更好地平衡各方利益，推进城市更新项目，深圳市探索建立了城市更新单元规划制度。城市更新单元规划的本质是协商式规划，是政府、土地权利人和市场主体博弈的结果。城市更新单元规划由市场主体编制，报深圳市规划委员会建筑环境艺术委员会审批。经批准的城市更新单元规划视为已完成法定图则相应内容的编制和修改，并作为土地出让等相关行政许可的依据。可以说，城市更新单元规划为各方表达诉求、协调利益分配提供了平台，也为项目规划调整、实现空间增量提供了路径，因此其实施性更强。

3）捆绑公共利益，实现政府改造目标

深圳城市更新项目必须捆绑一定的公共利益。《深圳市城市更新办法实施细则》（深府〔2012〕1号）要求城市更新单元内应当无偿移交大于3000平方米且不小于拆除范围用地面积15%的土地给政府。移交给政府的土地主要用于社区级的公共设施和基础设施建设。从实施情况来看，城市更新项目的用地贡献率平均达到30%。除此之外，深圳市也陆续颁布《深圳市城市更新项目保障性住房配建比例暂行规定》《深圳市城市更新项目创新型产业用房配建比例暂行规定》等政策，要求城市更新项目根据政策分区配建开发规模5%～12%的保障性住房或创新型产业用房，并由政府按照成本价回购。城市更新项目捆绑公共利益的做法一定程度上平衡了个体利益和公共利益。

4.3.2 未完善征（转）地补偿手续空地入市

（1）政策脉络

1992年和2004年，深圳市分别对原特区内和原特区外进行了两次城市化征（转）地，理论上全市土地均已转为国有土地。但是由于补偿不到位、实施不彻底，两次城市化运动中留下了大量的土地历史遗留问题，这些土地仍然由原农村社区实际使用，且存在利益关系复杂、产权状态模糊和空间碎片化的特点，使这些土地"政府拿不走、村民用不好、市场难作为"。为加快盘活这些存量用地，以产业用地为突破口，2013年深圳市政府出台《深圳市完善产业用地供应机制拓展产业用地空间办法（试行）》（深府办〔2013〕1号），允许原农村社区尚未进行开发建设的、符合规划的工业用地进入市场，标志着未完善征（转）地补偿手续空地入市政策的初步建立。2013年底，凤凰社区首宗未完善征（转）地补偿手续空地成功入市。以此为基础，2015年，深圳市又陆续出台《关于促进安居型商品房用地供应的暂行规定》（深规土〔2015〕226号）和《深圳市养老设施用地供应暂行办法》（深规土〔2015〕225号），将未完善征（转）地补偿手续空地入市政策扩大到安居型商品房和养老设施用地，将盘活历史用地的方式不断深化和完善。

（2）政策要点

1）创新确权方式，通过土地入市明晰产权

存在历史遗留问题的存量用地，产权状态模糊，用地手续不完善，因此无法进入市场形成有效供应。且这些位于城市规划区的存量用地既不是严格意义上的国有土地，也不是集体土地，传统的确权政策很难处理。未完善征（转）地补偿手续空地入市政策创新了这类土地的确权方式，通过原农村社区将土地交给政府，并在公开平台上将土地挂牌出让给第三方的方式，一并完善相关用地手续，实现了确权和入市一步到位。在这一过程中，通过政府和原农村社区共享土地出让收益的方式，找到了政府和原农村社区都能接受的支点。未完善征（转）地补偿手续空地入市形成了一条土地盘活和产权明晰的路径，创新了确权政策，有利于将产权不清的土地纳入规范化的管理通道。

2）建立利益分配规则，政府和原农村社区共享土地收益

根据未完善征（转）地补偿手续空地入市政策，原农村社区符合规划的存量用地入市进行工业开发、安居型商品房建设和养老服务设施开发的，由市政府公开出让，属于合法用地的，土地出让收益全部归原农村社区所有；属于历史用地的，土地出让收益按照一定比例在政府和原农村社区之间分成。除收益分成外，原农村社区还可以选择持有出让土地中一定比例物业的方式实现权益，保障长远利益。以工业用地为例，规划为工业用途的历史用地公开出让，其土地出让收益按照政府和原农村社区"五五分成"，或

者政府和社区"七三分成"，另外原农村社区额外获得 20% 物业的方式，进行利益分配。该模式改变了传统依据土地原用途进行征地并计算补偿的做法，采取了按照规划用途分配土地收益，并通过市场竞价机制实现了土地价值的最大化，有利于原农村社区充分共享规划的增值和城市发展的红利。

3）改变传统的征地模式，提高土地供应效率

在传统的征地模式中，集体土地必须通过先征收为国有之后，由政府统一出让和供应。而在未完善征（转）地补偿手续空地入市政策中，原农村社区自愿申请之后，通过统一、公开的平台出让，可以直接选择市场受让方，只要符合相应的规则，出让行为不受政府意志的干扰，政府也不需要支付补偿款。虽然在形式上，未完善征（转）地补偿手续空地入市政策中政府仍需要分别和原农村社区和受让方签订相应的补偿协议和出让合同，但是实质上是将"征地—出让"的两个步骤简化为一个步骤，实现了供地主体（原农村社区）和用地主体（土地受让方）的直接对接，有利于提高供地效率和完善土地市场体系，也为国有土地和集体土地实现同权同价开辟了新路径。

4.3.3　历史遗留违法建筑处理

（1）政策脉络

深圳历来高度重视查违工作，先后出台了《深圳市人民代表大会常务委员会关于坚决查处违法建筑的决定》（1999 年深圳市第二届人民代表大会常务委员会）、《深圳经济特区处理历史遗留违法私房若干规定》（深圳市第三届人民代表大会常务委员会公告〔2001〕33 号）、《深圳经济特区处理历史遗留生产经营性违法建筑若干规定》（深圳市第三届人民代表大会常务委员会公告〔2001〕34 号）、《深圳市人民代表大会常务委员会关于农村城市化历史遗留违法建筑的处理决定》（深府办〔2009〕82 号）等系列文件，形成了违建查处的政策体系。同时，在查违体制和工作机制上也进行了探索，2009 年规划国土大部制改革后，深圳市创新了"条块结合、以块为主"的查违新体制，健全了"卫片执法、数字监察、案件查处和共同责任考核"的工作机制，建立了历史违建"一张图"数据库，构建了"天上看、地上查、网上管、视频探、群众报"五位一体的综合监管体系，开展了多轮排查、清拆专项行动，对遏制违建取得了一定效果。特别是 2015 年以来，市委市政府坚持重拳出击、铁腕治违，出台了查违"1+2"文件，包括《中共深圳市委深圳市人民政府关于严查严控违法建设的决定》（深发〔2015〕7 号）、《深圳市关于全面疏导从源头遏制违法建设的若干措施》（深办发〔2015〕14 号）以及《深圳市查处违法用地和违法建筑工作共同责任考核办法》（深办发〔2015〕15 号），全面打响了严查严控违建的攻坚战，2016 年实现了违建"零增量"，彻底扭转了违建连续 30 多年的增长势头。2018 年，颁布出台《深圳市人民政府关于农村城市化历史遗留产业类和公共配套

类违法建筑的处理办法》（深圳市人民政府令第312号），优先对产业类和公共配套类
违法建筑进行处置。

（2）政策要点

《关于农村城市化历史遗留产业类和公共配套类违法建筑的处理办法》（深圳市人
民政府令第312号）明确将安全纳管定位于历史违建房屋结构、消防、地质灾害等方面
进行排查、整改和日常监管的活动，坚守政府消除城中村安全隐患、保障群众生命财产
安全的底线，允许符合一定条件的产业类和公共配套类违法建筑进行现状确权。同时框
定市及各区职责，明确市规划国土、住房建设、公安消防需统一制定排查技术规范以及
建立排查和整改信息管理系统，并与市拆违办的历史违建处理系统对接；区政府需组织
历史违建的排查建档、整改以及对处理后还无法满足安全使用的历史违建的重点监管工
作。同时还优化规划土地审查标准，简化基本生态控制线审查程序。

历史违建最大的亮点是按照分类处理、先易后难、区别主体、逐个突破原则，将公
共配套类、生产经营性和商业办公类历史违建作为优先处理类别。对公共配套类历史违建，
除免缴地价和罚款的政策优惠之外，对确认给原农村社区和市、区政府或者其指定机构
的公共配套类历史违建，还允许不扣减相应的非农建设用地指标，以吸引当事人申请处理；
为确保相关建筑的公益属性，同时规定其仅能确认为非商品性质房地产。

对产业类历史违建，明确可按照规定缴纳罚款、地价后，确认为非商品性质房地产。

对于生产经营性历史违建，由原农村社区按照建筑面积每平方米缴交罚款10元，位
于原农村非农建设用地红线内的免缴地价，位于原农村非农建设用地红线外的按照公告
基准地价的25%缴纳地价；由原村民、其他企业单位或者非原村民按照建筑面积每平方
米缴交罚款30元，按照公告基准地价的50%缴纳地价。

对于商业、办公类历史违建，由原农村社区按照建筑面积每平方米缴交罚款10元，
位于原农村非农建设用地红线内的免缴地价，位于原农村非农建设用地红线外的按照公
告基准地价的25%缴纳地价；由原村民、其他企业单位或者非原村民按照建筑面积每平
方米缴交罚款30元，按照公告基准地价缴纳地价。同时，产业类历史违建既可先确认为
非商品性质再转为商品性质，也可一步到位确认为商品性质房地产。

4.3.4 小结

深圳存量土地开发利用的几大模式目的不同、效果各异。城市更新是实施效果较好的
模式，但存在以市场逐利为主、项目规模偏小等问题，对城市大型基础设施及重大产业项
目的用地供给能力较弱，也一定程度上存在点状开发的问题，对城市规划的统筹性、科学
性造成冲击。未完善征（转）地补偿手续空地入市、历史遗留违法建筑处置政策则存在适

用范围较窄，政策吸引力不足等问题，而且起步较晚，目前发展尚未成熟。相较之下，土地整备模式的形成和推广成为必然。作为一种以政府为主导、社区为主体的存量土地开发模式，土地整备在较大面积公共利益项目用地的供应上存在很大的优势，对于未完善征（转）地补偿手续用地的盘活手段也更为灵活。经过 8 年多的发展，土地整备模式日渐成熟，已经成为深圳主要的存量发展模式之一。

第 5 章　土地整备体制机制

为解决土地历史遗留问题，缓解土地供求矛盾，2011 年深圳市出台了《关于推进土地整备工作的若干意见》（深府〔2011〕102 号），正式启动土地整备工作。2012 年 10 月，深圳市土地整备局正式挂牌，其后各区也设立了土地整备事务机构以承担辖区内土地整备具体工作。市、区两级土地整备机构的设立，为深圳土地整备工作的全面推进奠定了体制基础。随着土地整备工作的深入开展，深圳市还构建了完善的土地整备资金管理机制，为各项工作的顺利推进提供了资金保障。在实践中，土地整备主管部门以土地整备项目为抓手，大胆创新工作机制，并及时将实践经验提炼转化为政策规则，逐步推动工作的法制化、规范化、条理化，已形成了一套行之有效的项目管理制度，保障了全市土地整备工作的有序开展。

第 5 章　土地整备体制机制

5.1 土地整备实施架构

　　依据《关于推进土地整备工作的若干意见》（深府〔2011〕102 号），市政府主要负责对土地整备的重大政策、重大事项进行决策和协调，负责对土地整备专项规划、年度计划进行审批。2012 年后成立的市、区两级土地整备实施架构中，市土地整备局主要侧重制订规划计划、政策规则、项目立项和审核以及统筹协调等；区政府主要承担辖区内的土地整备具体实施工作。2016 年，按照深圳市"强区放权"改革要求，部分土地整备审批权由市主管部门调整下放至各区，各区的领导权力和决策执行能力逐步强化，市土地整备局的工作重点逐步转变为统筹监管。作为在土地整备实施过程中的最基层政府机构，街道办承担了与社区协商谈判、组织协调等具体工作。2019 年，按照中央机构改革要求，深圳组建市规划和自然资源局，下设二级局市城市更新和土地整备局，整合原城市更新局与原土地整备局的职能。至此，深圳存量土地开发工作将实现进一步的协调统一（图 5-1）。

　　除"市—区—街道"三级政府，土地整备实施中还特别注重原农村社区主体作用的发挥和市场主体的参与，通过搭建政府、原农村社区、市场主体的多方协商平台，共同推进土地整备工作。原农村社区在土地整备中承担"承上启下"的关键作用，"对上"原农村社区对外与政府"算大账"，协商土地整备方案；"对下"原农村社区对内与社区居民（股民）、相关权利人等"算细账"，承担了理顺土地经济关系、平衡社区内部利益等方面的主体作用，实现整备范围内土地清理和建筑物拆除。由于土地整备，特别是留用土地开发对项目运作、投资融资、技术经验等也有较高要求，除个别有经验和资金实力的原农村社区外，大部分农村社区往往不具备上述条件，因此在土地整备中往往会通过集体资产交易平台引入市场主体合作，获得开发、资金、技术、经验等相关方面的支持。随着工作不断深入推进，市场主体也将在土地整备项目中承担更加重要的角色。

图 5-1　土地整备工作职责分工

5.1.1　市土地整备局

为加强对全市土地整备工作的组织管理和统筹领导，2011 年深圳市机构编制委员会颁布了《关于完善我市土地整备管理体制问题的通知》，将深圳市拆迁办公室改名为深圳市土地整备局，机构规格由正处级升格为副局级，隶属于深圳市规划和国土资源委员会。2012 年 10 月，深圳市土地整备局正式挂牌成立，作为全国第一家土地整备局，承担编制规划计划、制定政策规则、统筹协调和业务指导等工作职能。

深圳市土地整备局的筹建，是深圳市政府破解土地资源紧缺问题的重要工作部署，即通过全市层面的统筹协调，加快土地整备政策及工作机制的创新，充分整合和挖潜存量土地资源，解决制约城市发展的土地历史遗留问题，优化城市空间布局，促使土地供应有效地服务于现代化城市发展的需要。深圳市土地整备局具体工作职责包括以下几个方面：

①根据城市总体规划和土地利用规划，组织编制专项规划和土地整备及房屋征收年度计划；

②负责土地整备项目立项工作，负责审核各区土地整备项目实施方案；

③负责土地整备等相关政策、标准与规范的制定与协调；

④统筹协调全市土地整备资金计划，并按权限管理土地整备资金；

⑤对区土地整备工作进行业务指导和监督检查。

2016 年起，结合国家、省、市关于加快转变政府职能、深化行政体制改革的精神要求，深圳市政府相继出台了《深圳市全面深化规划国土体制机制改革方案》（深府函〔2016〕259 号）及《关于深化规划国土体制机制改革的决定》（深圳市人民政府令第 298 号），启动了全市规划国土体制机制改革。在此改革背景下，包括实施方案审批、规划报审权限等在内的部分土地整备项目审批职权由市土地整备局调整至各区政府。按照"强区放权"改革要求，市土地整备局原有的以审批为主要抓手的工作方式也发生了变化，工作重心更多转向规划计划编制、政策制定、标准规范研究、监督检查等方面，更加注重发挥全市"一盘棋"的统筹指导作用。

2019年，深圳整合原城市更新局与原土地整备局的职能，成立市城市更新和土地整备局，进一步促进存量土地开发工作的统筹和融合。

5.1.2 区政府

各区政府是土地整备的实施主体，自土地整备工作全面开展以来，各区通过整合或依托相关机构，均成立了承担辖区具体土地整备工作的机构。各区政府及土地整备机构主要承担以下职能：

①参与编制全市土地整备年度计划；

②负责辖区土地整备项目的组织领导和相关部门、机构的分工协调；

③负责制定辖区土地整备工作制度及有关文件；

④组织编制土地整备项目实施方案；

⑤负责土地确权以及组织实施辖区内土地整备所涉及的房屋征收补偿、土地使用权收回补偿、征转地历史遗留问题处理、房屋拆除、土地清理移交工作；

⑥负责土地整备项目资金的申请、管理、调配和运用等。

"强区放权"改革后，部分土地整备事权通过转移、调整、下放、合并等多种方式由市级层面下放至区级层面。在区政府原有工作职责基础上，进一步强化了其决策及审批权力，具体包括：

①审定土地整备项目实施方案；

②组织留用土地占用国有储备土地不超过3000平方米的土地整备规划研究的报批工作；

③审批留用土地占用国有储备土地不超过3000平方米的留用土地供地方案和农用地转用实施方案；

④组织开展土地整备项目验收、分类移交、入库、管理等工作；

⑤负责非经营性国有储备土地移交入库及相关管理工作等。

为顺利承接土地整备事权，各区也重新调整了辖区土地整备机构三定方案，专门成立了区土地整备领导小组、指挥部等，从决策机制、组织架构等方面对区一级土地整备力量进行了充实和加强。

在"强区放权"改革的要求下，区政府以及以区整备机构为核心的区级有关部门，不仅作为项目实施主体承担土地整备项目实施的主要工作，也更多地承担起了具体的审批工作。区政府作为重要的沟通桥梁，根据市级相关政策精神，向下指导街道办、社区等开展具体项目实施工作，落实各项工作任务；向上汇总辖区总体情况及基层利益诉求等汇报给市级主管部门，为全市统筹协调工作提供坚实基础。这一改革举措，充分调动了区政府的积极性，进一步释放了区一级土地整备工作能动性，有利于提升土地整备整体推进效率，同时对区一级工作的决策能力和执行能力也提出了更高要求。

5.1.3 街道办事处

在土地整备项目具体实施过程中，街道办作为一线的基层力量，承担了与社区协商谈判、组织协调等具体工作，在区级土地整备工作格局中发挥着重要的基础作用。部分区在机构设置上，也针对性地配强配足职能力量，在街道办层面建立了专门的土地整备机构，加大编制和人员下沉街道的力度，充实土地整备基层一线工作队伍。

街道办工作职责主要包括以下几个方面：

①组织开展项目前期调查工作；

②根据前期调研情况，梳理本街道范围内土地整备年度计划项目，报辖区城市更新和土地整备局；

③参与编制土地整备项目实施方案；

④参与编制土地整备项目规划研究；

⑤组织开展测绘评估、权属核查与确认等工作；

⑥开展补偿协商，与相关方签订补偿安置协议，支付补偿款；

⑦负责房屋拆除、产权注销、已买断补偿房及设备处置、土地清理等工作；

⑧申请、配合土地验收与移交工作；

⑨管理使用辖区拨付至街道办的土地整备项目实施费用。

随着"强区放权"改革的深入，深圳市基层管理体制改革也在持续深化，街道办作为直接参与协商谈判、直接面对社区的基层政府组织，在区级土地整备工作中的地位不断提升，各区也在探索总结实践经验，进一步完善基层工作流程及权责机制，以更好地发挥基层的土地整备力量，真正实现重心下移、资源下沉、权力下放。

5.1.4 原农村社区

相比较传统的征地开发方式，土地整备更加强调政府与社区的"共同协商、共同参与、利益共享"，注重通过产权、规划等层面的协商沟通，解决城市化过程中的历史遗留问题，并对土地增值收益进行再次分配。

深圳原农村社区已经全面完成了股份制改造，成立了社区股份公司。作为股份公司资产的代理人，社区承担了"承上启下"的重要作用。一方面，原农村社区对外与政府"算大账"，协商土地整备方案，重点厘清土地的分配和权属的界定；另一方面，原农村社区对内与社区居民（股民）、相关权利人等"算细账"，承担了理顺土地经济关系、平衡社区内部利益等方面的主体作用，实现整备范围内土地的拆迁整理。具体工作可分为以下四个阶段：

①前期可行性研究阶段。通过初步的利益匡算和预期分析，社区对整备项目的实施是否能够推动社区转型发展、能否满足安置的要求有了大体的认识。在取得多数股民同意后，以社区为代表向街道办申报项目的立项，上级部门从城市公共利益出发，判断项目实施的可行性与片区规划的实施性，初步明确实施路径。

②在规划方案与实施方案编制审批阶段。主要的利益协调发生在社区与区政府层面，社区在上级部门的指导下进行大账的测算，并在规划方案中表达自身利益诉求。此时是最为反复的阶段，多方利益的博弈经过多次协商与讨论，最终形成符合双方预期的具备操作性的实施方案。在此过程中，社区也会就项目实施后的利益与本社区居民进行谈判，开展小账的测算。

③项目具体实施阶段。根据土地整备项目实施协议书的相关要求理顺利益统筹项目范围内的经济利益关系，具体负责建（构）筑物及青苗、附着物的补偿、拆除、清理和移交工作。组织与社区居民签订包括补偿方式、补偿金额和支付期限、回迁房屋面积等内容的搬迁补偿安置协议，完成房地产权证的注销工作。社区按照项目实施协议书确定的各方权利义务和时序安排，办理相关土地的征（转）补偿手续后，社区方可与规划国土主管部门派出机构签订留用土地使用权出让合同。

④留用土地开发阶段。社区可选择自用留用土地，或通过集体资产交易平台与市场主体合作开发或者以作价入股的方式进行留用土地开发的，由社区与开发主体一起向规划国土主管部门派出机构申请办理土地使用权出让合同变更手续，签订土地使用权出让合同补充协议。

5.1.5 市场主体

土地整备涵盖规划、土地、拆迁、开发等，常常涉及多个领域专业技术知识，而且对项目投融资也有较高要求，除个别有项目经验和资金实力的社区外，大部分农村社区往往不具备上述条件，因此在土地整备中往往会引入市场主体合作推进土地整备工作。随着工作不断深入推进，市场主体也将在土地整备项目中承担更加重要的角色。

一方面，市场主体以其自身在项目开发的丰富经验，在前期介入能够让原农村社区更加清楚地了解项目产权利益需求，提供专业的咨询服务，为项目审批顺利通过提供支持。另一方面，在整备实施过程中，原农村社区需要自行开展项目土地平整、房屋拆迁、土地移交等工作。由于土地整备资金是根据方案实施进度分期拨付给社区的，而其独立完成前期的拆迁安置工作较为困难，此时市场主体的引入既能给社区提供资金支持和技术支撑，又能最大限度地降低原农村社区运作风险。

由于涉及集体资产处置问题，市场主体的最终确认，须通过公开招投标、竞争性谈判等公开方式进行。在《深圳市原农村集体经济组织非农建设用地和征地返还用地土地使用权交易若干规定》（深府〔2011〕198号）和《关于加强股份合作公司资金资产资源管理的意见》（深发〔2013〕9号）、《关于建立健全股份合作公司综合监管系统的通知》（深办字〔2016〕55号）等集体资产交易文件中，明确了公开招投标、竞争性谈判、单一来源谈判以及按照规定进行股权转让等合作方式，并要求须由区集体资产管理部门进行资格确认。上述集体资产处置程序使得农村集体资产处置更加公开透明，大大降低了社区领导班子与市场主体私下勾兑、贱卖集体资产的情形，确保社区能更为公平地选择合作对象，更为有效地保障社区居民的合法权利。

5.2　土地整备实施机制

深圳市土地整备工作结合项目实践经验，不断在项目管理和实施路径上进行了创新和完善，目前已形成了"规划统筹计划、计划引导方案、方案指导实施"的工作管理机制。首先是"规划统筹计划"，通过土地整备专项规划合理安排规划期内土地整备总体任务、重点空间、实施时序，指导土地整备年度计划的编制；其次是"计划引导方案"，根据土地整备年度计划，确定当年土地整备内容和土地整备项目，并明确土地整备项目的实施规模、资金需求和工作重点，以此指导土地整备实施方案编制；最后是"方案指导实施"，以土地整备项目实施方案为主要抓手，具体推进项目实施范围内安置补偿、房屋拆除和土地清理等工作，最终实现历史遗留问题的解决，保障城市发展空间。从实施机制来看，土地整备主要分为规划计划、项目管理、项目实施三个环节（图5-2）。

5.2.1　规划计划

规划计划管理，是以土地整备专项规划与土地整备年度计划为核心，统筹引导全市土地整备工作的开展。土地整备专项规划是统筹全市中长期土地整备工作的纲领性规划，年度土地整备计划是土地整备工作在年度的具体安排，确保土地整备专项规划的中远期目标通过年度工作任务的分解得以实现。

（1）土地整备专项规划

土地整备专项规划属于地方政府建设指导性文件，是对总体规划予以完善的专项规划，更是面向市场与政府的调控性、指导性规划，地区开发详细规划的编制依据。土地整备专项规划规划期与国民经济和社会发展规划、近期建设规划等中长期规划相衔接，配合城市发展目标，从空间上引导土地整备工作的开展。目前深圳市以五年为规划期，

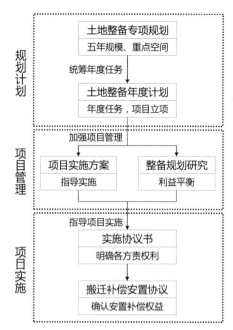

图 5-2 深圳市土地整备工作实施机制

已编制完成了包括"十一五""十二五"和"十三五"在内的三轮土地整备专项规划。

1）目的与作用

土地整备专项规划是落实城市总体规划和土地利用总体规划的重要步骤。城市总体规划和土地利用总体规划确定了城市建设放到发展方向和建设规模；近期建设规划和社会发展五年计划在落实城市总体规划层面要求的同时，明确了近期重点发展地区、重大建设项目和资金安排。而土地整备作为保障城市发展的一项重要工作，在城市总体层面的规划及中长期规划中并没有得到充分而详尽的阐述，指导性较为薄弱。因此，需要以专项规划的形式对城市总体规划和土地利用总体规划进行深化和细化，发挥规划宏观调控的作用，引导和推进重点地区的土地整备工作；搭建城市总体规划层面到具体的详细规划之间的桥梁，落实总体规划意图，保障城市建设发展的空间需求。

编制全市土地整备年度计划的重要基础。一方面，土地整备专项规划需要通过年度土地整备地块的逐年有序安排，强化规划对相关工作的直接引导和统筹作用，确保近期土地整备规划的目标实现；另一方面，土地整备年度计划的编制，需要依据土地整备专项规划来进行，保证年度工作的前瞻性和全局性。

各区土地整备规划计划的编制依据。土地整备专项规划明确了各区土地整备的规模及重要土地整备用地的空间分布。而土地整备的具体工作由各区政府统筹落实，因此，区政府需要在全市土地整备专项规划的基础上，结合各区综合规划、财政资金安排等，对规划期内土地整备的任务进行分解和落实。

2）编制与审批

全市土地整备专项规划由市规划国土主管部门牵头编制，报市政府审批。区级土地整备专项规划由各区土地整备管理部门牵头编制，区政府审批，规划需落实全市土地整备专项规划的要求。

土地整备专项规划编制完成后，相关部门要依据该规划的要求来安排部门近期的土地整备工作，如规划土地主管部门要依据专项规划要求制定年度土地整备计划；财政主管部门要依据专项规划统筹未来 5 年土地整备资金；各区政府根据专项规划确定近期重点整备区域和项目等。

（2）土地整备年度计划

土地整备年度计划是年度土地整备工作实施的重要依据，是土地整备用地总量、重点开发地区和重大建设项目等土地整备内容在年度的具体安排，也是未来用地规划选址和土地供应的主要空间。目前深圳市已在土地整备专项规划指导下，编制了2011—2019 年共 9 年的年度土地整备计划。

1）目的与作用

细化落实土地整备专项规划目标。土地整备年度计划将土地整备专项规划目标及工作任务进一步细化落实，通过年度工作任务的具体安排确保中长期土地整备规划目标任务能够逐年落实推进。

直接指导年度土地整备工作开展。土地整备年度计划明确了年度整备总任务、整备工作时序、项目空间布局、资金安排等重要内容，是全市开展土地整备、房屋征收工作的直接依据，有效地指导各区开展具体实施工作。

有效衔接其他相关计划。土地整备年度计划有效衔接近期建设和土地利用规划年度实施计划、政府投资计划及土地出让收支计划等其他年度计划工作，结合城市发展重点地区，提出优先整备的产业用地、重大项目用地和民生工程用地等，突出民生优先，优化产业空间，为深圳社会经济可持续发展提供用地保障。

2）编制与审批

深圳市土地整备年度计划编制过程中，首先开展的是预申报工作，各区政府等相关单位按照预申报工作相关要求，整理汇总辖区内土地整备项目及土地整备资金需求报送至市土地整备局。结合预申报情况，市土地整备局根据土地整备规划的要求，会同各区政府及相关职能部门编制土地整备年度计划，明确整备任务规模、整备项目及整备资金安排，经市规划国土部门审查后报市政府批准实施。

"强区放权"改革后，计划管理工作也进一步优化，建立了年度土地整备计划常态调整机制。计划在执行过程中，各区政府可结合重大产业项目、公共基础设施和民生工程用地需求，对年度计划项目提出调入调出申请，按程序审批后补充调整计划。通过常态调整机制，形成了全市土地整备项目"成熟一批、计划一批、实施一批、完成一批"的良性循环，有序推动了实现年度计划和项目实施之间的衔接。

5.2.2 项目管理

项目管理，是以项目实施方案与土地整备规划研究为重要抓手，确定各方利益分配格局和项目实施时序，指导项目具体工作的开展，包括项目实施方案和土地整备规划研究。实施方案重点对留用土地规模、政府储备用地规模以及资金补偿方案等进行安排。土地整备规划研究重点对留用土地选址、留用土地用途及开发强度等进行明确，以实现规划管控。实施方案和规划研究互为基础，通过土地政策和空间规划深度互动来促进空间结构调整和土地效益的提升，实现土地的二次开发与利用。

（1）土地整备项目实施方案

实施方案是针对土地整备项目的项目概况、整备方式、土地分配方案、留用土地规划、资金预算方案、社会经济效益和社会稳定风险评估、整备土地验收移交方案、批后实施监管等方面细化后制定的工作计划。

《关于推进土地整备工作的若干意见》（深府〔2011〕102号）中首次提出土地整备项目应编制实施方案。随后，在逐步完善的土地整备政策体系中，实施方案均作为重要的内容不断更新迭代，在具体实施工作中发挥的指导及控制作用也不断增强。

1）目的与作用

实施方案是开展项目具体工作的最重要依据，通过对项目范围内的利益格局以及实施责任主体分工两个核心目标的明确，保障土地整备项目的顺利实施。

确认项目实施范围内现状土地信息。 在立项之初，土地整备项目就面临范围内土地权属混乱、土地资源布局零散、土地开发低效及土地价值低估等情况。此类情况难以通过现场走访或相关权利人提供相关资料查清理顺，需采用科学专业测绘评估技术以及依法依规的严谨确权校核等工作明确。项目范围内现状土地权属和土地经济关系等情况在实施方案中予以明确，为政府与相关土地权利人协商提供清晰有理的事实基础。

确立多方认同的土地利益格局。 在现状土地权属和土地经济关系明确的基础上，实施方案在政府与相关土地权利人不断博弈中持续深化，通过规划研究、公众参与等多种方式，最终确立项目土地整备方式以及多方共识达成的土地利益格局，为项目土地分配、资金补偿、土地清理、房屋征收、土地储备等工作提供确切依据。实施方案明确的土地整备后政府和土地权利人的空间关系，也是土地整备项目最终要实现的土地产权关系空间重构的目标。

明确项目实施责任主体分工。 土地整备实施过程中，有政府和多方权利主体的参与，实施方案作为重要依据文件，明确项目实施主体、相关职能部门以及相关权利人的工作内容和相关责任，保障后续项目顺利实施。

2）编制与审批

"强区放权"改革之前，土地整备项目实施方案由各区政府组织编制，经区政府审查确认、市土地整备局审核同意后，根据审核通过的实施方案开展整备工作。

"强区放权"改革后，土地整备项目实施方案由区政府指定实施单位组织编制，项目实施单位编制完成土地整备项目实施方案后，由区土地整备机构征求辖区规划国土管理局（以下简称辖区管理局）等部门意见。根据辖区内相关部门意见修改后，由各区土地整备机构报各区政府审批。如此，土地整备项目的审批流程由原来的市、区两级审批转变为区一级审批，审批效率得到提升。

实施方案审批通过后，由区土地整备机构组织在项目现场以及区政府网站上进行公告，公告时间为 30 个自然日。

（2）土地整备规划研究

土地整备规划研究以土地整备项目实施范围为基础，通过对项目土地分配方案的制定、留用土地规划控制指标的明确，以及对公共配套设施提出优化调整建议，以规划统筹各方利益，促进空间资源整合，保障重大项目实施。根据规定，留用土地涉及未制定法定图则地区，或者需要对法定图则强制性内容进行调整的，必须编制土地整备规划研究。土地整备规划的强制性内容作为土地整备项目实施方案的重要组成部分。

1）目的与作用

各方利益平衡的平台，实现利益共享的重要手段。一方面，现行土地整备项目中，原农村社区对于土地补偿标准的期望不断提高，大多数原农村社区都不再愿意接受单一的货币补偿，普遍"既要钱又要地"，且对用地规划设计条件明确提出利益诉求；另一方面，项目中的留用土地可能涉及合法用地的整合腾挪、功能调整、地块边界优化和开发强度调整，都需要结合规划的技术手段同步开展。土地整备规划研究有助于明确政府和原农村社区的权益边界，有效推进土地整备工作。

保障上层次规划实施，落实公共利益的核心抓手。1998 年，深圳参照香港的做法，建立了法定图则制度。经过 2009 年"法定图则大会战"，深圳基本实现全市法定图则全覆盖。增量时期法定图则在推动深圳城市建设有序发展方面作出重大贡献，但是随着城市发展从增量用地为主向存量用地为主转换，产权主体多元、产权状态多样、协商博弈成本增加等成为存量时期的主要特征，法定图则原有的编制技术和管理体制逐渐出现一些弊端和不适应，规划难以实施。土地整备规划研究作为控制性详细规划，是法定图则在存量用地时期面向实施的一种表现形式，在推进土地整备项目实施的同时，应落实和优化上层次规划确定的公共基础设施，优先保障公共利益。

图 5-3　土地整备规划研究审批流程图

2）编制与审批

土地整备规划研究由区政府指定单位进行编制工作。项目实施单位编制完成土地整备规划研究后，由区土地整备机构征求辖区规划国土管理局等部门意见，按照辖区内相关部门意见修改完善后，由区土地整备机构报区政府审议土地整备规划研究。

土地整备规划研究经区政府审议通过后，由区土地整备机构开展为期 30 个自然日的规划公示。"强区放权"改革后，根据留用土地是否占用国有储备地超过 3000 平方米分为两种情形：不超过 3000 平方米的项目公示意见由区土地整备机构处理后报区政府审议；超过 3000 平方米的项目公示意见由区土地整备机构提出初步处理意见，并经区政府审定同意后，报市规划国土委审议。

土地整备规划研究由深圳市城市规划委员会法定图则委员会（以下简称"图则委"）负责审批。对于留用土地占用国有储备地不超过 3000 平方米的，土地整备规划研究由各区政府提请图则委审批。超过 3000 平方米的，市规划国土委对区政府提交的土地整备规划研究审议通过后，由市土地整备局提请图则委审批。图则委审批通过后，区土地整备机构负责对图则委的相关修改意见进行落实，并将修改完善后的土地整备规划研究报市规划国土委备案，同步做好土地整备规划研究公告、归档、纳入一张图等后续管理工作（图 5-3）。

3）与法定图则的关系

土地整备规划研究与法定图则都是控制性详细规划层面的一种规划形式。土地整备规划研究中的留用土地规划与法定图则在控制要素上完全一致，在控制深度上基本一致，在表达形式上更加具体（表 5-1）。

表 5-1　　　　　　　　　　土地整备规划研究与法定图则编制内容对比

	用地性质	开发强度	配套设施	管控线	道路交通	城市设计	规划实施
法定图则	主导功能	单元总建筑规模	配套设施具体控制要求	城市"五线"具体控制要求	城市次干路及以上等级道路系统、轨道线的走向和宽度	确定城市设计等其他控制要求	确定实施策略，并制定相应的土地开发限制、相容性等规定
整备单元	主导功能	总体建设规模及居住建筑规模上限	配套设施具体控制要求	城市"五线"位置及控制要求	次干道及以上等级道路红线范围；支路网密度	确定城市设计等其他控制要求	明确各阶段规划实施的具体方式、实施条件、实施成效以及实施主体

留用土地范围可能是一个法定图则中的若干地块，也可能跨越若干个法定图则。留用土地单元较法定图则面积小，与规划控制单元一样，只占法定图则的一小部分，以"打补丁"的方式覆盖法定图则的一小部分内容（图 5-4）。

总体上看，土地整备规划研究与法定图则差别主要体现在以下方面：

突出重点，立足实施。从编制内容上看，法定图则是对规划区范围内的统筹协调，对规划区内用地的规划深度基本一致；而土地整备规划研究则把规划控制的重点放在留用土地上，对留用土地以外的用地仅对需调整优化的公共基础设施作出规划控制。从利益协调上看，法定图则以保障片区公共利益和实现整体开发控制为目标，而土地整备规划研究则立足于土地整备项目实施，根据政策规则明确各方利益，并将明确的利益分配体现在规划指标上，服务于土地整备工作。

程序相似，审批相异。按照深圳市现行的《城市规划条例》，法定图则的编制审批程序需经由草案编制、公示、方案形成、批前公示等多个环节，此程序符合我国《城乡规划法》对控制性详细规划编制程序的一般规定。因此，土地整备规划研究亦设置类似的编制审批程序。法定图则由市城市规划委员会审批，此举是学习香港做法，在我国属创新之举。考虑到土地整备规划研究所涉及的利益协商问题更为明确，所涉及利益主体较法定图则较少，为更有效推进土地整备工作，由市政府直接审批，此举符合我国《城乡规划法》规定的同时也是体现土地整备规划研究特点的必要举措。

要素一致，刚弹不一。土地整备规划研究与法定图则同为控制性详细规划层面的法定规划，在刚性控制要素上保持一致。法定图则一般控制到地块深度，近年对城市发展

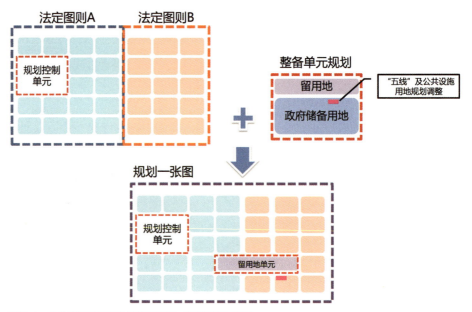

图 5-4 土地整备规划研究与法定规划一张图衔接示意图

特殊地区也开始采用单元控制的方式；土地整备规划研究对于留用土地的刚性控制指标根据开发分期的不同而异，对于留用土地面积较小且一期开发完毕的项目，采用控制到地块深度的方式，对于留用土地面积较大需多期开发项目，采用单元总量控制的方式，进一步增加二次开发过程中的弹性。

5.2.3 项目实施

土地整备项目实施方案和规划研究通过审批后，项目进入后期实施开发阶段（图 5-5）。

该阶段具体可细分为土地整备项目实施协议签订环节、留用土地用地方案审批及批复下达环节、项目开发主体确认环节、搬迁补偿协议签订及备案环节、房屋拆除与土地清理环节、地块验收与移交入库环节、土地合同签订与房地产证书注销环节以及开发建设与房地产登记环节。

（1）实施协议签订

依据经批准的实施方案和土地整备规划，区土地整备事务机构、街道办事处、规划国土主管部门派出机构与原农村社区签订土地整备利益统筹项目实施协议书，明确项目实施时序、土地整备资金、移交政府土地范围、留用土地安排方式和留用土地指标规模等相关内容。

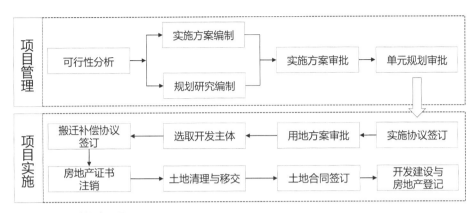

图 5-5　项目实施流程图

（2）留用土地用地审批

区土地整备机构向辖区管理局申请供地方案报批，辖区管理局依据审批通过的实施方案及土地整备规划研究，拟定供地方案。涉及农转用报批的，辖区管理局一并拟定农转用实施方案。

"强区放权"改革后，留用土地占用国有储备土地总面积超过 3000 平方米的，辖区管理局提请市规划国土委审议供地方案。市规划国土委按程序将经审议的留用土地供地方案报请市政府审批并提请下达用地批复。涉及农转用报批的，市规划国土委将农用地转用实施方案一并提请市政府审批。由市政府审批留用土地供地方案和农用地转用实施方案，并下达用地批复。

留用土地占用国有储备土地不超过 3000 平方米的，辖区管理局报请区政府审批留用土地供地方案并提请下达用地批复。涉及农转用报批的，区政府一并审批农用地转用实施方案。由区政府审批留用土地供地方案和农用地转用实施方案，并下达用地批复。

（3）开发主体确定

留用土地审批主体审批并核发留用土地批复后，原农村社区可以依据留用土地批复，按照集体资产处置相关规定，通过合作开发或作价入股等方式引入留用土地的开发主体。

（4）搬迁补偿协议签订及备案

原农村社区应组织相关权益人签订搬迁补偿安置协议，搬迁补偿安置协议中应约定补偿方式、补偿金额和支付期限、回迁房屋面积等相关事项，涉及房地产权证注销的还应明确相关义务和责任。搬迁补偿安置协议应报区政府相关职能部门备案。

（5）房屋拆除与土地清理

原农村社区应当按照土地整备项目实施协议书的相关要求理顺利益统筹项目范围内

的经济利益关系，并具体负责建（构）筑物及青苗、附着物的补偿、拆除、清理和移交工作。按照法定程序选择确定的留用土地开发主体可以参与房屋拆除和土地清理工作。

（6）地块验收与移交入库

土地整备项目实施后，市土地储备中心根据土地整备项目实施方案，对整备后的土地进行验收。整备土地在理顺经济关系、明确权属、完善征转地手续并完成土地清理后，移交市土地储备中心统一入库管理。为规范土地整备地块验收、移交入库工作，2012年以来，深圳市相继出台了有关的细则及通知，明确整备完成地块验收标准、验收程序、移交入库等环节的具体要求。为提升项目精细化管理水平，市规划国土部门还出台配套政策，明确了项目实施过程中数据资料的收集整理及存档方式，要求各区土地整备机构以项目为单位进行规范整理。项目实施完成后，各区土地整备机构须将土地整备项目档案资料电子版抄送市规划国土部门。

"强区放权"改革后，土地整备项目实施完成后相关土地的验收、移交工作，明确由各区政府统筹开展。对于整备完成的土地，实施国有储备地分类管理。规划为农地、林地、水库、公园等且未划定管理线的土地储备管理，以及已明确由各区负责建设的文教体卫、市政道路等城市基础设施和公共服务设施的土地储备管理，由各区政府负责；规划为经营性建设用地的土地储备管理，以及全市储备土地的日常监管，由市土地储备中心负责。

（7）土地合同签订与房产证注销、登记

土地整备项目留用土地的开发建设，需符合项目实施协议书确定的各方权利义务和时序安排，按时办理相关土地的征（转）补偿手续，并由原农村社区与规划国土主管部门派出机构签订留用土地使用权出让合同。

留用土地以合作开发方式实施的，可由原农村社区与开发主体一并向规划国土主管部门派出机构申请办理土地使用权出让合同变更手续，签订土地使用权出让合同补充协议；留用土地以作价入股方式实施的，可由原农村社区与开发主体共同成立的房地产项目公司，向规划国土主管部门派出机构申请办理土地使用权出让合同变更手续，签订土地使用权出让合同补充协议。

原农村社区或开发主体负责房屋拆除、土地清理、房产证注销与登记的相关具体工作。

5.3 土地整备资金管理

由于原农村社区负责与社区居民等相关权利人"算细账"，承担了理顺土地经济关系、平衡社区内部利益等作用，并完成土地整备项目范围内的土地清理和房屋拆除，所以政府给予原农村社区土地整备资金补偿，对整备项目范围内的房屋以及土地上的青苗等附

着物予以补偿，并支付项目运转的相关成本性费用，以支持原农村社区提前开展相关工作，保障项目的顺利运转。围绕土地整备资金的管理和使用，深圳市在前期探索了土地整备投融资运行机制，并在计划管理、工作程序、资金拨付等方面逐步规范了管理要求，完善了土地整备资金整体的运作流程。

5.3.1　土地整备资金类型与来源

依据《关于推进土地整备工作的若干意见》（深府〔2011〕102 号），土地整备资金的来源有以下四个渠道：第一，市财政部门拨付的土地整备资金：市财政部门应安排资金用于土地整备，包括在整备土地出让或划拨后全额返还的土地整备成本、融资资本金、从国有土地收益基金中安排的资金以及其他用于土地整备的资金；第二，市土地储备中心按照国家有关规定举借的银行贷款、通过其他金融机构贷款等方式筹集的资金；第三，上述资金产生的利息收入；第四，其他资金来源。

（1）储备土地抵押融资的探索与尝试

在土地整备工作开展之初，深圳市政府曾面临严峻的资金挑战。由于当时深圳市刚召开大学生运动会，市财政资金用于全市各项基础性设施建设。根据深圳市政府的计划，截至 2015 年，深圳要完成土地整备面积超过 150 平方公里，整备规模之大需要耗费大量资金。在当时深圳经济减速、财政状况日趋紧张，以及国家收紧地方政府投融资平台方面政策的背景下，大规模的土地整备给深圳带来的财政压力愈益沉重。为此，深圳市先后开展了多种资金筹集方式的探索，来保障当时土地整备工作的正常开展。

2012 年 11 月，由国土资源部、财政部、中国人民银行和中国银行业监督管理委员会四部委联合下达文件，将土地抵押贷款期限由原来的 2 年延长至 5 年，在一定程度上缓解了期限错配的困境，使得银行对土地整备的支持力度大幅增加，也进一步推动了土地整备对银行土地抵押贷款的依赖程度。

但是，依赖土地抵押贷款不仅可能给银行的信贷资产带来风险，也难以完全满足地方政府。事实上，国内一些城市，像重庆和北京的土地储备机构，就是在资金压力之下，不得不尝试多种土地融资模式，如信托、债券和私募基金。由于深圳的土地整备需要将一部分整备好的土地真正储备起来，等待未来有合适的项目时再出让，因而从土地整备到土地出让收益的获取要比国内绝大多数城市经历更长的时间周期。

深圳土地储备的融资渠道较为单一，几乎全部来源于财政资金和银行贷款，且银行贷款和土地整备在期限结构上存在明显的不匹配问题。这将造成土地储备机构整体资金周转的困难，影响城市土地收购工作的正常推进。随着全市财政情况的好转，深圳的土地抵押融资已于 2015 年全面停止。

（2）现行土地整备资金的来源

目前深圳市用于开展土地整备工作的资金全额来自财政拨款，根据主管部门的不同可分为两类，即市财政直接安排的土地整备资金与发改部门政府投资项目中专门用于项目房屋征收工作的资金。

房屋征收工作资金根据深圳市财税体制改革的要求，分为市财政承担的房屋征收项目资金与区财政承担的房屋征收项目资金。市财政承担的房屋征收项目资金由市发改部门负责下达房屋征收年度资金计划，市财政部门按规定拨付给各区及相关单位使用。区财政承担的房屋征收项目资金，由区发改部门负责下达房屋征收年度资金计划，区财政部门按照计划下达指标给房屋征收实施单位，房屋征收实施单位根据房屋征收与补偿工作实施进度，按规定向区财政部门申请使用。

5.3.2　土地整备资金的管理主体

深圳市土地整备资金管理机制创新主要围绕市财政直接安排的土地整备资金这一部分，因此以下章节主要围绕土地整备资金的管理主体、使用范围等内容进行介绍。

2012年3月2日，为规范土地整备资金管理，市政府印发了《深圳市土地整备资金管理暂行办法》（深府办〔2012〕22号），对土地整备资金管理的基本原则、管理主体等内容进行了规定，对完善土地整备资金管理起到了较为积极的作用。2018年起，结合"强区放权"改革要求，深圳进一步优化了土地整备资金管理机制，并出台《关于进一步优化土地整备项目管理工作机制的若干措施》（深府办函〔2018〕281号）等政策文件予以落实和完善。

（1）相关职能部门职责

按照《关于进一步优化土地整备项目管理工作机制的若干措施》（深府办函〔2018〕281号）要求，土地整备资金必须依法依规管理，按计划执行，专款专用、专户储存、专账核算。

①市财政部门参与市土地整备计划的编制；根据市土地整备计划和项目资金需求，安排年度土地整备资金；负责拨付年度土地整备资金；负责指导和监督土地整备资金管理工作。

②市规划国土部门统筹、指导和监督土地整备资金管理工作，负责按规定将土地整备资金纳入部门预算管理，实行国库集中支付，在年度土地整备计划中明确资金计划内容，负责本级土地整备资金的会计核算和拨付。

③市、区审计部门根据审计工作计划开展土地整备项目审计。

（2）各区政府职责

各区政府作为土地整备的实施主体，负责对辖区土地整备资金的使用监管。各区土

图 5-6　土地整备资金主要使用范围

地整备机构是土地整备资金的具体使用部门，负责辖区内土地整备项目资金的管理工作。各区土地整备机构负责辖区内土地整备项目的成本核算，建立土地整备项目资金台账，并每月就项目资金使用情况与市规划国土部门进行对账。

5.3.3　土地整备资金的使用

（1）土地整备资金的使用范围

土地整备资金的使用范围主要为土地整备项目资金以及相关的成本性支出等。其中土地整备项目资金包括直接补偿费、技术支持费、不可预见费、业务费四个部分（图 5-6）。

①直接补偿费是支付给补偿对象的土地整备补偿费用。

②技术支持费是由第三方提供技术支持服务而产生的专业服务费用，包括勘探、测绘、评估、督导、复核、法律、审计、招标、规划设计、社会风险评估、拆除和清理清运服务等费用。

③不可预见费是指在土地整备项目实施过程中，因事实、技术等不可控因素导致无法在土地整备项目实施方案中预见，但在土地整备项目实施过程中确需支付的费用。在项目总资金中可按一定比例预留项目不可预见费。

④业务费包括：办公、会议、交通、差旅、通信、培训、咨询、宣传等开展土地整备工作所需支付的管理费用。包括用于土地整备工作的办公场所、交通工具等固定资产费用。包括土地整备工作人员的工资、津贴、保险等费用。

（2）土地整备项目资金拨付

土地整备资金实行计划管理，土地整备资金计划是土地整备计划的组成部分，由市

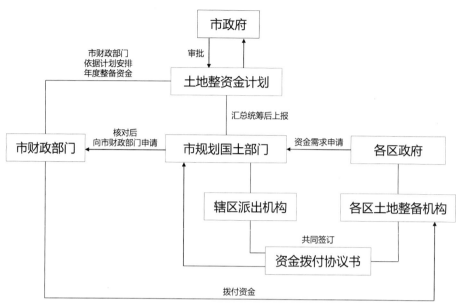

图5-7 土地整备资金管理流程

规划国土部门组织各区政府及相关职能部门编制，按程序报市政府审批后执行。市财政部门根据市规划国土部门提供的土地整备计划将土地整备需要财政安排的资金列入年度土地出让支出计划。

在具体资金使用中，考虑财政国库管理体制及资金管理等方面原因，资金拨付链条按照以下程序开展（图5-7）：

①土地整备项目实施方案完成审批后，由市规划国土部门派出机构与各区土地整备机构签订土地整备资金拨付协议书。

②协议书签订后，各区土地整备机构根据项目进展情况向市规划国土部门提出资金拨付申请，市规划国土部门核对后向市财政部门申请拨付资金。

③各区整备机构按照项目进度情况，将土地整备资金拨付予实际收益人。

（3）土地整备调剂资金

考虑到实际工作中，年度计划内项目自实施方案审批后到资金拨付需一定的工作时间，为保证项目的应急需要，土地整备资金管理中设置了周转资金，并对周转资金的使用方法及跨年度管理作了规定。

年度土地整备计划审批通过后，市规划国土部门派出机构可与各区土地整备机构签订计划项目调剂资金拨付协议书，一次性按年度资金计划总额的10%拨付资金给各区，作为各区当年度土地整备项目的调剂资金。调剂资金用于年度计划内项目应急支出。待应急项目符合资金申请条件后，各区土地整备机构应按程序及时向市规划国土部门申请项目资金，并补回调剂资金。每年年底，市、区两级土地整备机构应对本年度调剂资金的拨付情况进行对账。下一年度调剂资金拨付额度按各区下一年度资金计划总额的 10% 进行调增或调减。上述规定，可有效解决"项目等钱"和"资金沉淀"的问题，提高土地整备资金的使用效率。

5.3.4　土地整备资金使用监督及考核机制

（1）土地整备资金结算手续

根据《关于推进土地整备工作的若干意见》（深府〔2011〕102 号）要求，土地整备项目补偿工作完成后，各区土地整备机构应办理决算手续。决算资料主要包括补偿情况（实际补偿项目、数量、标准及补偿协议书汇总表）、资金支付情况等。决算价经区政府确认，并报市土地整备局备案后，拨付土地整备项目余款。采取按实支付方式决算的土地整备项目，实施过程中发现实际补偿金额超出概算价的，超概算部分需重新经区政府审查确认后报市土地整备局审核。

为优化项目管理流程，推动项目高效实施，《关于进一步优化土地整备项目管理工作机制的若干措施》（深府办函〔2018〕281 号）对项目结算手续进行了简化，促进实施完成的项目及时结算。项目实施完成后，各区政府应在办理土地移交手续后的三个月内，根据项目实际资金支出情况办理项目结算手续，并将审核确认的结算结果报市规划国土部门。

（2）资金使用监督与绩效评估

各区政府及所属土地整备机构应当严格执行有关法律法规、规章制度，自觉接受市规划国土部门、市财政部门和各级审计部门的监督检查。

①土地整备资金的监督，市财政部门、市规划国土部门对土地整备资金使用情况、收支两条线执行情况，以及在土地整备过程中政府采购制度实施情况进行监督检查，确保土地整备资金专款专用。

②土地整备资金使用进度的监督，市规划国土部门、市土地整备局应当加强对各区整备工作进度的监督检查，确保土地整备工作按照计划顺利完成。

③自律要求，各区政府及各级土地整备机构应当严格执行有关法律法规、规章制度及本办法的规定，自觉接受市财政部门、市规划国土部门和各级审计部门的监督检查。

④违反规定的，严格按照国家有关规定进行处理，并由各相关机构依法追究有关责任人的责任。

⑤各区建立评价制度，各区政府应当按土地整备的单元、项目、地块为单位，及时总结、对比土地整备成本。

⑥建立评价制度，及时评估整体土地整备成本绩效。

第6章 土地整备政策体系

经过反复的探索和实践，深圳基本构建了相对完善的土地整备政策体系，涵盖体制机制、政策规划、规划计划等多方面。土地整备政策大致可以分为"两层次、四手段"，从层次上看，包括纲领性文件和操作性文件两个层次，操作性文件又涵盖了技术指引、项目管理和审批流程三大类；从内容上看，利益统筹政策文件主要围绕"规划—土地—资金—地价"四大政策手段进行制度设计。本章主要从土地整备的政策演进、政策分类及政策内容三个方面来介绍土地整备的政策体系。

第6章 土地整备政策体系

6.1 土地整备政策演进

自 2011 年启动以来，土地整备政策的演进过程大致可以分为三个阶段："整村统筹试点阶段""利益统筹试点阶段""利益统筹全面推行阶段"。

6.1.1 整村统筹试点阶段（2011—2015 年）

2010 年 12 月，坪山区在深圳首次提出土地整备"整村统筹"概念。"整村统筹"不同于以往单一地块的城市更新或若干零散地块的房屋征收，而是将原农村社区范围内的所有土地进行整体统筹和利益核算，一揽子解决历史遗留问题，以实施城市规划。

2011 年 2 月，坪山区以金沙社区作为试点，启动"整村统筹"土地整备工作。2011 年 5 月，坪山区的南布社区、沙湖社区也积极响应坪山区政府号召，启动"整村统筹"试点工作，希望通过土地整备方式一揽子解决社区实际掌握的未完善征（转）地补偿手续用地、非农建设用地以及其他土地历史遗留问题。由于没有政策规则，金沙社区、南布社区和沙湖社区整村统筹项目属于"摸着石头过河"。其中，由于社区内部管理、基层政府组织以及项目区位等条件限制，金沙社区项目未能取得成功。而经过多方努力和各方协商，南布社区和沙湖项目历时五年，最终形成了各方认可的土地整备方案。这两个项目的实施方案于 2015 年经过深圳市政府常务会议审批通过，并进入项目实施阶段。

土地整备整村统筹试点把原农村社区范围内所有未完善征（转）地补偿手续用地全部纳入土地整备实施范围，实施"整体算账，分步实施"的策略。土地整备整村统筹试点探索出政府与社区"算大账"、社区与相关权益人"算细账"的土地整备实施路径，改变了以往依靠单一货币补偿的方式，创新性地综合运用留用土地、规划调整、资金补偿、优惠地价等手段实现土地资源整合，探索出一条有别于传统项目征收的土地整备新模式。

土地整备整村统筹试点首次引入了留用土地的概念，以留用土地为载体让原农村社区分享土地增值收益，分享城市化和规划实施带来的土地红利，并将土地确权和规划调整运用到留用土地中，以此来调节各方利益格局。整村统筹的探索和实践对后续土地整备利益统筹的政策设计影响深远，后续土地整备利益统筹政策设计在用地安排、规划调整、实施机制等方面均参考借鉴了整村统筹的试点经验。此外，土地整备整村统筹试点虽然提出留用土地概念，但核算规则未形成统一的政策规定，尚处于个案探索的阶段。

6.1.2　利益统筹试点阶段（2015—2018 年）

随着土地价值的提升以及土地权利人收益预期的提高，传统的房屋征收举步维艰，难以满足深圳快速城市化对城市基础设施、重大项目建设等的用地需求，需要在政策上进行改革和创新，而坪山区土地整备整村统筹试点工作恰恰为土地整备制度改革提供了样本。

以坪山区沙湖、南布等社区开展的土地整备整村统筹试点工作为基础，2015 年深圳市出台了《土地整备利益统筹试点项目管理办法（试行）》（深规土〔2015〕721 号），形成土地整备利益统筹模式，并选取试点在全市范围内进一步推广。土地整备利益统筹以坪山区整村统筹试点为基础，延续了整村统筹试点中土地、规划、地价、资金的政策联动，并按照政府与社区"算大账"、社区与相关权益人"算细账"的方式推进实施。

同时，土地整备利益统筹也对整村统筹试点工作进行了改进：一是在实施范围上，整村统筹要求将原农村社区范围内所有未完善征（转）地补偿手续用地全部纳入土地整备实施范围，但在土地整备利益统筹试点阶段，考虑到原农村社区意愿、整备实施成本和项目不确定性等因素，没有延续这一要求，而是将土地整备分为整村统筹和利益统筹两种模式。其中，整村统筹项目范围内成片的未完善征（转）地补偿手续用地应当不小于 50000 平方米，片区统筹项目则应该由两个以上地块组成，且单个地块面积不小于 3000 平方米。二是在留用土地核算上，明确了核算规则，统筹考虑原农村社区各种权属类型用地，一揽子解决土地历史遗留问题。三是关于规划调整和项目审批，在《土地整备利益统筹试点项目管理办法（试行）》（深规土〔2015〕721 号）中，首次提出了土地整备规划研究这一新型规划类别，并明确它在规划体系中相当于法定图则的层次，规定了项目审批的流程。

《土地整备利益统筹试点项目管理办法（试行）》（深规土〔2015〕721 号）虽

然对利益统筹的总体思路及留用土地、各方职责作出了规定，但缺乏具体的操作细则。因此，深圳市于2015—2018年期间，围绕试点项目管理办法先后出台了包括技术规范、审批流程、项目管理等一系列配套政策文件，初步构建了土地整备利益统筹政策体系。可以说，这一阶段，既是利益统筹试点阶段，也是利益统筹政策体系的构建和完善阶段。

6.1.3　利益统筹全面推行阶段（2018年起至今）

随着土地整备工作的推进，一方面，可实施土地整备的空地越来越少，大量未完善征（转）地补偿手续规划建设用地开始成为土地整备的主要实施对象；另一方面，自2015年颁布《土地整备利益统筹试点项目管理办法（试行）》（深规土〔2015〕721号）以来，土地整备工作取得了一些成效，但是也遇到很多的现实困难，比如留用土地核算规则对建成区考虑不够、保障性住房问题考虑不足、容积率核算规则不清晰、地价测算规则复杂等。在总结两年多试点项目实践经验和问题的基础上，深圳市于2018年对《土地整备利益统筹试点项目管理办法（试行）》（深规土〔2015〕721号）进行了修订，出台了《深圳市土地整备利益统筹项目管理办法》（深规土〔2018〕6号）。

《深圳市土地整备利益统筹项目管理办法》（深规土〔2018〕6号）的总体思路将延续试点政策的基本政策框架：一是政策适用对象不变，主要适用于原农村社区掌控用地；二是利益统筹方式不变，综合运用规划、土地、资金、产权的统筹手段，通过拨付土地整备资金、安排或核定留用土地、明确留用土地规划要素及产权属性等方式实现多方共赢；三是留用土地构成不变，由项目内已批合法用地、项目外调入合法指标和利益共享用地[1]三部分构成。

同时，在以下几方面对试点政策进行了优化：一是放宽准入门槛、取消利益统筹试点，将土地整备政策进行全面推广；二是细化利益共享用地核算规则，根据现状容积率分段核算利益共享用地规模，加大了建成区土地整备力度；三是拓宽了留用土地的安排方式，可将留用土地指标在项目范围外经济关系未理顺的建成区域安排，增加项目操作的灵活性；四是优化了留用土地规划建筑面积核算规则；五是增加了在留用土地中安排一定比例的保障性住房、人才公寓或创新型产业用房并由政府回购的规定；六是简化了地价计收规则；七是结合"强区放权"完善了项目审批和管理流程。

《深圳市土地整备利益统筹项目管理办法》（深规土〔2018〕6号）的颁布标志着深圳市全面进入土地整备利益统筹政策的实践阶段。

1　利益共享用地是指将未完善征（转）地补偿手续规划建设用地扣除合法用地指标及调入的非农建设用地指标和征地返还用地指标后的剩余土地进行核算的留用土地规模。

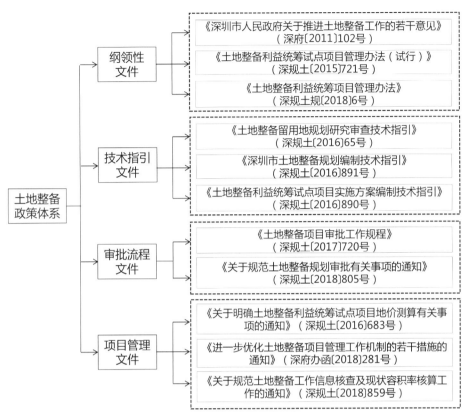

图 6-1　土地整备政策体系

6.2　政策分类

结合实际问题和发展趋势，土地整备政策在上述三个发展阶段中不断优化完善并逐步形成了一套较为完整的政策体系框架。以政策制定的层次和目的为划分标准，土地整备政策可分为纲领性文件类、技术指引文件类、审批流程文件类和项目管理文件类四大类（图 6-1）。

6.2.1　纲领性文件

纲领性文件对土地整备工作具有全局统领意义，对配套性和操作性政策具有指导及规范作用。纲领性文件提出了土地整备的总体原则、实施方式以及未来任务等总体性要求，政策文件包括以下三项：

2011 年 7 月 6 日出台了《深圳市人民政府关于推进土地整备工作的若干意见》（深府〔2011〕102 号），第一次提出土地整备的概念，提出土地整备应坚持"政府主导、规划统筹、分区实施、统一管理、共同责任、利益兼顾，保障和促进科学发展"的原则，系统地阐述了土地整备的实施对象、工作方式、实施范围、规划计划管理、资金来源与组织保障、实施机制等重要内容，建立了土地整备工作的体制机制。

2015 年 11 月 18 日出台了《土地整备利益统筹试点项目管理办法（试行）》（深规土〔2015〕721 号），在《深圳市人民政府关于推进土地整备工作的若干意见》（深府〔2011〕102 号）的制度框架下，第一次提出利益共享土地整备方式，提出以公共利益作为土地整备的切入点，以原农村社区掌握的合法用地及未完善征（转）地补偿手续的用地为处置对象，综合运用规划、土地、资金等多种政策工具，通过政策统筹、规划统筹、项目统筹和利益统筹，优先保障公共服务设施和城市基础设施用地，同时给予原农村社区一定留用土地用于保障其利益和发展需求。随着《深圳市土地整备利益统筹项目管理办法》（深规土规〔2018〕6 号）的出台，目前该文件已失效。

2018 年 8 月 9 日出台了《深圳市土地整备利益统筹项目管理办法》（深规土规〔2018〕6 号），该文件在试点项目管理办法的基础上，结合土地整备实施环境的变化以及城市发展对土地整备工作的新要求，对准入门槛、留用土地核算比例、留用土地地价测算、规划容积率核算规则等内容进行了适当调整，并对政策的框架结构进行了合理优化。

6.2.2 技术规范性文件

技术规范性文件是为指导土地整备项目实施，围绕实施方案编制、规划研究编制等方面形成的协调统一的技术标准和技术依据。具体包括以下文件：《土地整备留用土地规划研究审查技术指引（试行）》（深规土〔2016〕65 号），指导了留用土地的规划研究审查工作，规范了规划研究中土地用途和容积率审查工作；《土地整备利益统筹试点项目实施方案编制技术指引（试行）》（深规土〔2016〕890 号）及《深圳市土地整备规划编制技术指引（试行）》（深规土〔2016〕891 号）则分别明确了土地整备利益统筹项目实施方案和规划研究的编制目的、原则、内容及成果等相关技术要求。

6.2.3 审批流程性文件

审批流程性文件是主要明确土地整备项目管理上涉及的审批环节、审批主体和具体流程等相关内容的程序性文件。主要包括《土地整备项目审批工作规程》（深规土〔2017〕720 号）和《关于规范土地整备规划审批有关事项的通知》（深规土〔2018〕805 号）两个文件。前者明确了"强区放权"后土地整备项目实施方案、规划研究、用地方案等审批关键环节中涉及的报批主体和审批主体，并对具体工作流程和后续管理相关事项进行了详细规定；后者主要细化了由市城市规划委员会法定图则委员会审议土地整备规划的有关事项，规范了土地整备项目的规划审查工作。

图 6-2　土地整备政策工具联动示意图

6.2.4 项目管理性文件

项目管理性文件指的是指导项目管理的相应操作性文件，尤其是指导政府的相关工作，包括地价测算、容积率核查、计划管理、资金管理等内容。具体包括以下文件：《关于明确土地整备利益统筹试点项目地价测算有关事项的通知》（深规土〔2016〕683 号），规范了土地整备利益统筹项目的留用土地地价测算工作；《关于规范土地整备土地信息核查及现状容积率核算工作的通知》（深规土〔2018〕859 号），明确了"强区放权"后土地整备实施方案编制中涉及的土地信息核查及现状容积率核算的相关要求及核查程序；《进一步优化土地整备项目管理工作机制的若干措施的通知》（深府办函〔2018〕281 号），则主要从计划、实施方案、整备资金和后续管理等方面对整备项目和资金管理进行规范。

6.3 政策主要内容

土地整备政策涵盖项目范围划定、利益分配规则、项目审批流程、规划编制管理等内容，整个政策体系已相对完善。其政策核心是对土地、规划、资金和地价四个政策工具的联动运用（图 6-2），通过对各方利益格局的调整和土地资源的重新划分，实现规划实施和土地收储的目的。本节将重点围绕这四种政策工具进行介绍。

6.3.1 留用土地

土地整备的本质是按照规划实施要求对产权关系的再调整和土地资源的再分配。实施整备后的土地，一部分移交政府储备，另一部分作为留用土地协议出让给原农村社区，保障社区经济发展。留用土地规模依据政策规则进行核算，具体选址则以法定图则等生效规划为基础，由政府与原农村社区协商确定。留用土地交由原农村社区按经批准的土地整备规划研究进行开发建设，主要用于保障原农村社区发展权益，满足其生产、生活及后续发展需求，促进原农村社区空间的现代化发展。

（1）留用土地规模核算

土地如何分配，直接关系到政府和原农村社区的利益格局。留用土地的规模是否合理，直接影响原农村社区参与土地整备的意愿和项目的推进，也是各方博弈的焦点。因此留用土地规模核算规则是土地整备政策设计的重要内容之一。

留用土地的规模核算由两部分组成：一部分是历史上形成的各种"合法用地"，按照等面积确定留用土地；另一部分就是原农村社区实际掌控的"合法外土地"，即未完善征（转）地补偿手续用地，按照一定比例核算确定留用土地。这样的政策设计，一是体现了政策公平性，对于合法用地较多的原农村社区多安排留用土地，对于合法外土地较多的原农村社区则少安排留用土地，体现差异性，避免"老实人吃亏"；二是实现了权益归一，将各类合法用地，以及合法外用地，通过土地整备统一转变为国有土地，同时给予原农村社区一部分土地的完整产权。

"留用土地"的概念在整村统筹试点阶段开始探索，在《土地整备利益统筹试点项目管理办法（试行）》（深规土〔2015〕721号）中第一次正式提出并细化了规模核算及选址等规则。具体的留用土地规模核算包含三种类型：已批合法用地（按等土地面积1∶1落实）、项目范围外调入的合法指标（按等土地面积1∶1落实）、利益共享用地（按未完善征（转）补偿手续规划建设用地的15%～30%落实）。经统计分析，原农村社区实际使用的建设用地中，规划确定的公共基础设施用地和政府发展用地约占60%。因此，虽然《土地整备利益统筹试点项目管理办法（试行）》（深规土〔2015〕721号）中没有明确规定，但实际操作中，一般以留用土地总规模最高不得超过项目规划建设用地的40%作为土地分配的底线。

经过两年多的试点实践，原农村社区掌控未完善征（转）地补偿手续用地中，空地越来越少，大量建成区将成为下阶段深圳存量用地挖潜和土地整备的主要对象。但这些未完善征（转）地补偿手续已建用地的平均现状容积率达到1.22，按照试点政策的留用土地比例，难以平衡各方利益，社区积极性不高。为此，2018年修订出台的《深圳市土地整备利益统筹项目管理办法》（深规土〔2018〕6号）将留用土地总规模上限提高至55%，同时提出了根据现状容积率分段核算利益共享用地的思路。具体核算规则如下：

> **深圳市土地整备利益统筹项目管理办法（深规土规〔2018〕6号）**
> 第六条 利益统筹项目留用土地是指按本办法核算并确认给原农村集体经济组织继受单位的用地，包括项目范围内已批合法用地、项目范围外调入合法指标以及本项目核定利

益共享用地，具体规模按以下方式核算：

（一）项目范围内已批合法用地是指原农村集体经济组织继受单位及其成员已落地确权的合法用地（包括已取得房地产证、土地使用权出让合同、非农建设用地批复、征地返还用地批复、农村城市化历史遗留违法建筑处理证明书、旧屋村范围认定批复的用地等），此类用地按照等土地面积核算留用土地规模；

（二）项目范围外调入合法指标，包括非农建设用地指标、征地返还用地指标，以及其他土地整备项目留用土地指标，此类用地指标按照相关规定核准后，可在项目范围内安排落实；

（三）本项目核定利益共享用地是指项目内上述第（一）项用地范围外的未完善征（转）地补偿手续规划建设用地，扣除上述第（二）项中非农建设用地指标和征地返还用地指标后的剩余土地，按照表 1 核算的留用土地规模。其中现状容积率为项目实施范围内现状建筑面积与规划建设用地面积的比值。

利益共享用地核算比例　　　　　　　　　　表 1

现状容积率	核算比例
0	≤ 20%
0< 现状容积率 ≤ 1.5	≤ 20% + 20% × 现状容积率
现状容积率 > 1.5	≤ 50%

此外，结合深圳发展实际，为了加大力度保障重大产业项目的落地，土地整备还提出对于在工业区块线内留用工业用地的，利益共享地核算比例可以上浮 50%。

深圳市土地整备利益统筹项目管理办法（深规土规〔2018〕6 号）

第七条　利益统筹项目留用土地应优先在本项目范围内安排，按照利益共享用地、项目范围内已批合法用地、项目范围外调入合法指标的顺序落实。留用土地位于利益统筹项目范围内工业区块线且规划为工业用地的，利益共享用地部分可上浮 50%。

在利益统筹项目范围内安排的留用土地规模原则上不得超过项目规划建设用地面积的 55%。

因规划统筹需要，利益统筹项目周边国有未出让的边角地、夹心地和插花地可纳入留用土地选址范围，但纳入选址范围的国有未出让土地面积不超过 3000 平方米，或不超过项目范围内规划建设用地面积的 10%。

（2）留用土地选址

留用土地的布局要求集中成片，具体选址以法定图则为依据，由政府和原农村社区协商确定。具体实践中，留用土地一般在法定图则确定的经营性用地地块中选址。这种做法不仅有助于整合原农村社区分散、畸零和碎片化的土地，使其按照规划要求进行布局和安排，同时给予经营性用地能够满足原农村社区的发展诉求，减少规划实施的阻力。

《土地整备利益统筹试点项目管理办法（试行）》（深规土〔2015〕721号）中规定，留用土地要优先在项目范围内的建成区安排。

修订后的《深圳市土地整备利益统筹项目管理办法》（深规土〔2018〕6号）则扩大了留用土地的落实路径，除了优先在项目范围内划定以外，还可以采用指标转移的方式，把留用土地指标转移到项目范围之外。通过新的安排方式，能够解决在利益统筹试点阶段，留用土地受限于选址必须位于项目范围内的限制而常常难以落实的难题。有三种不同的转移方式。首先，可以与城市更新项目统筹实施。城市更新经过近几年的高速发展，已经步入了深水区，许多项目受限于合法用地比例的限制无法开展，若与土地整备项目进行联动，将同时促进两类项目的实施。其次，可以落实到未完善征（转）地补偿手续的建成区内，由原农村社区进行自行拆除重建。同时，也可以与其他利益统筹项目进行统筹，作为未落实的合法指标调入另一个项目当中。具体的政策要求如下：

深圳市土地整备利益统筹项目管理办法（深规土规〔2018〕6号）

第七条 利益统筹项目留用土地应优先在本项目范围内安排，按照利益共享用地、项目范围内已批合法用地、项目范围外调入合法指标的顺序落实。留用土地位于利益统筹项目范围内工业区块线且规划为工业用地的，利益共享用地部分可上浮50%。

......

第八条 本项目范围内无法安排留用土地的，留用土地指标中的利益共享用地和合法用地可与本街道城市更新项目统筹处理，或直接落在本街道经济关系未理顺的已建成区并由原农村集体经济组织继受单位拆除重建。按照上述两种方式安排的留用土地指标，其合法用地部分按照等土地面积核算，利益共享用地部分上浮50%。

留用土地指标也可与本街道其他利益统筹项目统筹处理，其合法用地部分和利益共享用地部分按照等土地面积核算。

留用土地指标参照上述两款落实且跨街道安排的，留用土地指标应按照两地现行工业用地基准地价的比值折算，且不得大于在原街道内核算的留用土地指标。

6.3.2　规划研究

城市规划是土地整备的重要利益调节手段，能够将分散、畸零的用地整合成片，落实公共基础设施，并整理出一定的经营性用地以供开发。土地整备用地开发一般按照生效法定图则落实，但当留用土地位于法定图则未覆盖地区或者需要对法定图则强制性内容进行调整时，需要编制土地整备规划研究。土地整备规划研究由图则委审批，审批通过后与法定图则具有同等效力，可以作为规划管理的依据。

（1）规划研究的内容框架

土地整备规划研究以"两层次范围、三大类用地"为编制内容框架。"两层次范围"包括留用土地范围和整备总体控制范围；"三大类用地"包括留用土地、留用土地范围外移交政府储备的公共基础设施用地及政府发展用地。首先，要明确留用土地和政府储备地的规模和位置，确定整备总体控制范围和留用土地范围。其次，要编制整备总体控制范围规划，包括功能定位及规划结构、留用土地单元范围外城市"五线"及公共基础设施的优化和完善、政府发展用地的规划初步发展意向等。最后确定留用土地规划方案。

土地整备规划研究的编制内容和深度应符合《土地整备规划编制技术指引》（深规土〔2016〕891号）的要求，包括用地功能、开发强度、公共绿地及配套设施的控制要求、"五线"位置及控制要求、城市次干路及以上等级道路系统、轨道线的走向和宽度，以及其他留用土地规划应予以明确的内容。留用土地涉及多期开发的，为预留开发建设弹性，留用土地规划可借鉴《深圳市法定图则编制技术指引》（2014版）提出的规划控制单元的做法，只需提出主导用地功能、总建筑规模、配套设施、综合交通、空间管制等内容，其具体地块划分、用地功能及布局、容积率等指标通过下阶段详细规划确定。

《土地整备规划编制技术指引》（深规土〔2016〕891号）

1.4　编制任务

以经批准的城市总体规划、土地利用总体规划、土地整备专项规划和法定图则等规划为依据，在各方利益协调的基础上，提出土地整备项目的规划发展目标定位，明确土地分配方案及留用土地选址，重点对留用土地提出控制性规划要求，并落实土地整备目标和各方责任。

规划编制的具体任务包括：确定实施范围内政府储备用地、留用土地的规模及范围；对留用土地的主导功能、开发强度、配套设施、空间控制以及分期实施等作出细化规定；

> 根据留用土地规划的对周边环境承载力的影响，提出实施范围总体控制要求，确定需优化调整的城市"五线"及各项配套设施。

（2）留用土地的规划用途确定

虽然土地整备规划研究经过科学论证，可以对法定图则做出一定的修改，但必须严格控制，维护城市规划的严肃性。尤其是留用土地用途与布局的确定，对城市规划影响较大，须以经批准的城市总体规划、土地利用总体规划、法定图则等规划为依据，符合基本生态控制线的要求，还应该与周边用地功能相协调，实现各类用地的集约布局，实现土地与交通一体化发展等。

留用土地规划为居住的，应按照公共交通优先、职住平衡发展的原则，综合考虑区位、周边环境和用地条件以及就业结构等要素，相对集中布局，并适当考虑与其他用地功能的混合布局，同时还应满足地块内交通组织和空间环境营造的要求；留用土地用途为商业服务业的，用地布局应与周边居住用地、交通基础设施相适应。若涉及商业服务业功能的地下空间开发，应单独说明地下空间设置的合理性；留用土地用途为工业的，产业类型应符合片区产业功能定位，用地布局应遵循空间集聚和用地集约的原则，促进土地循环高效利用，引导生产与生活功能的协调发展。

（3）留用土地的规划容积率确定

留用土地的规划容积率是政府与社区利益分配的核心。通过调整留用土地的规划控制指标，能够提升土地价值总量、平衡各方利益诉求，使土地整备从"零和博弈"变为"正和博弈"。

利益统筹试点阶段，建立了由"基础容积率"和"转移容积率"构成的容积率核算体系。但由于规则制定未体现地区差异、未在转移建筑面积中考虑合法指标差别、未考虑增加保障性住房和社区级配套等原因，后续出台的《深圳市土地整备利益统筹项目管理办法》（深规土〔2018〕6号）对规划容积率核算进行优化调整，提出由"基础建筑面积""配套建筑面积"和"共享建筑面积"三部分构成的核算体系（图6-3）。该核算规则体现了两方面的原则：一是技术理性，既符合相关规范与技术标准，满足规划管理的基本要求，又与密度分区等政策相结合，体现地区的差异性；二是政策导向，引导原农村社区多贡献公共基础设施用地，引导开发主体多配建保障房等，保障公共利益。

1）基础建筑面积

留用土地落在项目范围内的，基础建筑面积以《深圳市城市规划标准与准则》的密度分区为基础核算确定，体现规划管理的基本要求。

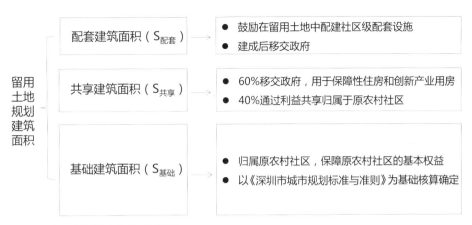

图 6-3　留用土地规划面积构成示意图

留用土地落在经济关系未理顺的已建成区并由原农村社区自行拆除重建的，考虑到对于消化合法外建筑的贡献，除了以密度分区为基础核算的建筑面积外，还包括按照拆建比 1∶1.5 确定的拟安置建筑面积。

土地整备利益统筹项目管理办法（深规土规〔2018〕6 号）

附件：留用土地规划建筑面积核算规则

一、基础建筑面积

基础建筑面积是指留用土地按照《深圳市城市规划标准与准则》（以下简称《深标》）核算确定的建筑面积。基础建筑面积的计算公式如下：

（一）留用土地在项目范围内安排的，按照以下公式计算基础建筑面积：

基础建筑面积 = S 项目内留用 × 地块容积率

S 项目内留用——按照本办法第六条和第七条核算拟在项目范围内安排的留用土地面积。

地块容积率——按照《深标》相关规定取值、计算。

（二）留用土地落在项目范围外经济关系未理顺的已建成区域并由原农村集体经济组织继受单位拆除重建的，按照以下公式计算基础建筑面积：

基础建筑面积 = S 拆除重建 × 地块容积率 + FA 利益统筹 × 1.5

S 拆除重建——由原农村集体经济组织继受单位拆除重建的土地面积。

地块容积率——按照《深标》相关规定取值、计算。

FA 利益统筹——利益统筹项目中现状建筑面积。

2）配套建筑面积

由于经过土地整备，建筑规模及人口规模通常有所增加，所以为了解决区级配套问题，规定配套建筑面积要在留用土地规划研究中明确规定。

> **土地整备利益统筹项目管理办法（深规土规〔2018〕6号）**
>
> 附件：留用土地规划建筑面积核算规则
>
> 二、配套建筑面积
>
> 留用土地应当按照《深标》、法定图则及相关专项规划的要求配建社区级公共设施。社区级公共设施的类别、规模在土地整备规划中确定。

3）共享建筑面积

共享建筑面积是指规划允许条件下，可在基础建筑面积的基础上增加的建筑面积。为了保持对人才及新兴产业的吸引力，《深圳市土地整备利益统筹项目管理办法》（深规土〔2018〕6号）要求在留用土地的共享建筑面积中安排60%的建筑面积用于保障性住房、人才公寓或创新型产业用房，由政府或政府指定机构回购，同时结合密度分区管控要求，规定共享建筑面积原则上不超过基础建筑面积的30%。

最后，留用土地规划总建筑面积应满足周边公共服务设施和城市基础设施承载力的要求，符合生态保护、城市设计等相关控制要求。

> **土地整备利益统筹项目管理办法（深规土规〔2018〕6号）**
>
> 附件：留用土地规划建筑面积核算规则
>
> 三、共享建筑面积
>
> 共享建筑面积是指在规划允许条件下，可在基础建筑面积的基础上增加的建筑面积。共享建筑面积原则上不超过基础建筑面积的30%。
>
> 共享建筑面积中政府或政府指定机构回购60%的建筑面积用于人才住房、公共租赁住房或创新型产业用房等，其余40%的建筑面积通过利益共享归属于原农村集体经济组织继受单位。

6.3.3 地价计收

地价计收是指根据留用土地的规模、用途和开发强度，原农村社区按照规则补缴地价，协议获得留用土地的过程。该地价作为权能不完整的未完善征（转）地补偿手续用地转变为权能完整的留用土地的"对价"。土地整备采用政策性地价，其标准远低于市场评估地价，其目的是补偿原农村社区理顺土地关系、拆迁整理土地等费用，降低原农村社区获得土地的成本，促进土地整备项目的顺利推进。

《土地整备利益统筹试点项目管理办法（试行）》（深规土〔2015〕721 号）中的地价测算规则相对复杂，设计了地价与容积率联动、分用途差异化计收地价、分权属差异化计收地价等内容，意在通过地价政策，抑制原农村社区调整规划控制指标的欲望，同时体现对合法内合法外土地与建筑区别对待的政策公平性。

但经过两年的试点实践，原农村社区和相关职能部门均反映地价计收规则过于复杂，且地价优惠有限，不利于项目的推进和原农村社区的发展。同时，城市更新政策也出台了地价计收的简化标准，为了促进存量土地市场的有序运行，土地整备应与城市更新的地价测算规则尽量保持一致。为此，《深圳市土地整备利益统筹项目管理办法》（深规土〔2018〕6 号）中以"简化规则，便于实操"为原则，对地价测算规则进行了如下调整：

①将试点政策中整村统筹地价规则和片区统筹地价规则进行整合，不再分类核算。

②在地价计收标准上与相关政策（城市更新、非农、征返用地地价政策）进行衔接。

③加强与留用土地规划建筑面积核算规则的衔接，留用土地地价根据容积率构成的不同采用分段方式计收地价。留用土地规划为居住用地、商业服务业用地的，基础建筑面积部分按照公告基准地价的 10% 计收地价，共享建筑面积中归属于继受单位的部分按照公告基准地价的 100% 计收地价。

《土地整备利益统筹项目管理办法》（深规土规〔2018〕6 号）

第十条 留用土地的土地使用年期按照法律规定土地用途的最高年限确定。留用土地由原农村集体经济组织继受单位自用的，免交地价，用地为非市场商品性质；留用土地按照本办法缴交地价的，用地为市场商品性质。

按照本办法第八条安排落实的留用土地指标，与城市更新项目统筹处理的，留用土地指标的使用、审批、产权属性及地价测算根据城市更新相关政策执行，其中利益共享用地地价按照城市更新历史用地处置部分的地价标准计收；在建成区安排并由原农村集体经济组织继受单位拆除重建的，按项目范围内留用土地办理相关规划、用地手续；与其他利益统筹项目统筹处理的，留用土地指标按照项目外调入的合法指标类型使用。

第十一条 留用土地规划为工业用地的，按照现行公告基准地价的 10% 缴交地价。

留用土地规划为居住用地、商业服务业用地的，结合本办法所附《留用土地规划建筑面积核算规则》，按照基础建筑面积和共享建筑面积分段计收地价，其中基础建筑面积部分按照现行公告基准地价的 10% 缴交地价，共享建筑面积中归属于原农村集体经济组织继受单位的部分按照现行公告基准地价的 100% 缴交地价。

移交政府或政府回购的人才住房、公共租赁住房、创新型产业用房、社区级公共设施免缴地价。

6.3.4 资金补偿

《深圳市土地整备利益统筹项目管理办法》（深规土〔2018〕6 号）中规定，原农村社区应理顺项目范围内土地经济利益关系，并负责建（构）筑物及青苗、附着物的赔偿、清理和拆除工作。所以资金的补偿给予原农村集体，主要针对地上建构筑及青苗等附着物的重置价补偿、土地补偿，以及对相关清理、拆除等工作的相关费用的支付，共分为三部分：

第一部分，根据项目实施范围内原农村社区及其成员实际使用但需拆除的地上建（构）筑物、青苗及附着物等分类核算确定。在补偿标准上，地上建（构）筑物按照重置价核算，青苗、附着物等按照相关标准确定。关于为何使用重置价，一方面，由于大部分原农村社区控制用地的土地经济关系未理顺，且建筑物产权状态复杂，采用重置价标准核定土地整备资金，有助于简化土地整备资金的计算方法，降低土地整备资金压力。另一方面，土地整备资金由政府拨付给原农村社区，并非拨付给个人，采用重置价"打包"核算的方式也有助于降低行政成本，规避法律风险。

第二部分，在土地补偿标准上加强政策之间的衔接，参照《关于推进未完善征（转）地补偿手续未建设空地和重大产业项目用地土地整备利益统筹的意见（送审稿）》（经市政府常务会审议）中关于未完善征（转）地补偿手续规划建设用地的相关规定，按照土地所在区域工业用地基准地价的 50% 进行核算。

第三部分，关于项目涉及的技术支持费、不可预见费及业务费等参照其他相关规定执行。

土地整备利益统筹项目管理办法（深规土规〔2018〕6 号）

第五条 利益统筹项目中资金安排按照以下方式核算：项目范围内的建（构）筑物按照重置价核算；未完善征（转）地补偿手续土地按照所在区域工业基准地价的 50% 核算；青苗和附着物等按照相关标准核算；项目涉及的技术支持费、不可预见费及业务费参照相关规定执行。

　　第十四条　原农村集体经济组织继受单位应当按照土地整备项目实施协议书的相关要求理顺利益统筹项目范围内的经济利益关系，并具体负责建（构）筑物及青苗、附着物的补偿、拆除、清理和移交工作。

第7章 土地整备规划计划编制技术要点

目前，深圳土地整备已建立了以"专项规划—年度计划"统筹全市整体工作，以"项目实施方案—规划研究"指导具体项目实施的土地整备管理体制。土地整备专项规划和土地整备年度计划是土地整备管理体系的重要组成部分，一方面对接全市层面包括国民经济和社会发展规划、国土空间规划、城市总体规划、土地利用总体规划、城市近期建设规划等在内的中长期规划，落实城市发展要求；另一方面明确年度土地整备的空间范围和工作重点，合理安排土地整备推进时序和年度任务。土地整备项目实施方案和土地整备规划研究则服务于项目实施，通过划定土地整备项目的实施范围，明确留用土地规模、选址和规划要求，确定资金补偿规模等，明确各方利益和责权利关系，确保土地整备项目顺利推进。本章重点对土地整备专项规划、土地整备年度计划、土地整备项目实施方案及土地整备规划研究的编制技术要点进行详细的介绍。

第7章　土地整备规划计划编制技术要点

7.1 土地整备专项规划技术要点

7.1.1 编制内容

土地整备专项规划规划期为五年。作为国民经济和社会发展规划、城市总体规划近期建设规划等五年规划的重要组成部分，土地整备专项规划主要对规划期内土地整备的数量、空间、时序等进行定性和定量的安排，在规划体系中起到承上启下的作用。土地整备专项规划在内容与结构上，可大致分成总则、形势与任务、目标与策略、空间与布局、行动与计划、政策与机制六大部分。

总则是对土地整备专项规划的编制依据、规划对象、规划范围、规划期限、规划解释权等进行界定。

形势与任务是对当前及未来土地整备工作面临的形势与发展要求进行总结。包括全面检讨上一轮五年规划的实施情况，提出下一阶段需要改进和加强的方面；立足现状，对未来五年城市发展需求及土地整备工作的发展形势的研判、明确本轮规划的主要工作任务。

目标与策略需重点明确近期土地整备的策略与原则，提出全市在规划期内需要开展土地整备的总体规模。

空间与布局需重点明确土地整备空间布局原则，确定各区土地整备规模，并划定重点整备片区，制定各重点整备片区的实施指引，明确具体整备任务。

行动与计划是结合城市发展需求，制定目标明确、行之有效的专项行动计划，以此保障土地整备专项规划的落实，并明确规划期内各年度土地整备任务。

政策与机制是研究规划实施条件，提出相应的保障措施，包括项目管理、政策创新、资金保障、体制机制优化等。

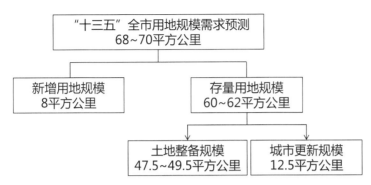

图 7-1　深圳市"十三五"土地整备规模预测图

7.1.2　技术要点

土地整备专项规划编制的重点是合理确定规划期内土地整备规模，科学划定整备空间范围，有序安排土地整备实施时序。

（1）合理预测规划期内土地整备规模

科学地预测土地整备规模是土地整备专项规划编制的工作基础。而土地整备规模预测与规划期内国民经济发展所需要的城市建设用地规模、土地供应结构是息息相关的。

土地整备的任务是提前完善土地的征转手续、做好土地收储、推进三通一平等相关工作，为土地供应打好"提前量"。确定土地整备规模应考虑土地整备工作的目标及难易程度，以规划期内重点地区、重要基础设施及主要类型建设用地的供应规模为基础，采用差异化的土地整备系数，分类核算各类用地的规模。具体而言，对于重点地区、重要基础设施（如市级文教卫体设施用地、轨道设施用地等）的开发建设，一般以土地范围 1：1 的系数核定土地整备需求。对于主要类型的建设用地，考虑城市的发展速度，为保障有效供应，考虑各类型用地土地潜力、过往的整备周期等因素，按一定的弹性系数确定整备用地规模。以《深圳市土地整备专项规划（2006-2010）》为例，工业用地土地整备规模按照规划期内工业用地供应规模 1：1.3 的比例确定；居住用地土地整备规模按照规划期内居住用地供应规模 1：2 的比例确定。

土地整备规模除了考虑规划期各类建设用地的供应规模之外，还需要考虑剩余新增建设用地的保障情况以及其他存量开发路径能够提供的土地规模。

以《深圳市土地整备专项规划（2016-2020）》为例（图 7-1）：

首先，合理预测建设用地规模需求。当前建设用地规模预测的方法和模型很多，如趋势预测法、建设用地分类预测法、相关指标线性回归预测法、年均变化率法等，本书不再赘述。各个城市在编制土地整备专项规划时，往往根据自身的特点、历年数据等情况，选取 2 ~ 3 个合适的分析方法进行预测和校核。《深圳市土地整备专项规划（2016-2020）》以 2006 年以来各类统计数据为基础，通过建设用地分类预测法、相关因素分析法两种方法，预测"十三五"期间建设用地需求规模为 68 ~ 70 平方公里。

其次，核算规划期内新增建设用地可供应的总量。新增建设用地可供应规模通常以规划期末城市建设用地规模扣减现状城市建设用地规模。根据《深圳市土地利用总体规划（2016-2020）》，至 2020 年，建设用地规模控制在 976 平方公里内。根据 2014 年土地变更调查，深圳现状建设用地规模 968 平方公里。因此至 2020 年，新增建设用地可供应规模仅 8 平方公里。

最后，梳理规划期内其他二次开发手段能提供的土地规模。存量建设用地主要通过城市更新、土地整备等二次开发途径来保障。依据《深圳市城市更新专项规划（2016-2020）》，规划期内城市更新拆除重建规模 12.5 平方公里。因此，土地整备用地规模应为全市用地规模（68 ~ 70 平方公里）扣除新增建设用地可供应规模（8 平方公里）及规划期内城市更新拆除重建规模（12.5 平方公里），即 47.5 ~ 49.5 平方公里。

（2）评估土地整备的潜力用地，划定土地整备空间范围

科学评估土地整备潜力用地是土地整备专项规划编制的核心工作。需要依据规划实施要求、实施难易程度、整备的优先性和重要性等因素，构建有效的土地整备潜力评估体系，识别土地整备潜力用地，划定土地整备单元，为制定计划、下达任务等提供依据。

1）评估指标选取原则

在构建潜力用地评估体系时，需要慎重考虑系统的层次结构及其相关要素，选取的指标要具有代表性、全面性、可获得性，能够切实反映土地整备潜力的特征。因此，在指标选取过程中应遵循以下原则：

①科学性原则：潜力用地评估一定要建立在科学的基础之上，要科学合理、客观真实地反映区域土地整备的需求和问题。选取的指标应当具有典型代表性，不能过细也不能过简，计算方法应当简单易懂。

②综合性原则：潜力用地评估涉及社会、经济、生态、规划等诸多方面内容，在评估体系的设计上应体现不同方面的评价要求。

③动态性原则：潜力用地评估体系应具有动态性，通过动态调整体系结构、更新指标内涵来适应不同时期和背景下的土地整备要求。

④可操作性原则：从评估的目标出发，保证指标符合的前提下选择具有代表性且易于获得的数据，使评价数据既具有说服力又便于计算。

⑤层次性原则：潜力用地评估体系是一个复杂的系统，将其分解为若干层次的子系

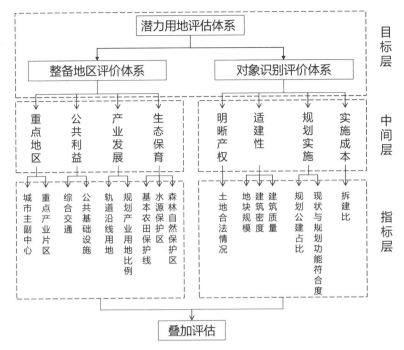

图 7-2　潜力用地评估体系

统可以使复杂问题简单化，利于厘清土地整备系统各要素之间的关系。因此，评价指标体系应依据评价目的划分出不同层次。

2）指标体系构建

从评价的维度来看，结合土地整备工作实际情况和内在规律，潜力用地评估可从规划实施要求及用地实施条件两个维度进行分析。一方面，从规划实施要求出发，自上而下地对土地整备的迫切程度进行评价，称之为"整备地区评价"；另一方面，从用地的实施条件出发，自下而上地对土地整备的难易程度进行评价，称之为"对象识别评价"。

从评估体系构建的层次来看（图 7-2），两个评价体系均可分为目标层、中间层和指标层三个层次。中间层是评价指标达到预期目标的中间环节，指标层由具有代表性同时能够反映土地整备必要性、迫切性、可行性和优先性的指标构成，各项指标的数据均为空间矢量数据。

①整备地区评价体系

整备地区评价体系主要围绕重点地区、公共利益、产业发展、生态保育四个方面进行评价。具体指标细分详见如下：

重点地区：是围绕城市发展目标，根据城市总体空间布局、功能结构、产业发展所确定的未来发展重点地区，是规划引导作用的空间体现。重点需要推进城市规划的主副中心、重点片区、重点产业园区的土地整备工作，支撑城市经济增长。

公共利益：是土地整备工作的出发点，是提升城市品质和公共服务水平的重要抓手，需要优先开展土地整备工作。包含了地方政府能够提供的一切非排他性的公共产品，如交通、水利、能源、供电、供暖、供水等市政设施，教育、文化、卫生、体育、环保、绿化等公共事业等。

产业发展：通过土地整备整合空间资源，为产业腾挪空间，实现腾笼换鸟，进而牢牢把握经济增长的着力点。用地类型应包括工业用地、商业用地等，空间上，应重点考虑轨道线网规划建设的轨道交通车辆段上盖用地或周边用地。这些地区具有集约利用程度高、服务功能多样化等特点，需要提前开展土地整备，从而保证因轨道开发带来的增值收益不流失。

生态保育：出于对生物物种和栖息地的保护，依据地区生态特点划定的一系列生态保护区，如水源保护区、湿地保护区、森林自然保护区等，保护区内应重点开展用地清退及生态修复等土地整备活动，创新生态地区的土地整备模式。

②对象识别评价体系

对象识别评价体系主要围绕明晰产权、适建性、规划实施、实施成本四个方面进行评价。具体指标细分详见如下：

明晰产权：土地整备应优先消化产权不明晰、存在土地历史遗留问题的土地，通过土地整备一揽子解决土地权属问题，推动土地产权的明晰。合法用地的面积占地块面积的比例越大，则土地整备实施的必要性越小。

适建性：指适合通过土地整备方式进行改造建设的地块属性，包括地块规模、建筑密度、容积率、建筑质量等。地块规模越大，建筑密度越低、容积率越低、建筑质量越差，则适建性越高，土地整备可能性越大，反之则小。

规划实施：需要落实的城市规划的要求，主要包括规划公建占比、现状与规划功能符合度两个指标。规划公建占比指在一个地块范围内，规划公共基础设施用地总面积占地块面积的百分比，规划公建比例越高则土地整备的必要性越大，反之则小。现状与规划功能符合度指在一个地块范围内，对比法定规划（主要是控制性详细规划）的功能用地，识别现状功能与规划功能的符合情况，符合度越低则土地整备的必要性越大，反之则小。

实施成本：主要从土地整备工作的实施成本进行考量，包括经济、社会、生态成本，成本越高，土地整备的可行性越低。核心的考察指标是拆建比，指规划开发强度（规划建筑量）与现状建筑物总面积的比值，拆建比越大土地整备可能性越大，反之则小。拆建比主要是通过计算规划开发强度与现状建设强度的比值求得，通常以建筑面积进行计算。

3）指标权重

不同指标对土地整备适应性评价的影响度、贡献度是不同的。为体现各个评价指标在评价指标体系中的作用以及相对重要程度，在指标体系确定后，必须对各项指标赋予不同的权重系数。指标权重的确定方法包括定性分析法和定量分析法，定性分析是一种根据评价主体的经验作出的主观判断，要求评价主体具有较强的工作经验和分析判断能力，该方法具有一定的主观性。定量分析方法是一种依据统计数据建立数学模型，并用数学模型计算出分析对象的各项指标及其数值的一种方法，常见的方法包括层次分析法、模糊综合评判法、熵值法等，是一种相对客观的评价方法。目前指标的赋值方法在国土规划和环境评价等领域已经广泛应用，本书不再赘述。

在《深圳市土地整备专项规划（2016-2020）》中，整备地块评价以《深圳市城市规划标准与准则》中城市建设用地密度分区的网格（共 439 个单元块）作为评价单元。结合深圳实际情况和数据基础，依据前述土地整备潜力评估体系的构建方法，建立了深圳市土地整备潜力评估体系（表7-1），分别从整备地区评价和对象识别评价两方面对整备地块实施土地整备的适宜性进行评价。其中，整备地区评价体系选取了重点发展片区、产业集聚引导区等9个评价指标；对象识别评价体系选取了合法外用地比例、地块规模、现状与规划功能符合度等7个评价指标。同时，采用定性的方法对各项指标进行赋值打分，评价指标与打分规则由多位长期从事土地整备工作的技术人员评定，并经过深圳市土地整备主管部门审议。

表 7-1　　　　　　　　　深圳土地整备潜力评估体系与权重

目标层	目标	权重	中间层	权重 %	指标层	权重 %
整备地区评价	上层规划要求	100%	重点地区	30	重点发展片区	18
					产业集聚引导区	12
			公共利益	30	规划高快速路	9
					重大交通市政设施	9
					公共基础设施	12
			产业发展	20	轨道沿线用地	8
					规划产业用地比例	12
			生态清退	20	土规禁限建区	8
					一级水源保护区	12
对象识别评价	必要性	60%	明晰产权	18	合法外用地比例	18
			规模效应	18	地块规模	18
			规划实施	24	规划公建占比	14.4
					现状与规划功能符合度	9.6
	可行性	40%	建设状态	16	建筑密度	9.6
					建筑质量	6.4
			实施成本	24	拆建比	24

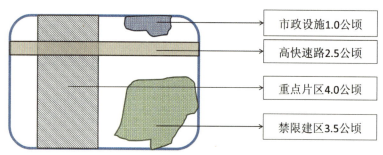

图 7-3　不同类型用地赋值评分示例图

4）赋值评分

除了明确赋值权重之外，还需要明确单个指标的评分规则，并逐一开展地块评分。

对于整备地区评价体系中的指标评分，需要以各评价要素占评价单元面积的百分比作为该要素在单元上的评分。以图 7-3 单元为例，某单位面积为 11 公顷，其中涉及市政设施、高快速路、重点片区等规划因素。该单元（11 公顷）评价得分为 =（单元内重大交通市政设施面积/单元面积）× 重大交通市政设施权重 +（单元内规划高快速路面积/单元面积）× 规划高快速路权重 +（单元内重点发展片区面积/单元面积）× 重点发展片区权重 +（单元内土规禁限建区面积/单元面积）× 土规禁限建区权重。按照"深圳十三五"的土地整备潜力用地评估体系中的指标权重，该单元的得分为 =（1.0/10）× 9%×100+（2.5/10）× 9%×100+（4.0/10）× 18%×100+（3.5/10）× 8%×100=13.15。

根据单元的得分情况，将全市所有单元划分成一类整备地区、二类整备地区和三类整备地区。一类整备地区为规划实施要求近期需要重点推进的地区，三类整备地区是规划实施迫切度不高，有条件可以开展相关土地整备工作的地区，二类整备地区介于二者之间。

对于对象识别评价中的指标评分，需要明确每个具体要素的评价规则。例如：

土地权属：合法产权的土地整备难度相对较高，赋值应相对较低；没有合法权属的土地整备难度相对较低，赋值应相对较高，表明土地整备的必要性越高。

地块规模：对地块用地规模进行分级，按不同的分级进行赋分，地块规模越大赋分越高，表明土地整备的必要性越高。

规划公建占比：以地块范围内规划公共基础设施用地总面积占地块面积的百分比作为公建占比评价的得分。

建筑密度：以地块范围内建筑物基地面积总和占地块面积的百分比作为建筑密度评价的标准，以（1-建筑密度）乘 100 作为建筑密度评价的得分。

建筑质量：以建筑建构、建筑层数进行等级区分，按地块内总建筑质量等分平均数确定地块范围内建筑质量评分。

针对每一地块，应开展土地整备潜力赋值评分的工作，通过计算公式：某地块 M 的得分 = 赋值 A × 权重 A+ 赋值 B × 权重 B+⋯+ 赋值 N × 权重 N，以获得每个地块的分

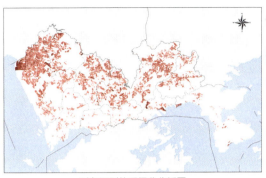

| 对象识别体系得分分析图 | 重点地区评价体系得分分析图 |

图 7-4　叠加综合潜力评估

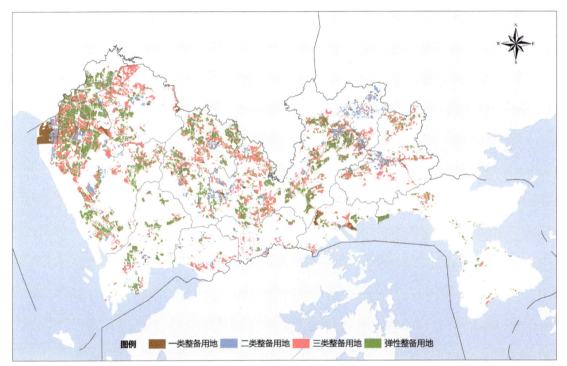

图例　■一类整备用地　■二类整备用地　■三类整备用地　■弹性整备用地

图 7-5　土地整备潜力的综合分类图

值，再通过分值的高低判断土地整备的潜力。

5）空间叠加分析

运用 ArcGis 空间分析工具，将两套附带分值属性的矢量图形数据进行叠加分析（图 7-4），划定土地整备潜力较大地块集中的区域，并根据综合得分结果（表 7-2）分为一类整备区、二类整备区、三类整备区和弹性整备区（图 7-5）。其中，一类整备区用地为整备迫切性最高的区域，其他整备区实施迫切程度依次递减，弹性整备区为规划期内，可视实施条件予以开展土地整备的区域。

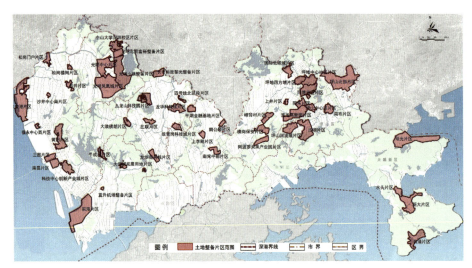

图 7-6 "十三五"期间全市 50 个重点整备片区

表 7-2   土地整备潜力的综合分类一览表

整备对象 识别得分	100～80	80～70	70～60	60～50	50～40	40 以下
一类 整备区	一类 整备用地	一类 整备用地	一类 整备用地	二类 整备用地	二类 整备用地	三类 整备用地
二类 整备区	一类 整备用地	一类 整备用地	二类 整备用地	二类 整备用地	三类 整备用地	三类 整备用地
三类 整备区	一类 整备用地	二类 整备用地	三类 整备用地	三类 整备用地	弹性 整备用地	弹性 整备用地
弹性 整备区	二类 整备用地	三类 整备用地	三类 整备用地	弹性 整备用地	弹性 整备用地	弹性 整备用地

6）重点片区划定

重点整备片区是立足于服务规划实施、用地整合及整备项目统筹的需要，在现状整备潜力用地基础上，综合考虑规划定位、规划路网、生态控制线、社区边界及用地权属等因素，划定的整备用地相对集中成片的区域。重点整备片区是统筹近期土地整备空间，明确近期土地整备工作的重要平台。其中通常涉及多个土地整备目的，应通过重点整备片区的划定，统筹考虑整备项目实施时序、安置房建设及社区转型发展等工作。特别需要强调的是，划入重点整备片区的用地不得纳入城市更新范围，以减少市场主导的城市更新项目对政府主导的土地整备项目的影响。以《深圳市土地整备专项规划（2016-2020）》为例，共划定了 50 个重点整备片区（图 7-6），并明确各个重点整备片区需要开展的主要工作。

（3）制定土地整备单元的实施指引

城市不同区域的土地整备片区因区位条件、规划要求、权属情况、现状建设情况等差异，在土地整备工作的内容和工作方式上会存在差异。土地整备专项规划应结合片区的特点，结合城市规划实施要求，提出实施指导，明确整备片区实施的预期目标、重点整备对象、整备内容及差异化的工作要求。土地整备片区从整备的目的和意义来划分，大致可分为重点地区型整备片区、产业升级型整备片区、社区统筹型整备片区、民生项目型整备片区和生态建设型整备片区等（表 7-3）。

1）重点地区型整备片区

规划功能以城市中心区、交通枢纽地区等综合功能为主的整备片区。以城市总体规划、近期建设规划及分区规划确定的功能区为基础，结合各层次规划确定的功能区边界划定整备片区范围。该类片区的整备目的是加强政府对重点地区开发建设的主导权。

在实施指引的编制上，重点地区型整备片区应发挥政府在重点地区的开发带动作用，着力加大空地的整备力度，加强政府对土地资源的掌控力度；积极推进低效空间资源的整合和提升，加快土地释放，提高土地集约节约度；推进规划重点产业园区土地整备工作，为区域增长极的培育提供空间保障；加强公共设施和基础设施用地整备，确保范围内民生设施建设。

2）产业升级型整备片区

产业升级型整备片区是规划功能以产业为主的整备单位。主要以国民经济与社会发展五年规划确定的重点产业集聚区和集聚基地为基础，结合规划产业园区边界划定整备片区范围。主要目的是通过对旧工业区和工业厂房的收储，推进零散产业用地整合，实现相对集中成片产业用地和工业厂房入库，为产业项目发展提供支撑，促进产业结构升级。

在实施指引的编制上，应重点加大规划功能为产业的建设用地的整备工作；推进低效开发的工业用地空间资源的整合和提升，加快产业空间释放，提高土地集约节约度；整合零散用地实现相对集中成片产业用地和工业厂房入库，促进产业结构升级；完善产业综合配套功能，为产业项目发展提供支撑。

3）社区统筹型整备片区

社区统筹型整备片区是以统筹解决原农村社区土地问题为主要工作内容的整备片区。主要结合原农村社区边界或社区实际掌控用地范围划定整备片区范围。

在实施指引的编制上，应依据城市规划，合理推进农村用地的土地征转和收储工作，形成集中连片土地资源，促进片区功能提升；加快公共服务设施和城市基础设施用地需求，一揽子解决土地历史遗留问题，促进城市发展和社区转型。

4）民生项目型整备片区

民生项目型整备片区是以落实重大市政基础设施、公共服务设施等民生项目用地为主要工作内容的整备片区。整备片区范围主要以项目红线范围为依据划定，收储红线内用地，保障项目实施。

在实施指引的编制上，应落实规划要求，推进重大基础设施整备，加强公共设施和基础设施用地整备，确保范围内民生设施建设。

5）生态建设型整备片区

生态建设型整备片区是以生态保护及生态修复为目标的整备片区。结合生态园区边界划定整备片区范围。该片区的整备目的是要通过土地整备解决土地历史遗留问题，加强生态保护及环境修复，促进生态城市建设。

在实施指引的编制上，应清理生态用地范围内的建筑，妥善处理用地补偿工作；加快推动生态用地清退和生态修复，推进社区转型；探索生态空间合法用地建设指标的转移等。

表 7-3   土地整备片区分类策略

整备片区类型	功能定位	工作目标	考核重点
重点地区型	规划功能以中心区、交通枢纽地区等城市重要节点为主的功能片区	通过土地整备，实现政府对重点地区开发建设的主导权	入库土地面积
产业升级型	规划功能以产业拓展及产业升级等城市功能片区	通过对旧工业区和工业厂房的收回（购），实现产业项目落地	入库产业用地面积及收购（回）工业厂房面积
社区统筹型	以解决社区征转历史遗留问题为主的功能片区	解决土地历史遗留问题，实现土地资源集中成片释放	一揽子解决农村土地问题，释放农村土地潜力
民生项目型	以落实重大公共设施及民生项目为主的功能片区	解决重大公共设施及民生项目范围内的用地问题，保障项目实施	项目用地落实情况
生态建设型	规划以生态绿地保护及恢复为主的城市功能片区	以生态保护及生态修复为主要目标，促进生态城市建设	生态用地的恢复及整备范围内土地征转及历史遗留问题解决

（4）提出规划实施的保障措施

好的规划不仅在于编制得好，更重要的是实施得好。为了避免规划由于传导机制、实施机制、保障机制等缺失而造成的规划"走样"问题，需要通过编制实施保障专项对规划实施的关键性问题予以明确，包括"怎么做""谁来做"等问题，有针对性地形成专项行动计划、年度计划、实施机制等，更好地指导和推动规划期内土地整备的工作。

1）专项行动

专项行动计划制定的因素主要包括，一是因市级层面未来五年的重要工作部署或任务，需要土地整备采取相应行动予以重点保障的各项工作。行动计划的制定有利于对照市政府的工作部署，明确责任分工，确定具体工作任务，以更好地推动相关工作的落实。二是近期需要尽快实施推进的项目用地，但由于分布较为零散，或地块规模偏小，游离于重点整备片区之外，需要通过行动计划进行汇总，明确实施范围，避免实施过程中的遗漏。在专项行动制定时，应明确工作目标及需要开展土地整备工作的空间范围，以附图、附表的形式予以明确，以便于开展实施跟踪及事后考核。

以深圳"十三五"土地整备规划为例，结合市委市政府"十大专项行动"相关部署，制定了土地整备利益统筹试点工作专项行动、重大产业项目用地保障专项行动、土地历史遗留问题处理专项行动等；结合近期需要推进的工作，制定了重大民生设施用地整备专项行动和国有储备土地清理专项行动。

2）年度计划

年度计划是实现整备空间和整备时序的有效衔接和有序安排，指导未来五年全市土地整备年度计划的编制，重点是分解五年土地整备的任务目标。在分解过程中，需要结合全市土地整备潜力的情况，按照先易后难的方式，合理分配年度土地整备的规模。

3）实施保障机制

实施保障应针对当前土地整备专项规划落实可能面对的困难，提出完善的建议。主要围绕加强土地整备项目管理、完善政策保障体系、健全工作机制及建立实施评估机制等方面展开。

①建立整备用地管理系统。加强信息化管理，推进整备用地管理系统建设，及时跟踪、反馈整备用地的入库、出库、土地供应、出让收益等情况，形成对整备土地的"全链条"跟踪管理。

②优化土地整备计划管理体系。逐步建立土地整备计划常态申报、动态调整机制；通过建立土地整备项目的评价指标体系，完善土地整备项目进入、退出机制。

③完善土地整备计划激励机制。探索将各区年度整备实施情况与各区年度土地供应指标、土地整备资金安排挂钩，对于实施考核优秀的区，增加年度用地供应指标和土地整备资金规模，调动各区土地整备的积极性。

④完善土地整备政策体系。包括加快针对不同类型用地的土地整备政策的制定、完善征收拆迁司法强制执行等相关法律保障、制定安置房管理的配套政策、明确土地整备资金使用及拨付流程等，保障土地整备工作的顺利推进。

⑤明确土地整备资金的来源保障及土地整备资金重点保障对象。

⑥建立土地整备专项规划的评估机制。跟踪和评估重点整备片区的实施情况，定期对土地整备工作绩效进行评价与反馈，促进整备目标与配套管理制度不断优化。

⑦完善土地整备项目实施的评估和考核机制，采取定性与定量相结合的方法，对土地整备项目的实施进度、实施效果、外部效益、工作绩效等进行评估，优化土地整备项目管理。

7.2 土地整备年度计划技术要点

土地整备年度计划以土地整备专项规划为依据，明确土地整备用地总量、重点开发地区和重大建设项目等主要内容，是实施年度土地整备工作的重要依据，也是未来用地规划选址和土地供应的主要空间指引。

7.2.1 编制内容

土地整备年度计划工作的核心是统筹安排全年土地整备任务，确定全年土地整备项目和土地整备资金，指导全市土地整备工作有序开展。编制内容包括以下几个方面

（1）土地整备计划执行情况

计划编制前期需对上一年度计划的实施完成情况进行评估，并梳理实施过程中的存在问题。评价的重点是土地整备任务完成总规模，分析整备完成用地的质量（包括规划情况、地块规模等），对全市重点片区和重大项目建设工作的支撑作用以及土地整备资金支付情况。

（2）整备任务

土地整备年度计划重点是确定全市土地整备规模、各区指标任务及年度重点工作内容。计划任务主要以全市土地整备专项规划为依据，结合当年市政府重要工作部署确定。例如近几年中央环保督察整改工作、区域重大设施的建设、城市各类空间拓展需求等。此外，土地整备年度计划还需要衔接年度重大建设项目计划、国土基金收支计划、年度城市建设与土地利用实施计划等相关计划。在规模控制上，需优先保障本年度重大基础设施、产业及民生等项目的用地要求，并为未来一至两年的用地供应工作提前储备空间。

（3）资金计划

经市政府批准的年度土地整备计划将作为市土地整备部门向市财政部门申请土地整备资金的依据。因此需要在土地整备任务确定后，从全市统筹平衡的角度，结合土地供应计划和出让收支计划，测算并安排全年土地整备资金需求。

（4）项目计划

土地整备年度计划是开展年度土地整备工作、使用和拨付土地整备资金的重要依据。列入项目计划相当于完成了项目立项工作。项目计划的编制需根据土地整备专项规划及各区实际工作情况，将符合城市规划和土地利用总体规划、位于重点整备片区、城市重点地区、已有重大项目意向的土地整备项目优先纳入计划，确保本年度全市公共服务设

施、重大项目、民生项目等建设要求。同时，坚持规划引导，梳理全市未来几年重点地区、重大项目的建设需求，提前开展土地整备的相关工作。

（5）实施保障

制定实施保障是计划实施管理精细化及规范化的要求。应根据历年的实施情况及实施过程中的存在问题，提出资金管理、台账管理、档案管理、项目管理及考核管理等方面的要求，以规范项目管理，加快项目实施。在实施层面，市政府往往通过年度土地整备计划明确各区整备目标后，由市土地整备主管部门与各区签订土地整备任务书，强化计划执行和考核工作。

7.2.2 技术要点

（1）项目统筹与安排

土地整备计划更多的是从全市发展的角度，超前整备成片土地，保障城市重点地区、重大项目的落实。土地整备前无须明确拟安排的项目。

从来源上，项目主要源于两个途径：一个是自上而下的，从规划梳理、当前城市发展诉求提出的，需要在本年度提前开展的土地整备项目；另一个是自下而上的，由各实施主体通过申报系统提出的具体项目。在此基础上，计划编制部门需要结合土地利用规划、城市总体规划、法定图则和其他相关规划，以及上年度的计划实施情况等分析项目的可实施性，并与各实施主体对接项目计划进度及安排，按照项目成熟程度、工作优先程度等原则筛选项目，并纳入计划。

（2）资金预算及安排

资金计划的编制应依据土地整备相关的资金管理办法，根据近年计划执行情况、计划内项目所处的阶段、土地整备项目的补偿方案及资金预算、项目安置用地（房）建设需要等，统计计划内项目的资金需求总量，并明确各项目的资金安排。该资金预算规模在上报市政府审批之前，应与市财政部门进行充分沟通。

在资金安排上，应优先保障重点项目的资金，同时应建立有效的资金使用机制，提高整体资金的运转，确保资金的有序调配。

7.3 土地整备项目实施方案技术要点

土地整备实施方案是土地整备项目实施、开展补偿安置工作的依据。所有列入土地整备年度计划的土地整备项目在实施之前，都必须编制土地整备项目实施方案。

土地整备项目实施方案应明确土地整备实施全流程中各项核心内容，如项目概况、整备方式、土地分配方案、留用土地规划、资金预算方案、社会经济效益和社会稳定风险评估、整备土地验收移交方案、批后实施监管等。在编制上，应体现政府主导、利益共享、多方共赢的理念，综合运用土地、规划、资金、地价等政策手段，突出重点保障公共服务设施和城市基础设施用地、促进城市规划实施的目的。

> 2016 年，为规范土地整备利益统筹试点项目实施方案编制工作，深圳市结合《土地整备利益统筹试点项目管理办法（试行）（深规土〔2015〕721 号）》等文件及相关技术规范要求，围绕利益统筹试点项目实施方案编制技术要求，制定了《土地整备利益统筹试点项目实施方案编制技术指引（试行）（深规土〔2016〕890 号）》。目前，深圳市土地整备主管部门正按照《关于进一步优化土地整备项目管理工作机制的若干措施》（深府办函〔2018〕281 号）等政策文件相关要求，对上述编制技术指引进行修编，进一步优化和细化相关编制要求。

7.3.1 编制内容

（1）项目基本情况

项目概况是对土地整备项目实施的背景及现状情况的全面梳理，是土地整备实施方案编制的重要基础，主要需论述以下四个方面的内容：

①阐明整备项目的目的和必要性，说明通过项目的实施可以达到的目的以及推进项目实施的必要性。

②明确实施范围，说明土地整备项目区位条件、实施范围与用地面积，阐述土地整备项目实施范围的划定依据。

③调查实施范围内的土地权属及利用现状，包括已建成的构筑物、青苗等需补偿对象的具体类型及规模等。

④梳理已有规划情况，重点说明：①在城市总体规划、区域规划层面上明确土地整备项目所在片区的功能定位及与周边片区的关系；②土地利用总体规划中建设用地的范围、面积等相关规划情况，明确基本生态控制线范围、面积，与基本农田、城市五线的关联情况；③法定图则已覆盖的范围、内容、规划控制要素。

（2）工作安排

主要包括两部分内容，一是土地整备项目实施过程中的职责分工，重点明确项目实施主体、相关职能部门以及相关权利人的工作内容、工作要求、工作任务和相关责任。一般情况下，街道办事处是土地整备工作的具体实施机构，具体负责组织项目研究；开展房屋测绘、评估工作；与业主进行补偿谈判草拟、审核并协助签订补偿安置协议；项目成果质量、工作进度控制及成本管理，并对土地整备过程中涉及的法律问题进行风险控制等。市、区规划国土部门重点对实施范围内的土地信息进行确认、参与留用土地相关规划用地审批工作。同时在实施方案中应明确原权利人需要配合开展的相关工作，如建筑物清拆等。二是具体进度计划，明确各阶段工作的完成时间，强化计划安排。

（3）权属调查及确权

对整备项目范围内的土地权属情况进行摸底调查，具体详见下节。

（4）货币补偿方案

一般由建筑物、构筑物、附着物、青苗及土地补偿费五项费用组成。应根据相关的标准，结合测绘结果，计算补偿费用。此外，还需要考虑项目实施过程中所需的技术费用，包括测绘费用（服务及测绘监理）、评估费用（服务及评估督导）、规划设计费用、招标费用及其他不可预见费用。

（5）留用土地规划的强制性内容

留用土地规划编制后，其中的强制性内容需纳入土地整备实施方案中。主要内容包括按照相关政策测算的留用土地最大规模指标、留用土地选址、规划用地划分结果、留用土地开发强度及相关规划指标等。

（6）效益分析与风险评估

土地整备项目实施方案应开展效益分析与社会稳定风险评估，主要从社会和经济两个角度对项目实施效益进行分析评价，对项目的社会稳定风险进行综合评价。具体内容应包括对项目实施的合法性合理性风险、实施过程中可能会诱发的异议或损失等诸多社会风险进行评估论证，并提供可采取的风险防范措施。

（7）整备验收与移交方案

依据相关政策文件，重点明确整备项目完成后土地验收的范围、移交方式、移交时序、验收部门及验收流程等具体内容。2012年，深圳规划国土部门印发了《关于做好土地整备工作地块验收和移交入库工作的通知》（深规土〔2012〕180号），对上述内容均予以明确。

7.3.2　技术要点

在土地整备项目实施方案的编制过程中，最重要的是明确实施范围、土地权属及现状调查、土地整备规划研究及项目整备资金。其中，土地整备规划研究将在下一节进行详细阐述。

（1）划定项目实施范围

范围划定是项目实施和利益平衡的基础。通过项目范围划定将需要落实的设施用地及亟待解决的历史遗留问题用地纳入其中，能够统筹解决辖区内项目规划落地、土地利用效率提升、历史遗留问题处理、社区经济发展转型，以及社会建设、生态清退等一系列问题。实施范围划定主要基于以下几方面因素，包括：

①原则上以规划道路、自然山体、河道等为边界。

②综合考虑片区土地权属情况、功能完整性和项目可实施性。

③项目实施范围内生效规划确定的需要通过土地整备收储的公共服务设施、城市基础设施、城市绿地、产业用地等公共利益用地。

④基本生态控制线、城市蓝线、城市橙线、城市黄线、城市紫线的相关管理要求。

（2）开展土地权属及土地利用现状调查工作

土地整备项目实施方案需要全面掌握土地整备项目范围内土地、房屋、被补偿人等基础信息。

①收集和核实实施范围内土地权属的资料。权属核实应依据规划国土部门提供的权属资料，明确项目范围内各类用地（需腾挪的合法用地、需在项目范围内落实的非农建设用地和征地返还用地指标、未完善征（转）地补偿手续土地等）的用途与面积。

②委托有符合要求资质的单位开展测绘及相关评估工作，并出具测绘及评估报告，报告中的核心内容应纳入土地整备项目实施方案中。

（3）明确土地整备的实施方式

基于前期的核查工作、测绘及评估结果，明确整备实施方式、补偿原则、标准，完成货币补偿、土地置换、房屋产权调换和补助的测算。核心是制定政府及原权利人在实施过程的利益分配方案，明确政府收储的用地范围及规模，需要补偿给原权利人的对价。

若实施方式涉及留用土地安排的，应制留用土地规划方案。其核心是根据土地整备及规划相关政策文件及技术规定，明确留用土地的选址、规模、规划功能、开发强度、配套设施等内容。考虑到规划的合规性，留用土地选址位于控制性详细规划未覆盖或未制定控制性详细规划地区，以及留用土地规划涉及对控制性详细规划强制性内容进行调整的，实施单位必须开展土地整备规划研究，经审批通过的土地整备规划研究的核心内容应一并纳入实施方案。

若采用填海（填江）造地、安置房建设方式实施整备工作的应根据工程项目相关管理规定编制土地整备实施方案。

（4）核算留用土地规模

若实施方式涉及留用土地安排的，最核心的环节即是核算留用土地规模，其决定了政府与原农村社区之间利益分配的格局。

留用土地规模的核算以土地权属调查为基础，在利益统筹试点阶段与利益统筹全面推行阶段分别有不同的核算标准（表 7-4）。

表 7-4　　　　　　　　　　留用土地规模核算比例一览表

类型	利益统筹试点阶段	利益统筹全面推行阶段
范围内合法用地	1:1	1:1
范围外合法用地指标	1:1	1:1
利益共享用地	15% ~ 30%	当现状容积率为 0，≤ 20% 当 0< 现状容积率 ≤ 1.5，≤ 20% + 20% × 现状容积率 当现状容积率 > 1.5，≤ 50%

经过核算后得出留用土地的规模上限，后续通过留用土地规划研究，结合留用土地的空间布局和控制指标等最终确定留用土地的规模。

更多详细规定详见第 6 章。

（5）核算项目整备资金

项目整备资金包括针对土地及地上建（构）筑物的直接补偿费以及项目运行中的技术支持费、不可预见费、业务费等。具体资金明细见表 7-5。

表 7-5　　　　　　　　　　土地整备项目资金概算表

补偿项目	工程量	单位	补偿金额（元）
一、直接补偿费			
建筑物			
构筑物			
附着物			
青苗			
土地补偿费			
小计			
二、技术支持费			
小计			
三、不可预见费	按直接补偿费用的 20% 计算		
四、业务费	按直接补偿费用的 2% 计算		
总补偿费用	一、二、三、四项费用之和		

（6）留用土地地价测算

留用土地地价采用政策性优惠地价，并与用地功能、容积率等挂钩进行分段计算。

在利益统筹试点阶段，分为整村统筹项目及片区统筹项目两种地价测算类型。以片区统筹项目为例，地价测算标准见表7-6。

表7-6 片区统筹整备留用土地地价计收标准

留用土地容积率分段	留用土地的规划功能		
	工业用地	居住用地	商业服务业用地
小于 $R_{片区地价}$（含）的部分	50%×公告基准地价	公告基准地价	
介于 $R_{片区地价}$ 及 $R_{片区基准}$（含）之间的部分	公告基准地价	250%×公告基准地价	200%×公告基准地价
大于 $R_{片区基准}$ 的部分		市场评估地价	

以深圳龙华区观澜街道桂花社区土地整备项目为例，因其留用土地规划为新型产业用地（M0），所以片区基准容积率（$R_{片区基准}$）取2.8。另外，该地块办公公告基准地价为1620元/平方米，工业公告基准地价为356元/平方米，M0公告基准地价取二者基准地价之和的一半，为988元/平方米。根据以下 $R_{片区地价}$ 公式测算：

$R_{片区地价}$ = 建设用地贡献率（70%）× $R_{片区基准}$

算得 $R_{片区地价}$ 为1.96，而桂花社区留用土地规划容积率为4.5，则容积率小于1.96的部分按照50%公告基准地价测算，容积率大于1.96的部分按照100%公告基准地价测算，测算总地价约为1783万元。

利益统筹全面推行阶段，地价测算规则大大简化，仅与用地功能挂钩进行分段计收。以深圳宝安区燕罗街道塘下涌社区土地整备项目为例，因其留用土地规划为普通工业用地（M1）的，所以按照现行公告基准地价的10%缴交地价，测算约为38万元。

更多地价测算详细规定详见第6章。

7.4 土地整备规划研究技术要点

土地整备规划研究是土地整备项目中土地利益分配、土地出让的依据。土地整备规划研究应达到法定图则的深度。土地整备项目的留用土地位于法定图则不覆盖或未制定的地区，以及涉及对法定图则强制性内容调整的，必须编制土地整备规划研究；其他地区可视情况需要开展。经法定程序批准的土地整备规划研究具有法律效力，可作为留用土地规划许可的依据。

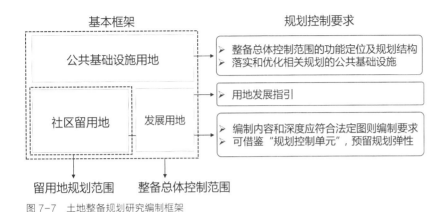

图 7-7　土地整备规划研究编制框架

土地整备规划研究编制的技术要点与法定图则在编制技术要点、成果形式与内容等方面上有相似之处。但是土地整备规划研究也有自身的特点，一方面以土地整备项目实施范围为基础，除明确留用土地规划控制指标外，还应提出项目土地分配方案，并提出公共配套设施优化调整建议的规划；另一方面，土地整备规划研究作为平衡土地整备项目各方利益格局的重要手段，在编制过程中，更加强调多方参与、协商性和可实施性。如何通过优化用地布局、开发强度等，协调好各方利益、保障土地整备项目的实施，是土地整备规划研究中需要重点考虑的内容。

> 为规范深圳市土地整备规划的编制，2016 年，深圳市结合《深圳市法定图则编制技术指引》等规定，出台了《深圳市土地整备规划编制技术指引（试行）》（深规土〔2016〕890 号）。文件明确了土地整备规划应达到法定图则的深度。在各方利益协调的基础上，提出土地整备项目的规划发展目标定位，明确土地分配方案及留用土地选址，重点对留用土地提出控制性规划要求，并落实土地整备目标和各方责任。

7.4.1　编制内容

（1）确定规划研究范围

土地整备规划研究以项目实施范围为基础，以功能完整性、系统性和实施性为原则，结合功能分区、行政管理和社会管理范围，以及道路、山体、河流等自然地理边界，划定土地整备规划研究范围。具体而言，应包括留用土地范围和整备总体控制范围两个层次（图 7-7），除了留用土地本身的控制性规划指标之外，还需要考虑项目对周边地区的影响，特别是公共基础设施、道路交通设施等的影响，因此需要从更大的整备总体控制范围层面，划定研究范围，以避免留用土地规划对周边地区造成负效益，加强与已经生效的上位规划衔接，保证规划的科学性、合理性和公平性。

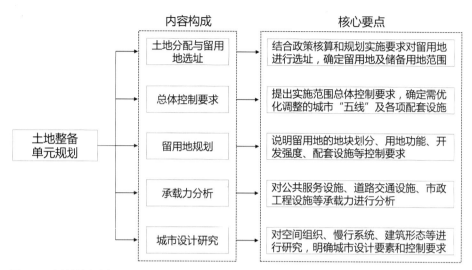

图 7-8　土地整备规划研究内容

（2）开展规划设计工作

除了按照一般城市控制详细规划编制中要求阐明的编制背景、编制过程、研究范围、项目区位、周边环境、社会经济、城市建设、社区发展诉求、土地权属现状、规划依据、规划目的等基本情况之外，土地整备规划研究还应包括以下内容（图 7-8）：

①土地分配方案：确定留用土地、移交政府用地的规模及选址范围。

②留用土地规划：编制内容和深度应符合法定图则编制的要求。包括用地功能、开发强度、公共绿地及配套设施的控制要求、"五线"位置及控制要求、城市次干路及以上等级道路系统、轨道线的走向和宽度，以及其他留用土地规划应予以明确的内容。留用土地涉及多期开发的，为预留开发建设弹性，可提出主导用地功能、总建筑规模、配套设施、综合交通、空间管制等内容，具体地块划分、用地功能及布局、容积率等指标通过下阶段详细规划确定。

③总体控制要求：根据留用土地规划对周边环境承载力的影响，确定需优化调整的城市"五线"及各项配套设施；对政府发展用地提出产业发展方向等。

土地整备规划研究的强制性内容需纳入实施方案。经批准后，土地整备规划研究将作为城市规划行政主管部门规划管理的依据。这部分内容主要包括留用土地、移交政府储备用地的规模及选址范围；留用土地规划主导用地功能、总建筑规模以及配套设施的规模；规划范围内需调整及优化的市、区级配套设施规划控制要求。

（3）利益平衡和规划实施

土地整备项目涉及各方利益，在传统空间规划的基础上，土地整备规划还要开展利益平衡研究。根据项目现状和规划指标开展经济测算，说明项目开发主体、原农村社区及政府等各利益相关方的成本及收益情况；说明利益协商的过程；说明土地整备实施前后，各实施主体经济效益的变化情况；说明土地整备项目对社会、环境效益的贡献，并对社会稳定风险进行必要的评估。

此外，由于土地整备规划直接面向实施，因此在规划文本中还要明确土地整备实施主体及相关各方责任；确定各类用地整备方式指引；根据现有的补偿政策，说明资金补偿的政策依据、补偿原则及标准，对土地整备范围内不同类别的土地和建筑提出资金补偿方案。

（4）专项研究

有下列情况的需进行相应的专项研究：

①涉及调整生效法定规划用地性质的，应进行规划功能专项研究；

②涉及突破生效法定规划确定的开发强度，以及法定规划未覆盖地区，应进行公共服务设施、道路交通和市政工程设施专项研究，科学确定开发强度；

③项目位于城市特色风貌区或城市设计重点控制地段的，应视需要开展城市设计专项研究；

④所有土地整备规划研究，均应进行经济可行性专项研究；

⑤位于特定地区的项目，应按照相关规定开展相应的专项研究。

7.4.2 技术要点

（1）开展留用土地选址，明确政府与原权利人的用地分配

根据土地整备项目的地籍权属调查、测绘及评估结果，核定土地整备项目范围内各类用地的地籍权属情况，明确合法用地的空间位置及规模。

结合项目实际情况对留用土地进行选址研究，确定留用土地及移交政府用地的规模及范围。具体而言，应根据相关政策核算可以留用给原权利人最大的留用土地规模指标。同时在充分考虑土地整备项目实施目的、所在区域发展条件、已生效法定图则、上层次规划及专项规划、原权利人的发展诉求的基础上，开展留用土地的选址工作，并明确留用土地的规模和用地功能。

留用土地选址及规划设计时，应在承载力允许的范围内，通过规划手段，尽量鼓励原权利人集约节约用地，增加政府收储土地的比例，提高土地整备综合效益。

（2）开展留用土地规划，明确留用土地的规划指标

重点结合上层次规划要求及相关标准规范，同时通过基础设施承载力、交通承载力、

市政设施承载力等进行叠加分析，论证留用土地的开发强度。在此基础上，进一步明确留用土地计入容积率的总建设规模，并明确住宅、商业、办公、商务公寓、产业、配套设施等各类功能对应的建设规模。若项目涉及商业、服务业等经营性功能的地下空间开发，需要单独说明经营性地下空间的功能与建设规模。

除了留用土地功能及开发强度外，还需要明确留用土地范围内应承担的独立占地的社区级公共设施的种类、用地范围及建设规模；明确非独立占地公共配套设施的位置及配建规模；制定留用土地意向性总平面布局方案，并进行日照分析。

（3）开展相关配套研究，保障城市整体利益

除了留用土地本身的规划研究之外，还需要重点考虑留用土地规划对研究范围内产生的影响，主要根据留用土地开发强度预测设施需求，明确研究范围内应调整及落实的设施的种类、数量和规模，分析其对上层次规划和专项规划相关要求和落实情况；开展进行设施影响评估并提出相应的改善措施。包括以下几方面的内容：

一是研究规划研究范围内公共服务设施供需情况，确定留用土地配套公共服务设施的种类、数量和规模。

二是分析规划研究范围内道路交通和市政工程设施承载力情况，明确留用土地开发对周边道路交通和市政工程设施的影响，并提出相应的改进措施。

三是说明规划方案对项目周边地区空间组织、建筑形态控制、公共开放空间与慢行系统的主要构思和控制要点。对位于城市特色风貌区或城市设计重点控制地段的项目，应按照详细蓝图深度落实，深化上层次规划中有关城市设计内容对留用土地及周边地块的控制要求。

（4）开展经济测算，保障规划可实施性

经济测算是保障项目可实施性的重要手段。通过评估土地整备项目在不同实施条件（包括功能、强度、配建要求等）下的开发成本（包括依据特定地区平均水平测算的留用土地市场开发成本、依据有关政策测算的拆迁补偿安置成本以及配建设施成本等）和经营收益，计算项目开发主体、社区及政府等各利益相关方的成本及收益情况，制定项目适宜的规划控制指标和财务平衡方案。重点应说明土地整备实施前后，各实施主体经济效益的变化情况；说明土地整备项目对社会、环境效益的贡献，并对社会稳定风险进行必要的评估。

（5）制定规划实施策略，推动项目实施

规划实施部分应明确项目实施策略，规定实施主体应履行的各项义务。重点包括落实拆迁清理责任、土地移交责任、公共服务设施配建及移交责任，以及政府主管部门要

求落实的其他捆绑责任；对于总体控制范围内需优化调整的城市"五线"及各项配套设施，需提出设施配建主体、投融资及运营模式建议；明确规划与上层次规划的关系，做好相关规划的调整工作。

下篇 典型案例篇

截至 2018 年底，深圳累计实施的项目有 81 个，大致可以分为三种类型：

整村统筹类：将原农村社区掌控的合法用地和未完善征（转）地补偿手续用地整体纳入土地整备，通过社区整体统筹，推动成片土地改造开发，实现社区整体转型。

设施统筹类：立足于保障学校、医院、体育中心等公共服务设施和轨道、道路、污水处理厂等城市基础设施用地供给，解决房屋征收难题，并盘活原农村社区存量土地资源。

产业统筹类：立足于实现产业用地收储和保障重大产业项目实施，实现片区产业发展和产业升级，并统筹解决社区土地历史遗留问题，是下阶段土地整备的重点。

本篇对各类型的代表项目进行解析，以期更好地推广土地整备的实践经验。

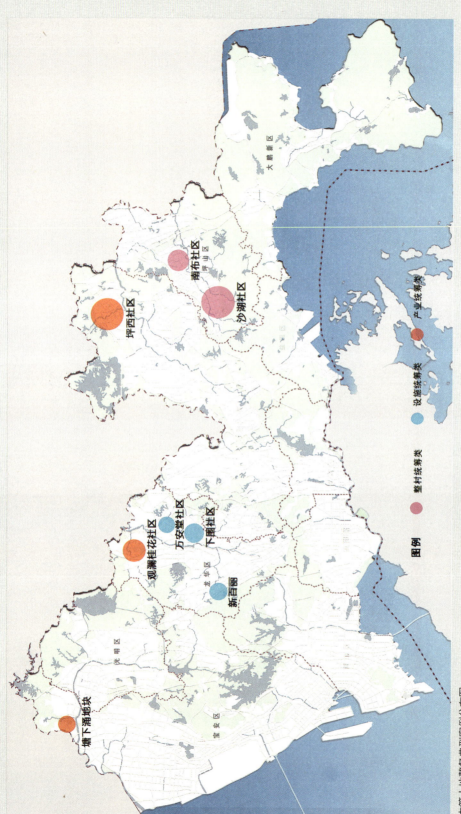

坪西社区

南布社区

沙湖社区

产业统筹类

设施统筹类

整村统筹类

图例

观澜桂花社区

万安堂社区

下南社区

新百丽

塘下涌地块

本篇土地整备典型案例分布图

第 8 章　整村统筹类土地整备项目

整村统筹是 2011-2015 年土地整备实施的主要模式。在传统房屋征收模式举步维艰之时，整村统筹模式成为一种新的有效解决方式。它首次实行了政府与社区"算大账"、社区与相关权益人"算细账"的利益分配模式，将社区控制的土地整体纳入土地整备，探索发挥社区的主体作用，是以土地、规划、资金等综合手段推动存量用地盘活的方式。整村统筹模式既能形成成片成规模可开发的国有土地，满足公共服务设施和城市基础设施等重大公益性项目的用地需求，又能一揽子解决社区城市化征转地过程中产生的土地历史遗留问题，同时还能提升社区生产生活环境，提升集体资产价值，实现城市功能结构优化和社区整体转型发展的双赢局面。

作为率先实施土地整备整村统筹试点的两个社区，坪山区政府结合沙湖社区与南布项目特点，首次提出"留用土地"概念，真正让留用土地落实到空间上，纳入到规划里，切实保障了土地整备后沙湖社区和南布社区的发展权益。虽然在试点阶段，沙湖社区与南布社区土地整备项目中关于留用土地的核算规则并不清晰，但两个试点项目探索的"算大账"做法以及规划、土地、资金的统筹方法等都为后续土地整备政策出台与实施提供了宝贵的经验与鲜活的案例。

第 8 章 整村统筹类土地整备项目

8.1 南布社区土地整备：首个成功推进的整村统筹项目 [1]

为寻求社区自身的可持续发展，南布社区积极申报参与土地整备整村统筹试点工作。南布社区整村统筹项目在政府与社区"算大账"环节取得了突破性进展，探索并落实了留用土地的规模核算、留用土地规划指标明确等方面的操作规则及方法，实现了土地整备整村统筹实施机制的从无到有。

8.1.1 项目概况

（1）目的与必要性

南布社区位于坪山区中部坪山街道，北临出口加工区、东接大工业区、西靠坪山中心区、南临坪山河，具备较好的区位条件，是坪山区的地理几何中心。

随着 2010 年深圳经济特区范围正式扩大到全市，坪山区面临着全新的发展机会。同时，2011 年出台的《坪山新区特区一体化社区转型发展试点工作方案》也提出"以土地整备为平台推动社区转型发展新思路"。南布社区与原特区外许多社区一样，也存在由于社区内历史土地遗留问题突出、规划实施不到位以及社区发展定位不清、发展能力不足导致的社区整体生产生活环境差、居民收入来源单一、出租厂房经济效益不高、公共基础设施及市政配套设施严重缺失等诸多的问题。因此，在新的发展机遇下，南布社区及其居民主动提出希望能通过转型发展试点工作的推进，有效解决社区内存在的土地历史遗留问题，落实规划生活配套设施，提升社区城市建设水平，促进社区经济社会快速发展，以获得更加舒适高效的生产生活环境。

此外，南布社区不同于坪山区其他社区，它的社区规模较小、社区结构简单，有利于土地整备的顺利推进。同时，作为坪山区地理几何中心，南布社区区位较好，其开发

1 本节案例参考深圳市坪山新区管理委员会、深圳市坪山新区土地整备中心编制的《坪山新区南布"整村统筹"土地整备项目改革试点方案》，深圳市坪山新区南布社区居民委员会、深圳市新城市规划建筑设计有限公司编制的《坪山新区南布社区"整村统筹"土地整备安置用地专项规划》等资料进行整理分析。

建设不受基本生态控制线等规划管控手段的限制，为社区整体开发建设提供了较好的前提条件。

因此，基于南布社区转型发展的诉求以及优越的开发建设条件，南布社区列入了土地整备整村统筹试点工作范围，并得到了顺利推进，对于加快坪山区特区城乡一体化、实现原农村社区转型发展具有重要意义。

（2）项目过程

南布社区土地整备整村统筹试点项目自 2011 年正式启动，至 2014 年完成土地拆除清理、通过整备土地验收为止，主要工作历时 3 年。由于该试点启动时尚未形成较为清晰的工作逻辑与程序，所以由深圳市规划国土委坪山管理局、坪山区土地整备中心、坪山街道办、南布社区等各方主体全程参与、共同摸索，以"政府引导、社区主体、多方协作、共同推进"为原则开展具体工作。具体各阶段工作情况如下：

第一阶段：项目启动与方案形成阶段。2011 年，坪山区对南布社区开展测绘、前期建设情况核查、资金匡算以及社区补偿意向调查等前期工作，并进行专项规划编制。同年 11 月，南布社区、坪山管理局、新区土地整备中心、坪山街道办进行了多轮沟通，方案历经多轮修改，形成初步规划方案。

第二阶段：项目审批与公示阶段。2013 年 6 月，专项规划经由坪山区整村统筹土地整备工作领导小组工作会议审议，审议通过后报市土地整备局审批。2013 年 9 月，专项规划经由市规划国土委员会第 25 次综合技术会议审议通过，并于 2013 年 9 月 30 日开始进行为期 30 天的公示。

第三阶段：项目实施阶段。公示后，坪山区政府主要围绕实施拆除、土地清理、资料备案等事项开展工作。2014 年，南布社区、坪山区土地整备局、坪山办事处以及市规划国土委坪山管理局共同签订了四方框架协议，将各方权益进一步固化。同年，南布社区完成土地拆除清理并通过整备土地验收。

第四阶段：市场主体介入项目后期实施阶段。2015 年 5 月，市政府常务会审批通过南布土地整备方案及留用土地规划。同年 9 月，南布社区留用土地通过坪山区集体资产交易平台，以竞争性谈判引入市场开发主体作为留用土地开发的合作方。2018 年 4 月，南布社区、市场开发主体与坪山管理局签订留用土地 2 号用地的土地使用权出让合同。

（3）实施范围划定

南布社区"整村统筹"土地整备试点项目的实施范围划定思路是基于社区希望一揽子解决社区实际掌控的未完善征（转）地补偿手续用地、非农建设用地等土地历史遗留问题的需求，结合社区实际发展及土地权属现状情况，由社区与政府协商综合划定的。

图 8-1　南布项目实施范围图　　　　　　　　　　图 8-2　南布项目现状土地权属情况

值得一提的是，南布社区的实施范围划定除了解决社区土地历史遗留问题，还将社区实际掌握的其他类型的零散用地一并纳入实施范围。这些零散用地虽规模不大，但无论是对于南布社区还是政府来说开发建设的成本较高，容易形成两不管的局面，存在造成新的历史遗留问题的风险。此次划定范围也是考虑了社区此类情形，以统筹的方式一揽子处理问题，实现社区整体性的转型发展（表 8-1）。

因此，本次实施范围基本覆盖了社区实际掌控用地，其中包括非农建设用地、未完善征（转）地补偿手续用地以及其他被社区实际占用的用地，总面积约 28.48 公顷（图 8-1）。

（4）现状土地利用基本情况

项目实施范围总面积共 28.48 公顷，其中，未完善征（转）地补偿手续用地 23.16 公顷（含非农建设用地约 4.79 公顷）、国有地上非农建设用地 5.07 公顷、其他被社区实际占用土地为 0.25 公顷（图 8-2）。实施范围内已建成部分用地面积为 23.38 公顷，占总规模的 82.1%，其中工业用地面积为 9.35 公顷，四类居住用地面积为 9.1 公顷（图 8-3）。现状建筑共有 453 栋，总建筑面积 26.05 万平方米，建筑质量一般，建筑层数偏低，平均层数仅为 4 层（图 8-4）。

图 8-3　南布项目土地利用现状图

图 8-4　南布项目留用土地选址

表 8-1　　　　　　　　　　　　南布社区土地地籍权属表

用地权属	面积（公顷）	比例（%）
未完善征（转）地补偿手续用地	23.16	81.3
国有地上非农建设用地	5.07	17.8
其他被社区实际占用土地	0.25	0.9
合计	28.48	100.0

8.1.2　项目方案解析

（1）借鉴城市更新政策，结合土地权属核算留用土地的最大规模

南布社区启动时，对于留用土地的核算方法尚未形成明确的政策规则，所以南布社区参照城市更新核算五类合法用地的做法，以及城市更新项目中政府收储用地的比例，进一步探索并细化了政府与社区算大账的操作依据。

在具体操作中，政府收储的对象分为两大部分：一部分是合法用地，另一部分是合法用地范围外的用地。在贡献比例方面，对于合法用地，参照《深圳市城市更新办法》和《深圳市城市更新办法实施细则》中将"不少于 15% 的土地无偿移交给政府纳入土地储备"的规定，将合法用地比例的 15% 给予政府；对于合法用地范围外的用地，则同时参照上述规定以及《印发关于加强和改进城市更新实施工作的暂行措施的通知》（深府〔2012〕

45号）中关于"政府将处置土地的80%交由继受单位进行城市更新，其余20%纳入政府土地储备"的规定，将合法用地范围外"20%+（80%×15%）"的用地给予政府。

经过核算，南布社区合法用地面积为14.79公顷，留用土地面积为17.72公顷。根据落实规划、因地制宜等原则，在与社区充分沟通与研讨后，根据地块划分等因素，最终确定南布社区留用土地规模为17.30公顷。

在此次细化操作中，南布社区引入了合法用地范围外的用地参与留用土地规模核算的操作方法，虽然与后期政策的规定相差较大，但进一步扩大了利益共享的范围，为后期土地整备利益共享用地的提出打下了基础。

（2）综合上位规划及社区意愿确定留用土地选址及用地性质

南布社区的留用土地选址优先考虑了社区未来持续发展需求以及城市整体性规划建设要求。为避免原农村社区搬离原聚居地以及留用土地分散布局不易管理等问题，此次项目的留用土地优先在实施范围内的法定图则规划建设用地上集中落实，具体地块的选址及布局结合规划路网进行优化调整。

在确定留用土地的用地功能方面，上位规划的指引以及留用土地功能对社区转型发展的促进作用是需考虑的主要因素。

从上位规划指引来说，根据《坪山区综合发展规划（2010-2020）》，南布社区位于坪山服务核心区与现代产业发展轴及人文创意生活轴的交汇处，便于承接中心区及两条产业轴线带来的经济辐射及外溢的优质资源，可在未来发展中高档生活服务配套功能，为坪山区的出口加工区乃至整个坪山区提供更加优质的生活服务。而在法定图则方面，南布社区所在的《深圳市龙岗303-01号片区[出口加工区地区]法定图则》与《深圳市龙岗303-02&T3号片区[燕子岭及石井地区]法定图则》也提出了相似的功能定位，要求南布社区为出口加工区提供高标准、高品质的生活等配套服务。因此，南布社区的留用土地未来的规划功能定位以高品质、高标准的生活居住配套功能为主。

而从社区转型发展需求来说，由于南布社区大部分用地是用于出口加工产业，在坪山区加速转型升级的背景下，留用土地功能选择需要着眼于提前预留用于产业更新换代及向高附加值产业环节转型的发展空间，以保证留用土地发展的可持续性。除此之外，各留用土地具体功能选取与布局还需考虑已有规划布局的片区配套服务设施对留用土地的服务范畴及规模，以保证提供高品质、高标准的生活居住环境与服务。

所以，结合上位规划指引及社区诉求，留用土地的规划功能调整的主要方向是将法定图则规划的三类居住用地调整为二类居住用地，提高整体居住功能的品质要求，同时在出口加工区一侧布局配套一定量的商业、办公功能，为后期产业转型提供孵化空间（图8-5）。

经过土地整备，南布社区留用土地规模为17.30公顷，贡献给政府的土地面积达11.18公顷，土地贡献率约40%（图8-6）。贡献的土地除了道路及坪山河湿地公园用地外，

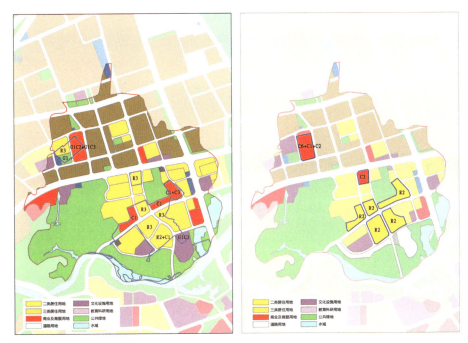

图 8-5　南布项目留用土地规划优化调整图

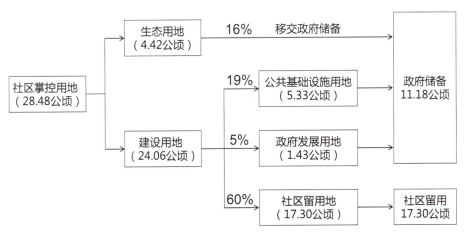

图 8-6　南布项目土地分配方案图

还贡献了一块公交场地用地、一块文体设施用地、一块公共绿地和两块发展备用地。而南布社区也通过留用土地的规划优化实现了原农村社区土地利用分散低效到集中高效的转变，进一步优化升级土地资产为社区发展带来的经济效益。

（3）根据经济测算及公共服务设施承载力确定留用土地开发强度

南布社区在明确留用土地的总体开发量及居住开发量时分别采用了经济测算及公共服务设施承载力的估算方式。

其中，采用经济测算确定总体开发量，保证项目开发建设满足社区集体经济转型目标的同时也能获得合理的开发利润。而在考虑居住开发量时，采用公共服务设施最大可承载力的测算方法，保证了居住功能地块的配套服务质量，从而避免因开发主体的逐利导向而导致公共服务设施紧缺问题。

经过测算，南布项目开发建筑总量需控制在 75 万平方米，平均容积率 4.34，其中，二类居住建筑量为 47.01 万平方米，商业建筑量为 10.52 万平方米，商务公寓建筑量为 8.64 万平方米，办公建筑量为 8.13 万平方米，配套设施建筑量为 0.86 万平方米。

（4）根据标准规范校核并落实公共服务配套设施

根据南布社区所在片区的公共服务配套设施校核，按照《深圳市城市规划标准与准则》的服务半径规定，南布社区内规划的一所 54 班九年一贯制学校，服务的最大规模为 3 万人，可服务半径为 1 千米内的所有居住用地，可以满足社区留用土地人口教育需求。

社区级的公共服务设施配套方面，则主要依据《深圳市城市规划标准与准则》设置，以满足社区居民教育及日常活动需求。主要设置了 18 班幼儿园 1 处、社区健康服务中心 1 处、文化活动室 1 处、社区体育活动场地 2 处、社区老年人日间照料中心 1 处等。

8.1.3 项目特点——探索以社区为主体的"算账"方式

南布社区不是第一个启动的整村统筹项目，却是第一个成功推进的项目，其成功的关键在于有效发挥了原农村社区的自治力量。它以社区作为强有力的实施主体，探索了社区分别与政府、居民"算大账""算细账"的方式，探索了留用土地规模核算的方法，为整村统筹项目，乃至整个土地整备核心政策的制定奠定了坚实的基础。

南布经验表明，社区班子对政策理念的准确把握并拥有强大的领导和组织能力、社区内部具有较强的凝聚力是整村统筹项目取得成功的基本条件。南布社区班子战略意识较强，多年来带领整个社区取得了较好的发展，经济收益和人均分红均在坪山排名前列。所以社区居民对领导班子比较信任，对于土地整备这一新的政策路径，积极性也比较高。此外南布社区配合坪山区政府，深入居民家中、召开大小会议，采取了多元化的政策宣传手段，重点强调土地整备在改善社区学校、道路、管网等公共基础设施建设中的重要作用，协调处理群众利益，争取了原村民对土地整备工作的支持。

南布社区不仅在项目生成时作用巨大，在项目的推进过程中也极具主动性。"算大账"时，在缺乏留用土地规模核算操作规则的情况下，南布社区与政府商讨，参照了城市更新政策，进一步细化了政府与社区"算大账"的操作方法；"算细账"时，南布社区以房屋征收补偿标准为基础，结合社区自身情况来协调处置原村民之间的利益分配问题，既把控了居民"小账"的补偿标准，又保障了社区发展的"集体账"，在补偿个体利益和发展集体经济之间找到了一个平衡点。

南布项目的成功推进意义重大，虽然后续的政策标准与之差距较大，但以社区为主体的"算账"方式成功延续下来，并成为土地整备政策设计的关键环节。

8.2 沙湖社区土地整备：深圳规模最大的整村统筹项目 [1]

伴随着包括坪盐通道、南坪快速路三期等在内的13项重大公共基础设施及产业项目规划的选址落户，沙湖社区迎来了转型发展的重大机遇。但沙湖社区自身规模较大，且大部分土地存在历史遗留问题，空间呈现碎片化状态，自身土地难以开发利用，同时也无法满足重大项目的落地需求。为紧抓转型发展机遇，沙湖社区下属十个居民小组联合一体，与坪山区政府及相关部门共同探索土地整备整村统筹方式，以整合盘活存量土地空间，保障重大项目落地实施，统筹解决社区土地历史遗留问题，促进社区转型发展。

8.2.1 项目概况

（1）目的与必要性

沙湖社区坐落于深圳市坪山区西南部，与坪山中心区及宝龙高新区相邻，坐拥横坪公路—中山大道、锦龙大道、金碧路等坪山区对外联系的主要通道，是坪山区联系市中心区、龙岗区以及盐田区的门户节点。

根据《坪山区综合发展规划（2010-2020）》及政府投资计划，"十二五"期间有13项涉及教育、医疗、文体、交通等多项惠及民生的市/区或社会投资的重大公共基础设施落户沙湖社区（表8-2）。而这些重大公共基础设施及产业项目的建设实施不仅会进一步改善沙湖社区的区位条件，提升其在坪山区的门户地位（图8-7），而且将优化社区居住环境并提升片区公共服务水平，还可以促进优质资源向社区集聚，整体提升沙湖社区以及坪山区在深圳的区域竞争力。

但沙湖社区大部分土地存在历史遗留问题，未完善征（转）地补偿手续用地与国有用地犬牙交错，空间呈现碎片化状态，难以成片开发，整体利用效率不高。此外，沙湖社区长期发展滞后，存在生产生活环境较差，公共设施欠账多，居民收入来源单一、出租厂房经济效益不高等问题。对此，社区各主体也迫切希望社区能够快速改善现状居住环境，完善社区生活配套，拥有更能持续发展、高品质生产生活的环境，实现可持续的转型发展。

2011年，沙湖社区敏锐地紧抓重大公共基础设施及产业类项目落地实施的机遇，主动提出试点开展"整村统筹"土地整备工作。随后，坪山区政府与沙湖社区共同签订框架协议，通过共治、共建、共享，以"整村统筹"土地整备一揽子解决社区土地历史遗留问题，实现空间资源整合保障重大项目实施，同时盘活社区存量土地资源，实现社区转型升级。

1 本节案例参考深圳市坪山新区管理委员会、深圳市坪山新区土地整备中心、深圳市新城市规划建筑设计有限公司编制的《坪山新区沙湖社区"整村统筹"土地整备规划研究》，深圳市坪山新区管理委员会组织编制的《坪山新区沙湖社区"整村统筹"土地整备项目改革试点方案》等资料进行整理分析。

图 8-7　沙湖社区范围内涉及的重大项目分布图

表 8-2　　　　　　　　　　　　　　沙湖社区范围内涉及的重大项目一览表

序号	项目模式	项目名称
1	市投区建	坪盐通道
2		南坪快速路（三期）
3		旧横坪公路改造工程
4		坪山河流域水环境综合整治工程—坪山河干流综合治理工程
5		汤坑水水环境综合整治工程
6	区投区建	沙湖再生水厂
7		儿童公园
8		富园路
9		达园二路
10		龙勤路
11		复兴路
12		科环路
13	社会投资	华谊兄弟文化影视城（一期）

（2）项目过程

沙湖社区土地整备试点项目从启动到首批留用土地挂牌为止，历时 6 年时间，总共经历了三个阶段：

第一阶段：项目启动及政策"大账"确定阶段。2011 年 8 月，沙湖社区主动申请列入"整村统筹"土地整备试点项目。被列入试点项目后，坪山区土地整备局（原坪山新区土地整备中心）组织，沙湖社区股份公司、坪山办事处，以及市规划国土委坪山管理局积极配合开展社区土地等基础情况核查工作。2013 年，基于前期工作形成的土地、建筑物等现状基础数据核查报告以及多轮沙湖社区补偿意向摸底讨论，坪山区与沙湖社区达成"大账"共识，明确社区留用土地、补偿资金和建筑总量，并上报坪山区政府（原坪山新区管委会）审议。

第二阶段：方案形成及协议签订阶段。2015 年，市政府常务会议原则同意了由坪山区政府组织市规划国土委坪山管理局、坪山区土地整备局以及沙湖社区等相关单位编制完成的《沙湖社区"整村统筹"土地整备规划研究及实施方案》，明确社区留用土地位置、用地功能、开发强度以及社区土地移交、资金拨付、拆迁安置等相关内容。同年 11 月，为厘清各方责任，限定各方权利，以坪山区土地整备局、坪山街道办事处、沙湖社区和市规划国土委坪山管理局四方为主体，签订框架协议，标志着试点项目正式进入实施阶段。

第三阶段：项目实施阶段。2016 年，沙湖社区已完成部分政府收回地块的土地移交工作。2017 年 1 月，社区首批留用土地挂牌引入实施主体。

（3）实施范围划定

一揽子解决沙湖社区内存在的土地历史遗留问题是此次试点项目划定实施范围的核心思路。

从社区的角度来说，沙湖社区整体规模较大，下属的十个居民小组有各自不同的发展条件，例如，部分居民小组可以通过城市更新解决发展问题，但部分居民小组却又因位于生态控制线内无法再次开发建设。在此情况下，社区希望以"整村统筹"的思路整体性、一揽子解决沙湖社区内存在的土地历史遗留问题，均衡化社区各个居民小组的发展条件，避免社区内部发展不平衡的矛盾加深，实现社区整体的利益共享。而从政府的角度出发，一揽子解决社区内存在的土地历史遗留问题不仅可以保障多个重大项目的用地需求，更可以得到成片成规模的建设用地，从而也降低了为推进城市建设逐个项目开展土地整备或更新改造的操作成本。

综上，沙湖社区土地整备整村统筹试点项目的实施范围以社区实际掌握的存在历史遗留问题的土地为主，同时也包括了少部分单位或个人自愿加入土地整备的用地，共计 362.95 公顷（图 8-8）。

（4）现状土地利用基本情况

沙湖社区实施范围总面积共 362.95 公顷，其中未完善征（转）地补偿手续用地 348.20 公顷（图 8-9），国有土地上的非农用地 1.25 公顷，国有已出让给社区用地 0.75 公顷。现状已建设用地为 143.49 公顷，占总范围的 40%，主要以工业用地、居住用地及交通设施用地为主，其中工业用地 51.56 公顷、居住用地 64.10 公顷、交通设施用地 10.41 公顷（图 8-10）。现状建筑物以住宅及工业厂房为主（图 8-11），涉及建筑物总共 2248 栋，总建筑面积 106.44 万平方米，其中住宅建筑 1893 栋，建筑总面积 64.09 万平方米；工业建筑 355 栋，建筑面积 42.34 万平方米。

8.2.2 项目方案解析

（1）采用"规模核算 + 经济评估 + 博弈协商"模式确定留用土地的最大规模

由于沙湖社区土地整备整村统筹试点项目启动时还未出台关于留用土地核算的政策规则，因此借鉴其他"整村统筹"土地整备试点项目经验，此次项目的留用土地规模计算采用"规模核算 + 经济评估 + 博弈协商"的模式，以更加科学的方式核算留用土地规模，并以更加公平的协商手段提供对话机会，让政府与原农村社区更好地理解对方的利益诉求。这一模式为后续土地整备提供了更加科学公平的操作思路以及切合原农村社区实际需求的核算准则。

具体而言，"规模核算"是指，政府对社区占有的房地产登记历史遗留问题用地、"两规"处理地、非农建设用地、出让给社区用地以及旧屋村范围用地，这五类合法用地进行规模核算，核算出的合法用地规模全部落实到留用土地规模中。"经济评估"是指，社区在对自身掌握用地上的资产进行通过自身资产清查及收益测算评估所提出的留用土地规模诉求。"博弈协商"是指政府与社区以"规模核算"以及"经济评估"作为基础，在充分了解对方的判断依据以及诉求的情况下，公平公开地协商最终确定留用土地规模的方式。

在实际确定留用土地规模的工作中，坪山区政府"规模核算"出的规模与沙湖社区"经济评估"出的结果不一，双方在非农建设用地及原农村集中居住区认定中存在争议，但双方在"博弈协商"的过程中，经多次讨论协商以及利益博弈，最终达成 57 公顷的留用土地总量。

（2）根据坪山区域规划及法定图则共同确定留用土地选址及用地性质

根据《坪山区综合发展规划（2010-2020）》以及《坪山河流域碧岭—沙湖地区发展规划研究（草案）》，沙湖社区可依托坪山河和坪山快线，重点发展影视制作和科

图 8-8　沙湖项目实施范围划定图

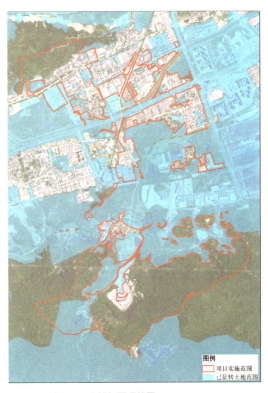

图 8-9　沙湖项目土地权属现状图

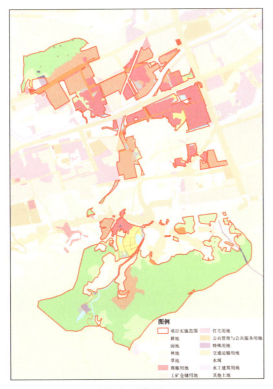

图 8-10　沙湖项目土地利用现状图

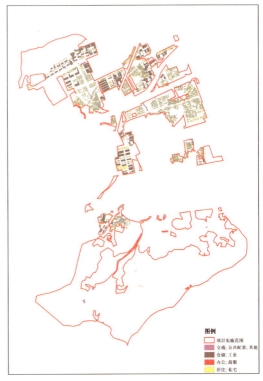

图 8-11　沙湖项目现状建筑分布图

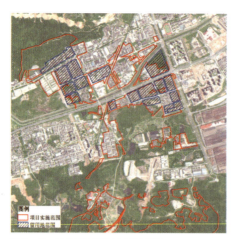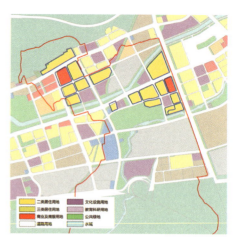

图 8-12   沙湖项目留用土地选址图   图 8-13   沙湖项目留用土地规划图

研究设计产业，配套高档居住服务。同时，沙湖社区所在的《深圳市龙岗 303-06 号片区 [沙湖地区] 法定图则（草案）（公示版）》以及《深圳市龙岗 204-T5&303-07&T4 号片区 [碧岭地区] 法定图则（草案）（公示版）》两个法定图则也提出沙湖社区需借助周边良好的产业基础、自然资源与旅游资源，发展高新技术、旅游以及居住配套产业类别及功能。同时结合"十二五"时期部署的重大产业项目类别，此次项目的留用土地块定位为以居住为主要功能的高端配套片区，为社区发展提供高端品质配套的居住、商业等服务。

在选址方面，按照"优先保障公共基础设施、城市五线范围、社区留用土地相对集中成片以及统筹考虑配套设施配置"的原则，对接上位规划中的发展单元范围线，以城市交通干道为基础重新划定规划边界，在社区实际掌握的用地范围内划定两个集中连片的地区作为留用土地选址（图 8-12）。

最后，在结合上述相关规划指引与重大项目规划布局，以及留用土地规划定位与选址情况的基础上，沙湖社区留用土地功能确定为以居住及商业服务功能为主导，并与周边设施相互补，共同形成两个功能完善的城市新型居住功能单元，总占地面积约 57 公顷，其中居住功能用地为 50 公顷、商业功能用地为 7 公顷（图 8-13）。

最终分配结果是在沙湖社区实施范围内的 362.95 公顷土地中，移交政府用地约 224 公顷，占总面积的 61.7%，包括社区掌控的生态用地 223.87 公顷、公共基础设施用地 61 公顷、政府发展用地 21 公顷；而社区留用土地 57 公顷，占总规模的 15.7%（图 8-14、图 8-15）。

（3）根据区域发展总量及规划标准规范确定留用土地开发强度

该项目留用土地开发强度的确定，主要是依据《坪山河流域碧岭—沙湖地区发展规

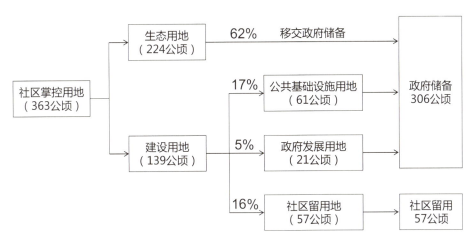

图 8-14　沙湖项目土地分配方案图

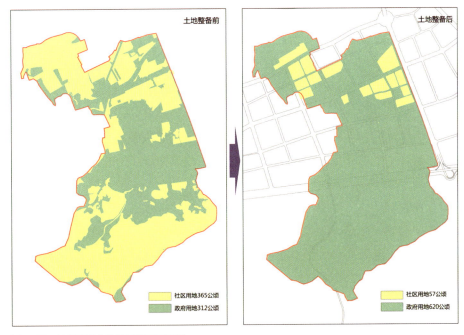

图 8-15　沙湖项目土地整备前后对比图

划研究（草案）》（以下简称"发展规划研究"）建设总量，结合社区自身发展诉求，通过协商谈判的方式平衡利益后，社区与坪山区共同确定的。

　　根据土地整备规划研究中提出的发展总量，以区域分配法计算，沙湖社区留用土地应分配到约 220 万平方米的建筑量。而沙湖社区根据自身情况提出 230 万平方米左右的规划建设指标诉求。在此基础上，各方进行协商谈判，在规划要求的基础上，对土地整备范围进行了细化研究，最终以协商谈判为基础，初步确定社区留用土地建设指标规模 220 万平方米，平均容积率为 3.8。

其中，部分留用土地为居住功能，未来居住用地开发会带来人口的增加。这对留用土地所在的片区公共服务设施带来压力。因此，该部分的居住建筑量需根据片区已规划的可提供公共服务设施服务的最大规模确定。在留用土地所在的法定图则规划配套一所30班小学、一所45班九年一贯制学校。根据服务半径测算，30班小学全部为东侧社区留用土地上的居住人口服务，可服务2.5万人；45班九年一贯制学校可为西侧社区留用土地服务的人口规模约为2.3万人，因此，社区留用土地的人口规模不宜超过4.8万人，居住建筑量不宜超过150万平方米。

（4）按照城市规划标准落实社区级公共服务配套设施

沙湖社区留用土地规划功能以居住为主，公共服务设施规划主要根据《深圳市城市规划标准与准则》配套社区级的公共服务设施，重点满足社区居民生活需求。从社区留用土地人口规模出发考虑，人口总规模约为4.8万人，需要配置七大类、十五项社区级公共配套设施，主要有幼儿园、社区管理用房、物业服务用房、警务室、便民站、文化活动室、社区体育活动场地、社区健康服务中心、社区老年人日间照料中心，以及交通市政设施。

8.2.3 项目特点——统筹整村范围内十个居民小组利益

沙湖社区是深圳规模最大的整村统筹项目。社区下辖10个居民小组，总人口约2万人，其中户籍人口1774人，涉及利益主体众多、权益关系复杂。沙湖项目最大的难点，就在于平衡10个居民小组之间的利益，以调动整个社区参与土地整备的积极性。

在项目酝酿期，为了让全体居民看到"整村统筹"的政策优势，明白如何实现个人及集体物业增值翻倍，理解如何实现社区集体经济转型发展和造福子孙后代等要点，沙湖社区班子给居民印发了《致沙湖居民的一封信》，以13个问答题的方式回答了居民关于"整村统筹"的系列疑问。尤其是针对居民对现状居住环境、生活配套的改善性需求，以及转变经营方式、增强集体经济实力的发展性诉求，将土地整备政策进行详细解释。由于沙湖社区班子人员从20世纪90年代至今较为稳定，也为社区居民谋求了许多利益，所以整村居民对社区班子比较信任，也逐步达成了对土地整备政策引入的共识。

在项目实施方案研究的阶段，社区班子充分运用了"算大账"与"算细账"的优势，平衡10个居民小组之间的利益。如黄一、黄二居民小组，有4公顷历史上形成的已建成用地位于基本生态控制线内，在严格的政策管控下，发展受到很大的限制。若按照单一项目进行开发的形式，黄一、黄二居民小组相对于其他小组，将获得较少的收益，难以撬动项目的实施。所以土地整备发挥"整村统筹"的政策优势，将整村范围内的土地统筹考虑，将位于基本生态控制线内的建成用地进行清退和生态修复，另行安排土地安置。在沙湖项目中，土地整备一方面能够加强生态环境保护和促进生态质量提升，另一方面能够解决原村民的安置问题，为社区转型发展和居民共同富裕创造条件。此外，土地整备还能够解决个别钉子户阻碍存量用地盘活的问题。在"算大账"利益格局已经确定的情况下，若部分原村民想争取更高价值的收益，必然会造成集体利益的损失，引起其他原村民的不满。通过这种形式，沙湖社区成功地将利益分配的矛盾在互相牵制中消解了。

第9章 设施统筹类土地整备项目

　　设施统筹类土地整备项目主要目的在于保障重大基础设施、公共服务设施的落地，促进城市整体发展。政府收储土地以交通、市政、公共服务用地为主，通过利益统筹的方式，建立多方共享的土地增值收益分配机制，实现政府、原农村社区及相关权益人等多方共赢。目前设施统筹类项目占土地整备利益统筹项目的一半以上，各区对设施统筹类项目较为重视且推动较快。

　　本章选取的三个案例均体现了土地整备利益统筹模式在解决各类重大交通设施落地方面的优势。下围社区土地整备利益统筹项目解决了五和大道、平安路两个交通基础设施项目的建设，5年的断头路问题终于得到解决，片区交通条件得到极大改善，同时一揽子解决观湖下围社区的土地遗留问题。万安堂社区土地整备利益统筹项目收回部分土地用于观澜老中心段有轨电车以及平安路道路建设，对于推动龙华区快速发展、解决与4号线接驳问题等方面意义重大。新百丽土地整备利益统筹项目为深华快速路—福龙立交工程这一重大交通枢纽提供了用地保障，将立交道路用地与百丽厂区升级改造打包处理，解决公共基础设施落地难题的同时实现了百丽旧工业区的升级改造。

第 9 章　设施统筹类土地整备项目

9.1 下围社区土地整备：破解五和大道实施难题

五和大道樟坑径段位于深圳龙华区观湖街道，途经下围社区的已建用地。它的实施涉及未完善征（转）地补偿手续用地的收储和合法外建筑的拆迁，受到来自原农村社区较大的阻力，实施困难。下围社区土地整备项目的推进，破解了五和大道实施的难题，也解决了社区部分发展诉求，成为深圳首个完成实施落地的项目，具有很好的示范效应，为土地整备政策的推广提供了坚实的基础。

9.1.1 项目概况

（1）目的与必要性

下围社区土地整备项目位于深圳龙华区东部，西临龙华观澜新中心区，南临华为—富士康高新工业区，区位较好。规划的五和大道从项目范围内经过，南北贯通，北接观澜大道，南连沈海高速，是龙华—坂田中部组团的交通要道。

五和大道作为区重点民生项目，道路的建成通车有助于完善龙华区区域道路系统，缓解区域交通压力，其建设实施受到社会各界的广泛关注。但五和大道及其支路平安路的建设需要征收下围社区土地约 8 公顷。在推进的初期，本项目按照房屋征收的路径进行，受到了较大的阻力。一方面，政府的征收补偿标准与下围社区的土地收益预期存在较大差距，另一方面，由政府征收土地再供应的做法剥夺了原农村社区作为土地实际占有者的开发权利。因此，五和大道、平安路等项目历时 5 年仍然无法推进，政府面临着较大的压力。

2015 年，政府引入土地整备作为破解五和大道、平安路实施难题的政策工具，有效地解决了五和大道、平安路等项目的落地，既完善了片区道路体系，又优化了下围社区的空间结构，促进了土地的集约节约利用，对进一步推进社区经济转型具有重要意义。

（2）项目过程

作为全市目前推进最快的土地整备项目，下围土地整备历时 1 年多时间，为全市土地整备工作提供了样本。项目过程分为三个阶段，分别为：

第一阶段：项目启动与沟通协商阶段。2015 年 11 月，下围土地整备项目开始正式启动，随后开展了规划研究、测绘、评估及实施方案编制等前期工作。同年 12 月，龙华区土地整备中心、观湖街道办与下围原农村社区经过多次沟通，达成了观湖下围土地整备工作的初步意向。

第二阶段：项目成果与公示阶段。2016 年 1—2 月，龙华区管理局组织召开了下围试点项目规划研究专家评审会，会议对项目实施方案和规划研究成果进行了审议；2016 年 4 月，深圳市规划国土委业务会审议通过项目实施方案和规划研究成果；2016 年 5—6 月，规划研究公开征求意见。

第三阶段：项目审批与实施阶段。经龙华区土地整备工作领导小组、市规划国土委和图则委等多部门讨论和修改后，图则委于 2016 年 7 月 18 日审议通过土地整备规划研究。2017 年 1 月，市政府常务会议审批通过了土地整备项目实施方案和规划研究。2017 年 3 月，市政府核发留用土地用地批复。目前，下围项目留用土地即将签订土地出让合同并进入项目实施阶段。

（3）实施范围划定

下围项目的实施范围划定主要基于两方面的因素：

一是公共利益项目的实施需要。结合五和大道、平安路等项目的用地红线，将这些基础设施建设需要征收的原农村社区土地纳入土地整备范围，解决项目的用地问题；二是原农村社区的发展诉求。结合地籍权属情况、农村社区意愿等因素，将原农村社区规划为经营性用地但因产权限制无法开发的土地纳入实施范围，通过土地确权重新赋予原农村社区土地开发权能。下围社区有 2 公顷的未完善征（转）地补偿手续空地，原本希望进行住宅开发建设，但由于产权不清晰，缺乏开发路径，一直无法进行盘活利用，这次也顺利地纳入实施范围一并考虑。

实施范围的划定既体现了政府实施规划、落实项目的意图，也体现了原农村社区开发土地、确权发展的愿望。经多方协商、反复沟通，最终划定项目实施范围主要为仙湖路以西、环观南路以北以及樟长路所围合的区域（图 9-1）。

（4）现状土地利用基本情况

项目实施范围总面积共 8.8 公顷，其中合法用地 0.3 公顷，未完善征（转）地补偿手续用地 8.4 公顷（图 9-2）。现状用地以居住用地、工业用地和其他用地为主，其中居住用地面积约 1.9 公顷，工业用地面积为 0.6 公顷，还有 4.2 公顷其他用地（图 9-3）。

图 9-1 下围项目实施范围划定图   图 9-2 下围项目现状土地权属情况

现状建筑物主要为原村民住宅，多建于 20 世纪 90 年代中后期，层数多为 2 ~ 3 层，建筑零乱，配套设施不完善。范围内有永久性建筑物面积约 9818.6 平方米，砖墙铁皮房面积 1515.1 平方米，及其他各类青苗、附着物等。

9.1.2 项目方案解析

（1）根据政策规定和土地权属确定留用土地的最大规模

本项目于 2015 年底启动，因此土地分配方案根据《土地整备利益统筹试点项目管理办法（试行）》（深规土〔2015〕721 号）进行核算。

根据政策规定，规划为公共基础设施的用地应当优先移交政府。其次，留用土地的核算包括三个部分：一是需要腾挪的合法用地在范围内等面积落实或范围外等价值落实，二是需要落实的合法用地指标依规定落实，三是未完善征（转）地补偿手续规划建设用地按照不超过 20% 的比例进行留用。由于本项目用地权属的构成情况为：需腾挪的合法用地面积为 0.3 公顷；需在试点项目范围内落实的非农建设用地和征地返还用地指标为 0.07 公顷；未完善征（转）地补偿手续规划建设用地为 8.4 公顷，所以按照上述规则进行核算，留用土地最大规模不超过 2.04 公顷。

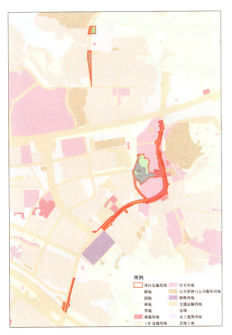

图 9-3　下围项目土地利用现状图

图 9-4　下围项目留用土地选址图

（2）在法定图则的基础上明确选址与用地性质

项目地块所在的《深圳市宝安 401-15&21&T6 号片区 [观澜樟坑径片区] 法定图则》提出，该区域的发展定位为"以行政、文化、科技、研发等功能为主的新区科技文化服务中心和战略新兴产业园区，将依托良好自然生态环境，营造生态与城市功能高度融合的绿色低碳中心城区"。其中，本项目地块的规划功能主要为道路用地、公园绿地和居住用地。在规划指引方面，法定图则提出，"未来将通过土地整备增加配套设施，提升居民的生活环境"。所以，项目地块的规划定位应为高品质的居住生活片区。

在实施范围划定时，已经考虑了社区的发展诉求，将社区期望作为住宅用地开发的地块纳入其中。所以，社区留用土地的选址落实在规划居住地块上，位于五和大道西侧、观盛东路南侧，靠近社区现有的集中居住地。该空间布局既维护了片区功能的完整性，又实现了规划实施和居民诉求的统一（图 9-4）。

此外，结合土地整备实施范围边界及新增建议性支路线位，将留用土地东部的用地性质由四类居住用地（R4）调整为二类居住用地（R2），实现共同开发，以提高社区的居住环境品质（图 9-5）。二类居住用地面积的增加，也将提高留用土地的经济效益，使本项目的实施得到原农村社区更多的支持和配合。由于本项目的留用土地规模不得超过 2.04 公顷，所以结合用地范围调整后，明确留用土地的面积为 1.84 公顷。

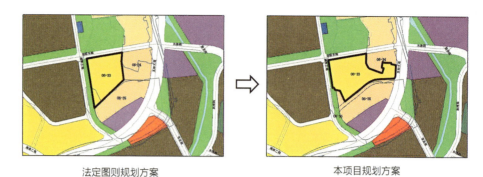

法定图则规划方案　　　　　　　　　　本项目规划方案

图9-5　下围项目留用土地规划方案与法定图则对比图

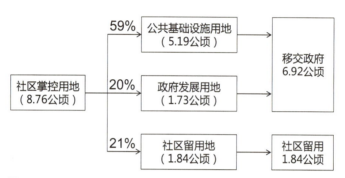

图9-6　下围项目用地分配结果

最终，本项目移交政府用地共6.92公顷，其中公共基础设施用地5.19公顷用于五和大道和平安路的建设，发展用地1.73公顷移交政府进行收储；社区留用土地共1.84公顷，规划为二类居住用地进行开发（图9-6）。

（3）考虑标准规范与社区诉求等确定开发强度

根据在编法定图则，留用土地涉及用地部分规划为二类居住用地，容积率为2.3，部分为现状保留的四类居住用地，容积率未作规定。随着城市的发展和龙华区发展定位的改变，下围社区的区位条件日渐优越，将吸引更多的人口居住，容积率2.3无法满足该片区的发展诉求。同时，考虑深圳日益紧张的土地资源供应和住房供应，容积率2.3无法体现土地集约节约利用的原则。为此，有必要对本项目地块容积率进行重新研究确定。

居民诉求方面，下围社区从说服所有居民参与支持土地整备的角度，希望容积率不低于5.0，用以满足居民的居住和发展诉求。

根据《深圳市城市规划标准与准则》密度分区的中期成果，本项目留用土地所在地块容积率为3.06。但《深圳市城市规划标准与准则》同时规定，在城市重点发展、城

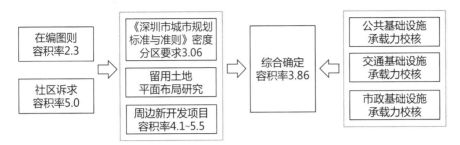

图 9-7　下围项目容积率确定过程

市更新等特定地区，为实现城市综合利益，在满足公共服务设施、交通设施和市政设施等各项服务能力的前提下，具体地块容积率经专题研究后，可在该标准与准则的基础上适当提高。考虑到本项目实施的主要目的是保障五和大道等重要交通基础设施的落地，因此可按要求将地块容积率在测算规则基础上适当提高。经过多轮反复地协商沟通，最终以在编图则容积率、社区诉求容积率为基础，结合《深圳市城市规划标准与准则》密度分区要求、留用土地平面布局研究和参考周边新开发项目容积率，初步确定容积率为3.86，最后再通过环境承载力校核论证该容积率的可行性（图 9-7）。

（4）维护法定图则刚性要求，落实并完善公共配套设施

《[观澜樟坑径片区] 法定图则》规划居住人口规模 7.4 万人，为了维持法定图则的配套设施供需平衡，本项目的公共服务设施规划在法定图则的基础上，按照项目建设不对图则片区产生额外配套的原则，由地块自行承担因建筑规模增加带来的配套需求。

本项目规划居住建筑量为 6.8 万平方米，法定图则中规划居住建筑量为 3.3 万平方米，相对图则新增 3.5 万平方米，按照 30 平方米 / 人的居住标准，项目总居住人口为 2269 人，人口规模将比原法定图则规划人口增加了 1173 人。可见，本项目的建设虽然对区级以上配套设施产生的影响较小，但需要重点完善社区级的配套设施（表 9-1）。

表 9-1　　　　　　　　　　　下围项目规划公共服务设施一览表

设施类别	项目名称	用地面积（平方米）	建筑面积（平方米）	备注
教育设施	幼儿园	2100	2000	6 班 （独立占地）
管理服务设施	社区警务室	—	50	附设
体育设施	社区体育活动场地	1500	—	附设
医疗卫生设施	社区健康服务中心	—	1000	附设

图 9-8　下围项目留用土地公共服务设施规划图

除了落实原法定图则规划的社区警务室、社区体育活动场地、社区健康服务中心外，本项目还考虑到现状周边设施的建设情况，规划新增若干设施。由于地块现状周边500 米仅有宝文民办幼儿园一所，该幼儿园建设情况一般、规模较小，为满足地块及旧村近期幼儿教育需求，规划新增配套一所幼儿园，规模为 6 班。按照《深圳市城市规划标准与准则》要求进行落实，规定幼儿园占地面积不小于 2100 平方米，建筑面积不小于2000 平方米，服务人口为 0.5 万人。地块所有的配套设施将与所在地块的开发建设同步配置，同时投入使用。规划实施后，本项目不仅能满足本身的居住配套，还能为周边提供优质配套服务（图 9-8）。

9.1.3 项目特点——利益统筹试点阶段的示范性项目

下围项目是利益统筹试点阶段首个成功实施的案例，检验了试点政策的可行性，也带动了其他社区参与土地整备的积极性。

利益统筹试点阶段，利益分配政策逐步明晰，下围项目从实施范围划定到核发留用土地批复，率先走过了土地整备利益统筹的全流程，验证了政策设计的合理性与科学性。尤其是土地整备规划研究，下围项目在编制思路、工作内容和技术路线上有较大创新，所以后续的规划技术编制指引即以之为蓝本起草，将个案实践成功地转化为技术通则。此外，下围的实施效率很高，实施效果也立竿见影，形成了很好的示范效应。项目启动后，下围社区积极配合政府开展工作，甚至在留用土地出让合同签订之前，就主动先行将五和大道用地移交政府。截至 2018 年底，下围项目已基本完成实施，五和大道即将建成通

图 9-9　万安堂项目与轨道交通的关系

车，5 年的断头路问题终于得到有效解决。本项目有效保障了重大基础设施的实施，使片区交通条件得到极大改善，同时一揽子解决了下围社区的土地遗留问题，厘清发展障碍，实现社区转型发展，并有效遏制了违法用地和违法建筑的产生，加强了原农村社区的规划实施。在下围项目的示范和带动作用下，许多原农村社区申请纳入利益统筹试点目录。

9.2 万安堂社区土地整备：保障有轨电车通车

　　深圳龙华区观澜街道旧中心区人口密度较大，公共交通服务能力无法满足出行需求。所以，龙华区积极规划修建有轨电车，加强与地铁站点的接驳联系，以期有效缓解交通拥堵问题，同时优化提升龙华区城市交通结构。万安堂社区部分用地分布于规划有轨电车沿线，其土地整备是有轨电车项目落地的重要前提。万安堂项目在策划、实施过程中，通过合理划定实施范围、整合零散地块、腾挪国有储备地等方式，实现了社区和政府的利益平衡，为公共基础设施的落实创造了条件。

9.2.1 项目概况

（1）目的与必要性

　　万安堂社区位于深圳市北部龙华区观湖街道。规划轨道 4 号线延长线沿观澜大道通过，由东向西贯穿观澜街道。规划有轨电车位于平安路上，与规划轨道 4 号线接驳。万安堂社区土地整备项目位于两条规划轨道线的交汇处（图 9-9），距离轨道地铁站约

300 米，区位条件优越，发展潜力大。万安堂项目的首要目的是为了收回部分土地用于有轨电车及平安路的建设，实现有轨电车与地铁轨道 4 号线的接驳，缓解交通拥堵情况。本项目于 2015 年 11 月纳入深圳市首批土地整备试点项目目录，并于 2018 年 10 月审议通过土地整备规划研究。本项目的顺利推进对保障有轨电车平安路段的建设、优化片区交通结构、缓解交通拥堵等方面有重大意义。

（2）项目过程

观湖万安堂土地整备试点项目于 2016 年正式启动，至今共经历三个阶段。其中，实施范围内涉及有轨电车及道路建设用地已于实施方案通过后收回，有轨电车于 2017 年 10 月 28 日进行试运行。

第一阶段：项目启动与方案形成阶段。2016 年 4 月，观湖万安堂社区土地整备项目正式启动，并组织开展了调研、测绘、评估等前期工作。2016 年 6 月，项目组在前期分析的基础上形成了初步方案，与社区、区有关部门进行了多轮沟通，充分了解各利益相关者的诉求。

第二阶段：项目成果完成与公示阶段。2016 年 10 月，实施方案及规划研究经龙华区土地整备工作领导小组第十二次会议审议通过。随后，项目依据审议意见进行修改完善，报区政府常务会进行实施方案审批及规划研究审查，并开展了为期 30 天的规划公示。此外，由于本项目范围部分涉及城市更新单元内容，2017 年 2 月由区分管领导主持召开对观湖万安堂土地整备规划研究专题会议研究。该会议要求龙华区城市更新局按程序将土地整备规划研究报市法定图则委员会进行审批。

第三阶段：规划审批阶段。由于本项目留用土地选址涉及国有储备用地的腾挪，情况较为复杂，所以在公示后又进行了多轮的修改完善。2018 年 10 月，规划研究上报市法定图则委员会，成功通过审议。

（3）实施范围划定

本项目实施范围的划定，首先要保障有轨电车观澜旧中心段和平安路两大交通基础设施的建设用地，将涉及的未完善征（转）地补偿手续用地纳入其中；其次要保障片区功能完整性和项目可实施性，尊重社区发展意愿，结合地籍权属调查情况，将原农村社区希望发展且有条件进行确权的用地包含在内。

经多方协商，最终划定项目实施范围分为四个地块，其中三个较大面积地块分布于平安路上，以观澜大道以南、梅观高速以东及盈丰路以西所围合的区域为主；另有一处零星用地位于项目实施范围北部、沿河路以南的地区。项目实施范围总面积为 27634.9 平方米（图 9-10）。

图 9-10　万安堂项目实施范围图　　　　　图 9-11　万安堂项目土地权属现状图

（4）现状土地利用基本情况

项目实施范围总面积共 2.8 公顷，均为未完善征（转）地补偿手续用地（图 9-11）。现状用地类型为工业用地、林地、发展备用地以及道路用地（图 9-12）。项目范围内大部分区域为空地（图 9-13），已建成区域上主要建筑物为工业厂房，部分作为配套设施的临时用房；周边配套设施较为齐全但规模较小且品质不佳。

9.2.2　项目方案解析

（1）根据政策规定和土地权属确定留用土地的最大规模

由于本项目于 2015 年底启动，且实施范围不足 50000 平方米，所以土地分配方案根据《土地整备利益统筹试点项目管理办法（试行）》（深规土〔2015〕721 号）中的"片区统筹"政策进行核算。根据政策规定，留用土地规划为居住用地、商业服务业用地的，按照不超过试点项目范围的规划建设用地面积的 15% 确定规模；规划为工业用地的，按照不超过 30% 确定。而本项目用地均为未完善征（转）地补偿手续用地，面积为 2.8 公顷，且社区规划意向为居住用地，所以初步匡算留用土地规模上限为 4145.3 平方米。

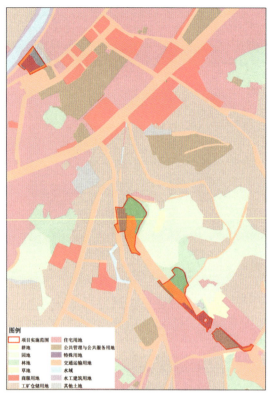

图 9-12　万安堂项目土地利用现状图

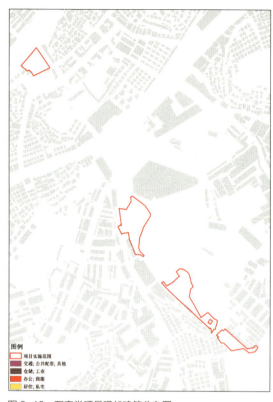

图 9-13　万安堂项目现状建筑分布图

图 9-14　万安堂项目实施范围内规划居住用地分布图

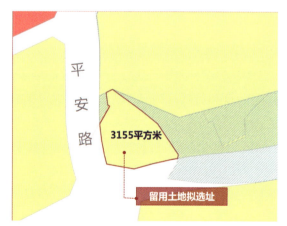

图 9-15　万安堂项目留用土地初步选址意向图

（2）在法定图则的基础上明确选址与用地性质

留用土地的选址应具体结合实施范围内现状情况、已存在的规划条件要求以及社区发展意愿，在实施范围内按照以下三点原则确定范围：①留用土地应在空间上集中成片；②留用土地规划功能与现有规划功能尽可能保持一致；③留用土地选址要体现社区利益主体意愿，并有利于规划实施。

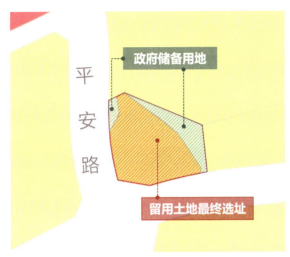

图 9-16 万安堂项目置换储备用地示意图

图 9-17 万安堂项目留用土地范围图

经核实项目所在 [观澜老中心南地区] 与 [观澜老中心北地区] 片区法定图则情况，本次整备实施范围内规划居住用地 5497 平方米（含二类居住用地 3873 平方米和四类居住用地 1624 平方米），在空间上除平安路东侧有一集中地块之外，其他居住用地均分布于平安路两侧，面积较小且形状畸零，无法整合使用（图 9-14）。

因此，结合社区提出的居住功能使用意向，综合考虑留用土地核算规模限制，留用土地选址初步意向位于平安路与景祥路交界处的东北侧，用地面积约 3155 平方米，规划为二类居住用地（图 9-15）。初步选址方案相较留用土地规模上限少了 990 平方米。

按照基本留用土地选取原则，初步选址方案存在三点问题：①从后期开发建设考虑，初步选址留用土地地块形状不规则且地块面积较小，不利于后期规划设计及开发建设；②从全域规划发展统筹考虑，留用土地周边的储备用地面积过小，且形状畸零导致土地使用困难，也不利于政府统一管理；③考虑到初步选址方案规模相较最大规模差距较大，社区诉求未能完全平衡。因此，本项目通过规整置换等方式在初步选址的基础上优化留用土地选址方案，将拟选址周边的 990 平方米零散规划居住用地等面积等功能腾挪周边储备用地，留用土地面积扩大至留用土地面积核算最大值 4145 平方米，优化后留用土地选址范围如图 9-16。

最终，本项目移交政府用地共 24480 平方米，占比 85%，主要用地功能为公共基础设施用地，其中 19235 平方米用地用于有轨电车及平安路的建设；社区留用土地面积 4145 平方米，占比 15%（图 9-17），其中因腾挪而占用国有储备用地 990 平方米，规划为二类居住用地（表 9-2）。

表9-2 万安堂项目土地分配结果一览表

用地类型	面积（平方米）	占项目实施范围比例（%）
移交政府用地	24480	85
社区留用土地	4145	15
项目实施范围用地	27635	100

（3）综合考虑标准规范与社区诉求等因素确定开发强度

本项目留用土地位于《深圳市宝安 BA401-12&13[观澜老中心南地区]法定图则》02-04-02 地块范围内，图则未明确规定该地块的开发容积率。而地块所在的城市更新单元 GX0-02 提出了如下开发要求：该单元内除独立占地的配套设施外的"规划、拆除重建"类地块的规划建筑总量约为 34.53 万平方米，其中居住建筑总量约为 17.67 万平方米，并重点落实社区体育活动场地（02-05）、社会停车场用地（02-06）、公交枢纽站（02-07）等设施。

经核查，更新单元 GX0-02 内除 02-04-02 地块以外，其余居住用地都属于观澜旧村改造规划范围。因此，扣除单元内已批的观澜旧村改造规划居住建筑面积，分配到 02-04-02 地块的居住建筑总量为 32297 平方米，容积率 3.7。按照地块内容积率均匀分配的原则，留用土地的居住建筑总量为 15337 平方米。

考虑到留用土地开发指标还需符合《深圳市城市规划标准与准则》的容积率测算规则，本次留用土地居住功能用地地块的容积率上限在密度分区确定的基准容积率的基础上，根据微观区位影响条件进行修正（表9-3），得出容积率上限为 3.68。

表9-3 万安堂项目留用土地容积率测算要素一览表

用地性质	三区基准容积率	容积率上限	地块规模取值	周边道路取值	地铁站点取值（0～200米，一般站）	修正后容积率
R2	2.8	5.0	-0.06	0.1	0.4	3.68

综上，项目在不突破法定图则更新单元的建筑开发上限，且不超过《深圳市城市规划标准与准则》修正容积率的前提下，留用土地容积率确定为 3.68。

（4）维护法定图则刚性要求，落实并完善公共配套设施

留用土地地块位于观澜老中心区，周边现状公共设施配套较为完善。经核查，片区周边 1000 米范围内教育设施包括观澜中学（含初中和高中）、新园学校（九年一

贯制学校）及观澜中心小学；公园和绿地包括改造地块东南侧的锦山公园和南侧的自然山体；其他配套设施还包括居委会、百货商业点、垃圾收集站、社区警务室以及加油站等。

　　总体上看，现状公共配套设施类别完整、数量较多，片区服务能力较强。同时，留用土地地块开发建筑量严格按照更新单元总量控制予以安排，不新增居住人口。因此，本项目所在地块已有的规划及现状配套设施已基本满足现有的开发建设需求，无需新增配建。综上，本项目规划研究仅建议附设物业服务用房 100 平方米，作为地块独立开发的管理配套设施。

9.2.3　项目特点——整合零散居住用地，实现成片开发

　　土地整备政策的优势，体现在空间上就是整合零散低效用地、实现连片集中开发。万安堂项目充分体现了这一特点。

　　由于深圳快速城市化进程下的二元化发展，原农村社区建设用地往往沿袭村庄原有建设格局，存在建筑密度过高、道路空间狭小等特点，与现代化城市建设要求不匹配。同时，由于历史沿革悠久，原农村社区用地划分情况复杂，用地边界往往呈现不规则状，形成边角地、插花地等难以开发。在规划道路网络的划分下，原农村社区掌控的土地更容易出现犬牙交错的形态，与规划用地边界严重错位，导致规划难以实施。

　　万安堂项目涉及的未完善征（转）地补偿手续用地即呈现规模较小且布局碎片化的状态，散落分布于规划的有轨电车线路上。对于社区来说，这些用地难以统筹开发，而且初步选址方案的规模相较政策上限差距较大，未能与原农村社区达成协议；对于政府来说，零散用地周边的储备用地形状畸零，既难以利用，也不利于政府统一管理。所以，万安堂项目通过腾挪置换的方式，将拟选址周边的 990 平方米零散规划居住用地等面积等功能腾挪至选址方案周边，形成成片成规模的居住用地统一开发，既维护了法定图则在建设规模上的刚性，又创造了空间布局上的弹性。本项目的成功推进，既能推动城市公共基础设施的建设，又能一揽子解决社区的土地历史遗留问题，厘清旧账、消除发展障碍，实现在加快城市建设步伐的同时，也促进原农村社区的转型发展。

9.3　新百丽地块土地整备：推动重大立交工程实施

　　深华快速路—福龙立交工程位于深圳市龙华区大浪街道，是连接龙澜大道与福龙路的重大交通基础设施，其项目征地范围涉及百丽石观工业园厂区，即百丽集团租用元芬社区的用地。此前，由于元芬社区及百丽集团的诉求无法得到满足，项目的推进存在困难。而土地整备政策的引入，成功使项目实现了很大的突破。它的推进将保障市级重大基础

设施落地，为完善龙华区交通网络系统提供支撑，同时妥善解决社区的土地历史遗留问题，推动片区产业的转型升级。

9.3.1 项目概况

（1）目的与必要性

深华快速路—福龙立交工程是龙澜大道南接福龙路的重大交通枢纽，项目建成后龙澜大道将北接深圳市外环高速公路龙华区段，南通南山区。作为 2015 年深圳市政府确定的 3 年内打通 129 条断头路工程之一，本项目推进速度较为缓慢，2018 年又列入年度重大项目予以督办，其建设迫在眉睫。根据市、区有关工作部署，龙华区政府积极组织大浪街道办开展深华快速路—福龙立交工程的征地拆迁补偿工作。

深华快速路—福龙立交工程的征地范围主要涉及百丽集团租用元芬社区未完善征（转）地补偿手续用地建设的石观鞋业生产基地。元芬社区原则上同意征地工作，但要求按照土地整备政策给予一定的留用土地，以实现社区旧工业区的升级改造。为妥善解决社区的补偿事宜，同时保障市级重大基础设施项目用地，以《土地整备利益统筹试点项目管理办法（试行）》（深规土〔2015〕721 号）实施为契机，龙华区积极动员元芬社区通过土地整备方式将以上问题捆绑解决，将道路立交用地与百丽石观鞋业生产基地升级改造打包处理，以解决公共基础设施落地难题，同时实现百丽厂区的升级改造。2017 年 12 月新百丽厂区用地纳入土地整备试点项目。

（2）项目过程

项目过程共分为三个阶段，历时一年半。分别为：

第一阶段：项目启动与沟通协商阶段。2017 年 6—10 月，进行项目前期调研，包括现场调研、收集资料、上层次规划分析等。2017 年 11 月，在现状分析的基础上形成初步规划方案，并就此方案与龙华区相关部门、大浪街道以及元芬社区进行初步沟通。

第二阶段：项目成果与公示阶段。龙华区于 2017 年 11 月申请将本项目涉及用地纳入土地整备试点项目。同年 12 月，市政府同意将上述地块纳入土地整备试点项目，项目名称为新百丽厂区用地土地整备试点项目。在各方达成一致意见后，形成中期成果，与土地整备实施方案一并报区土地整备工作领导小组审议，并公开征集公众意见。

第三阶段：项目审批与实施阶段。2018 年 4—10 月，根据相关部门及公众意见进行了多轮修改，形成最终成果，并将相关研究成果纳入土地整备实施方案报法定图则委员会审批。2018 年 12 月，规划研究方案通过图则委预审会审议。2019 年 1 月，土地整备规划研究通过图则委审批。

图 9-18 新百丽项目实施范围图

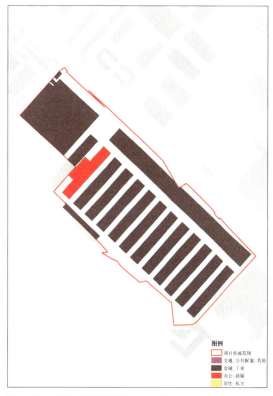

图 9-19 新百丽项目现状建筑分布图

（3）实施范围划定

项目实施范围的划定主要基于几方面的考虑，一是公共利益项目的需求。结合深华快速路—福龙立交工程的用地红线，将立交建设需要征收的原农村社区土地纳入土地整备范围，解决项目用地问题。二是原农村社区的发展诉求。根据现状调研结果，项目范围涉及百丽集团租用元芬社区未完善征（转）地补偿手续用地建设的石观生产基地。元芬社区希望获得一定的留用土地，以实现石观旧工业区的升级改造。综合考虑政府落实重大交通基础设施的意图和原农村社区确权发展、转型升级的愿望，经多方协商、反复沟通，划定实施范围 77899 平方米（图 9-18）。

（4）基本情况

项目范围内为元芬社区引进的龙华区龙头企业百丽集团的石观生产基地。现状以工业建筑为主（图 9-19），共 24 栋，总建筑面积为 56921 平方米。项目周边建筑以工业厂房为主，多为 20 世纪 90 年代后期建设，建筑档次低，建筑质量一般，缺乏统一的规

图 9-20　新百丽项目用地调整示意图　　　　图 9-21　新百丽项目留用土地选址意向示意图

划设计。道路交通等基础设施不成系统，缺乏绿地和公共活动空间。物业出租是元芬社区经济收入的主要来源，包括厂房和房屋出租。

9.3.2　项目方案解析

（1）根据政策规定和土地权属确定留用土地选址与面积

本项目于 2017 年 6 月启动，因此土地分配方案根据《土地整备利益统筹试点项目管理办法（试行）》（深规土〔2015〕721 号）予以确定。

根据政策规定，由于本项目位于同一社区范围内，且集中成片的未完善征（转）地补偿手续规划建设用地面积为 77899 平方米，超过 50000 平方米，所以属于整村统筹类土地整备项目。留用土地的选址，原则上应该安排在试点项目范围内，且位于有条件集中成片的地区。考虑元芬社区及百丽集团的意愿，留用土地拟选址于规划工业用地上，按照整村统筹项目的核算标准，可按照不超过规划建设用地总面积的 20% 确定留用土地规模，即不得超过 15579.8 平方米。按照生效法定图则，实施范围内大部分用地被规划的立交桥用地占用，南侧用地已明确作为医院用地，仅北侧绿地、政府社团用地及加油加气站用地有落实留用土地选址的可能性。经与社区协商，社区也基本认同将项目北侧用地作为留用土地选址。

按照"公共设施用地总量不减少、性质不改变、布局更优化"的原则，规划将原法定图则北侧的公园绿地、加油加气站用地和公共管理与公共服务设施用地调整至项目南部地块（图 9-20），并保证用地面积不减少。调整后的加油加气站符合与医院的安全距离要求，也符合半径规范。同时，为满足医院的交通需求，在医院南部与防护绿地之间规划新增一条建议性支路（图 9-21）。

　　用地调整后，本项目的土地分配结果为，移交政府土地规模为 62820 平方米，用于福龙立交工程及医院的建设，社区留用土地规模为 15079 平方米，用于百丽集团产业用地的转型升级（表 9-4）。

表 9-4　　　　　　　　　　　　　　　新百丽项目土地分配结果

用地类型	面积（平方米）	占项目实施范围比例（%）
移交政府用地	62820	81
社区留用土地	15079	19
项目实施范围用地	77899	100

（2）根据上位规划和相关政策调整用地性质

　　项目所在地的《深圳市宝安 402-02&03 号片区 [大浪西南地区] 法定图则》提出，该片区的主导功能是"集先进工业、居住生活、商贸服务为一体的综合片区"，并提出"通过城市更新，优化地区功能结构，完善公共设施，完善地区道路交通体系，提高片区生活环境品质"。本项目留用土地拟选址地块靠近《龙华新区综合发展规划（2012—2020）》确定的"大浪时尚创意城"。"大浪时尚创意城"作为龙华区四大战略性新兴产业基地之一，其产业发展方向为服装生产设计、品牌研发、电子信息、专业设备制造等高新技术产业。因此本项目留用土地可考虑以新型产业形态为主导发展方向。

　　根据法定图则，留用土地及其周边规划基本为现状保留工业用地（M）。根据《深圳市城市规划标准与准则》，工业用地（M）分为普通工业用地（M1）和新型产业用地（M0）。所以在用地功能的细化管理上，需要进一步明确。在政策要求上，《关于支持新产业新业态发展促进大众创业万众创新用地的意见》（国土资规〔2015〕5 号）明确优先安排新产业发展用地；《深圳市创新型产业用房管理办法》（深府办〔2016〕3 号）明确支持创新型产业发展；在规划要求上，法定图则从片区发展目标与定位强调促进产业升级、发展先进工业，通过改造优化片区整体产业环境，提高片区生活环境品质。在改造诉求上，现状土地利用率低、建筑质量较差、公共开放空间匮乏，不能满足产业转型升级的要求。同时土地原承租人百丽公司希望继续续租，并将此留用土地作为企业研发总部新址，建设研发用房，主要从事新兴产业发展，符合《深圳市城市规划标准与准则》中"新型产业用地（M0）"的标准。因此，综合考虑多个因素，将项目留用土地用地性质确定为新型产业用地（M0）。

（3）根据相关政策确定留用土地开发强度

由于规划用地功能已作调整，所以原法定图则的容积率要求不能作为本次留用土地规划的参考，应该根据新型产业用地（M0）的有关要求予以确定。根据《深圳市城市规划标准与准则》要求，新型产业用地的容积率应为 3.0 ~ 6.0 之间。

根据《土地整备留用土地规划研究审查技术指引（试行）》（深规土〔2016〕65号），留用土地规划建筑面积由基础建筑面积和转移建筑面积两部分构成。基础建筑面积为留用土地面积 × 基准容积率（新型产业用地基准容积率为 4.5）。转移建筑面积为留用土地不足规模上限部分的建筑面积。基础建筑面积加转移建筑面积之和为留用土地建筑面积的上限值。

基础建筑面积 = 留用土地面积 × 地块基准容积率 = 15079 × 4.5 = 67856 平方米

转移建筑面积 =（S 实际移交 − S 基准移交）× 地块基准容积率 × 50%

=（15580 − 15079）× 4.5 × 50% = 1127 平方米

总建筑面积 = 基础建筑面积 + 转移建筑面积 = 68983 平方米

因此，留用土地总建筑量不超过 68983 平方米，容积率不超过 4.57。同时由于本项目靠近立交枢纽，所以对于交通基础承载力、市政基础设施承载力的校核十分重要。最后，综合考虑各项因素，确定留用土地的容积率为 4.55。

9.3.3 项目特点——用地腾挪，兼顾存量规划的刚性与弹性

土地整备规划研究，是针对存量用地开发创新的规划类型。相比法定图则，它既体现了对规划刚性内容的保障和落实，又体现了适应存量发展实际的规划弹性。

一般来说，土地整备规划研究在用地布局及用地性质等强制性内容上要严格按照法定图则落实，维护法定规划的权威性与严肃性。但在实践过程中，受限于项目区位、规划范围划定等原因，少量规划研究会对法定图则强制性内容作出修改。新百丽地块项目的规划研究，就是其中一种情形。由于项目范围内难以找到成片成规模的经营性用地用以平衡诉求，新百丽地块项目将部分用地与周边地块进行腾挪，并坚持"公共设施用地总量不减少、性质不改变、布局更优化"的原则，尽量降低对法定图则的冲击。用地调整后，将加油加气站及其防护绿地腾挪至项目实施范围东侧，置换成为成片工业用地。加油加气站的规模不减少，布局也满足防护距离及服务半径的要求。

新百丽地块项目虽然是一个成功推进的例子，但若每个项目都予以微调，在缺乏中

观层面统筹机制的情况下，容易造成"点状突破""布局不平衡"等问题。所以，在《深圳市土地整备利益统筹项目管理办法（深规土〔2018〕6号）》的政策设计中，吸收了利益统筹试点阶段的实践经验，放松对于用地指标核算与留用土地安排在于同一项目实施范围内的限制，提高土地整备规划研究的弹性。在新的政策要求下，项目范围外的合法指标包括其他土地整备项目的留用土地未落实指标，均可以调入用以留用土地规模的核算；本项目范围内无法安排留用土地的，也可以与其他土地整备或城市更新项目统筹处理。新的政策打破了土地权属指标在空间上的限制，进一步促进了土地、规划手段的融合，是存量土地开发制度上的重要设计。

第 10 章 产业统筹类土地整备项目

　　产业统筹类土地整备项目主要指以促进产业升级为目的，以工业、仓储等产业类用地为主要收储对象，通过利益统筹的手段一揽子解决社区土地历史遗留问题，完成整备范围内土地确权的一类土地整备项目。目前该类土地整备项目占深圳市利益统筹项目不足两成，然而深圳市作为粤港澳大湾区的核心引擎，全市将在加快世界级先进制造业发展、培育壮大战略性新兴产业等方面全面发力。而提供集中成片的产业空间是实现这一宏伟蓝图的基础，所以产业统筹类项目将成为未来一段时期土地整备工作的重点。

　　本章选取的三个案例分别从不同方面体现了土地整备利益统筹在拓展产业空间发展方面的优势。坪西社区土地整备项目以国际低碳城的开发建设为背景，本着"政府与社区算大账"的原则，在较大的区域范围内，将现状复杂的土地权益进行整合再分配，推动了市级重大产业项目及城市基础设施的落地。塘下涌社区土地整备项目以整备为契机，盘活了现状尚未实现法定图则覆盖的城市建设用地，土地和规划的双管齐下实现了政府对产业用地的收储。桂花社区土地整备项目以土地整备的模式升级改造旧工业区，同时兼顾公共基础设施的落地实施。

第 10 章　产业统筹类土地整备项目

10.1 坪西社区土地整备：支撑重大新兴产业园区发展 [1]

深圳国际低碳城是中欧合作的绿色新兴产业园区，是深圳龙岗区的重要经济增长点之一。但国际低碳城的拓展区土地收储工作进展较为缓慢，影响了产业园区的用地保障。坪西社区土地整备项目的推进，将实现社区内零散低效用地的整理重划，形成连片的产业用地移交政府收储，为国际低碳城的产业引进提供支撑，也将为坪西社区提供权属完整清晰的留用土地，纳入国际低碳城的发展建设当中，促进坪西社区的转型发展。

10.1.1 项目概况

（1）目的与必要性

坪西社区土地整备项目位于深圳国际低碳城拓展区。深圳国际低碳城是中欧合作的绿色产业园区，位于深圳市龙岗区坪地街道，地处深圳、东莞、惠州三市交界处，距离深圳主城区约 40 公里，距离龙岗中心城约 6 公里，处于深圳向东拓展的战略通道上。本项目位于国际低碳城的西南部，属于未来的拓展区域，地块内部有 3 条轨道线横穿，其中深圳地铁 3 号线延长线正在建设过程中，深惠城际线和深圳地铁 21 号线正处于规划阶段。所以，坪西社区的土地整备既能形成连片的产业用地，为国际低碳城的产业引进提供支撑，又能推动地铁线路的实施，提高龙岗区的公共交通覆盖率。

2009 年，坪地街道开始筹办国际低碳城的高桥产业园区征地拆迁工作，但因无法满足社区提出的诉求，项目整体推进缓慢。部分土地和建筑虽然已经签约，但仍然未完成土地入库手续，政府每年都要支付一笔过渡期安置费，项目的推进陷入僵局。2015 年，随着《土地整备利益统筹试点项目管理办法》（深规土〔2015〕721 号）的出台，土地整备政策逐渐清晰，所以龙岗区政府着力推动本项目的开展，坪西社区也逐渐从其他项

1　本节案例参考深圳市龙岗区坪地街道办事处、龙岗区土地整备中心、龙岗区规划国土发展研究中心编制的《国际低碳城坪西片区土地整备利益统筹首期实施方案》等资料进行整理分析。

目的经验中意识到土地整备政策的优越性，积极参与到项目的推进之中。因此，本项目的实施能够进一步促进城市规划的落实、拓展城市产业空间、优化产业结构和布局，为深圳实业的持续壮大提供保障。

（2）项目过程

坪西社区土地整备项目采用"分清权属、分类处置、分步实施、分期报批"的工作思路，综合考虑整备范围大、土地权属复杂、土地征收协议签约进度不一等客观情况，在整备实施过程中采取"成熟一片、开发一片"的策略，分为两期进行推进。从土地整备项目启动到首期留用土地方案经审议通过，历时两年多，主要过程如下：

第一阶段：项目启动与实施方案编制阶段。2015年，坪西社区土地整备项目纳入土地整备试点名录。随后，项目开展了实施方案编制等研究工作。2016年1月，实施方案提交区政府审议并原则通过。同年5—6月，龙岗区政府与坪西社区基本达成留用土地方案的共识，实施方案通过了坪西社区股东代表大会和龙岗区土地整备专项指挥部会议审议。同年7月，实施方案上报至市土地整备局，并根据市土地整备局意见进行修改后重新报审。

第二阶段：实施方案深化及审批阶段。2016年11月，深圳开展了"强区放权"改革，将部分土地整备方案审批权下放调整至区政府。所以实施方案根据龙岗区新的工作流程要求进行了进一步完善，并按程序报区政府审议。目前，实施方案已于2017年4月经区政府审议通过，首批18公顷的留用土地方案也于2018年12月经区政府审议通过。

（3）实施范围划定

坪西社区涉及国际低碳城范围的土地规模约252.15公顷。在此基础上，将不可建设的生态控制线内用地及权属清晰的合法用地剔除，实施范围划定为205.25公顷（图10-1）。

由于本项目范围较大，所以按照"成熟一片、开发一片"的思路进行分期实施。首期主要考虑坪西社区的发展诉求，将未完善征（转）地补偿手续用地等历史遗留问题用地划入整备范围内，并划入一定比例的规划居住用地用以建设安置房，以推动后期原村民私宅的签约工作。同时，考虑国际低碳城的建设要求，将一部分工业用地划入范围内，实现产业片区的整体开发。经过反复协商，将公共基础设施用地与经营性土地进行"肥瘦搭配"，为实现各相关主体的利益平衡打下基础，最终确定首期实施范围为105.45公顷（图10-2）。

（4）现状土地利用基本情况

首期项目实施范围总面积为105.45公顷，其中原农村社区掌控的土地面积为83.75公顷，其他企业、个人掌控的私人厂房占地约21.70公顷（图10-3）。现状建筑面积约46.89万平方米（图10-4），毛容积率为0.44，整体开发强度较低，土地资源使用低效。

图 10-1　坪西项目实施范围

图 10-2　坪西项目首期实施范围

图 10-3　坪西项目首期土地权属现状图

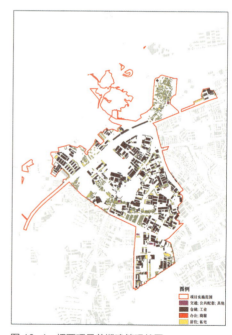

图 10-4　坪西项目首期建筑现状图

其中，原农村社区掌控的 83.75 公顷土地上，总建筑量约 29.86 万平方米，毛容积率约 0.98（不含空地）；其他企业、个人掌控的厂房建筑面积约 17.01 万平方米。

由于用地权属核查时项目实施范围尚未最终确定，所以用地权属统计范围为 84.11 公顷。但该统计范围不影响留用土地规模的核算，所以经与社区协商同意后，为了节约项目成本，首期的权属核查范围明确以 84.11 公顷为准。其中需腾挪的合法用地指标为 17.67 公顷，需落实的非农建设用地指标为 2.15 公顷，其他未完善征（转）地补偿手续规划建设用地面积为 84.11 公顷，具体情况见表 10-1。

10.1.2　项目方案解析

由于本项目范围内集中成片的未完善征（转）地补偿手续规划建设用地面积不小于 50000 平方米，所以本项目可按照《土地整备利益统筹试点项目管理办法（试行）》（深规土〔2015〕721 号）中规定的"整村统筹"模式实施。而其他企业、个人掌控的 21.70 公顷用地不纳入利益统筹政策范围，通过房屋征收政策进行处理，仅在项目管理上与坪西社区掌控用地一起实施，本书对该部分用地的处理不做过多的阐述。

表 10-1　　　　　　　　　　坪西项目土地权属现状统计表

权属类型	面积（公顷）
已完善征转地补偿手续用地（不需腾挪）	6.39
需腾挪的合法用地指标	17.67
需落实的非农建设用地指标	2.15
其他未完善征（转）地补偿手续规划建设用地	57.89
总计	84.11

（1）根据政策规定和土地权属确定留用土地的最大规模

根据"整村统筹"模式，坪西项目的留用土地核算包括三个部分：一是需要腾挪的合法用地在范围内等面积落实或范围外等价值落实，二是需要落实的合法用地指标依规定落实，三是未完善征（转）地补偿手续规划建设用地按照不超过 20% 的比例进行留用。

根据现状土地权属进行核算，本项目的留用土地最大规模不超过 31.40 公顷（表 10-2）。

表 10-2　　　　　　　　　　坪西项目土地权属现状统计表

权属类型	现状面积（公顷）	计算标准（%）	留用土地规模上限（公顷）
需腾挪的合法用地指标	17.67	100	17.67
需落实的非农建设用地指标	2.15	100	2.15
未完善征（转）地补偿手续规划建设用地	57.89	20	11.58
总计			31.40

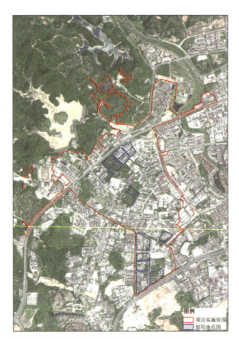

图 10-5　坪西项目首期留用土地范围图　　　　图 10-6　坪西项目首期留用土地规划方案图

（2）以连片开发、产城融合为原则明确选址与用地性质

坪西项目所在地的主要上层次规划依据为《深圳市坪地国际低碳城拓展区控制性详细规划》。该规划以规划单元的形式控制了各单元的建筑总量与主导功能，实施范围北部的主导功能以新兴产业、普通工业为主，南部的主导功能是二类居住用地。

综合考虑了坪西社区进行产业转型升级、拆迁居民安置、公共配套提升等要求，将原本分散、畸零、不规则的原农村社区土地整合成三片集中连片的留用土地（图 10-5），具体落实在规划的 15 个地块中（图 10-6），并同时包含了工业、居住功能，实现留用土地功能的职住平衡。其中，工业用地位于项目北部片区，包括 01-09 地块，居住用地及公共基础设施用地位于项目南部片区，包括 10-15 地块。

留用土地的用地性质虽然以《深圳市坪地国际低碳城拓展区控制性详细规划》为基础确定，但考虑了交通条件、地块连片开发等因素，对部分用地性质进行微调。居住用地方面，考虑到 11、12 地块在轨道 3 号线延长线坪西路站 300 米辐射范围内，用地的商业价值更高，所以本次规划将原 14、15 地块的二类居住 + 商业功能与原 11、12 地块的二类居住功能进行对调，优化功能布局，提升片区整体经济效益。工业用地方面，将 03 地块的新型产业用地与 08、09 地块的一类工业用地进行功能对调，使调整后新型产业用地更加集中成片，而且紧邻片区的商业服务中心、轨道站点和交通枢纽，区位更好，更有利于片区绿色新兴产业的发展。

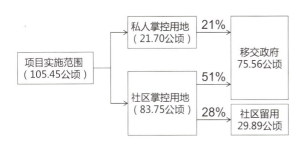

图 10-7　坪西项目土地分配情况图

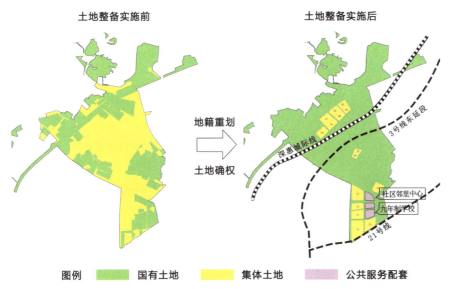

图 10-8　坪西项目土地整备实施后土地产权结构变化示意图

最后，通过留用土地选址与规划功能调整，首期实施范围内的土地分配情况为：社区留用土地约 29.89 公顷，移交政府用地约 75.56 公顷，社区土地贡献率约为 72%（图 10-7）。坪西项目首期范围内的土地也从权属不清、犬牙交错转变为权属清晰、连片有序（图 10-8）。

（3）按照规划要求确定开发强度

由于《深圳市坪地国际低碳城拓展区控制性详细规划》控制了各单元的建筑总量，所以各规划单元内总建筑规模不得超过规划总量上限。本项目的留用土地涉及 4 个规划控制单元，经过多方案比对测算，将总建筑规模控制在 172 万平方米以内。其中，居住用地主要位于规划的 DY16、DY19 单元，总居住建筑量为 60.47 万平方米，商业配套建筑面积 8.5 万平方米，均未超过所在单元的控制总量；工业用地主要位于 DY11、DY12、DY15 单元，总建筑量为 52.86 万平方米，也未超过所在单元的控制总量。同时，根据原村民住宅、原农村集体厂房的安置要求，将满足一定建筑规模的居住用地及工业

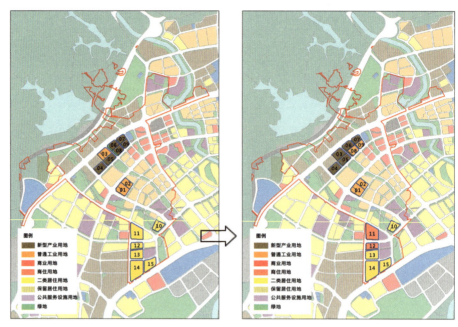

图 10-9　坪西项目留用土地方案与控规对比图

用地划为安置用地，其中厂房安置包括01-05地块，住房安置包括11-13地块，其余部分则作为社区可开发经营用地（图10-9）。

　　综上，首期留用土地用地面积共计约29.89公顷，规划总建筑面积约121.83万平方米，平均容积率约4.1（表10-3）。其中，工业用地面积约14.00公顷，建筑面积约52.86万平方米，平均容积率3.8；居住用地面积15.89公顷，建筑面积约68.97万平方米，平均容积率约4.3。

表10-3　　　　　　　　　　坪西项目首期留用土地规划指标统计表

类别	用途	留用土地块号	用地面积（公顷）	建筑面积（万平方米）	容积率
工业功能	厂房安置	01、02、03、04、05地块	8.94	34.86	3.9
	留用发展	06、07、08、09地块	5.06	18.00	3.6
	小计		14.00	52.86	3.8
居住功能	私宅安置	11、12、13地块	7.25	39.60	5.5
	留用发展	10、14、15地块	8.64	29.37	3.4
	小计		15.89	68.97	4.3
总计			29.89	121.83	4.1

（4）落实并完善公共配套设施

由于留用土地范围较大，涉及的公共配套设施落实内容较为复杂，本书仅对片区级的教育设施和文体设施的调整进行阐述。

首先，由于原规划的小学学位未满足需求，且服务范围未完全覆盖南侧的居住功能留用土地，所以规划将学校用地以北相邻地块调整为教育用地，与原 24 班初中用地一起扩建为九年一贯制学校。调整后，九年一贯制学校用地规模符合《深圳市城市规划标准与准则》要求，可新增建设 30 班小学，满足原规划存在的 26 班小学的缺口需求。此外，为给该片区未来的学位预留可调整空间，根据龙岗区教育局的意见，该方案对教育设施用地不作规模的限定，仅规定为"九年制学校"，并明确初中班级数不少于 24 班的要求，为后续教育设施的专项规划研究提供有效的引导。

其次，围绕南部的居住用地，探索建设邻里中心的要求，规划在居住安置区设置一处文体设施用地，以邻里中心（集文化、体育、卫生、配套等于一体的"居住区服务中心"）的形式，建设服务于该片区的文化、娱乐及体育设施。经与社区协商，规划将原留用土地初步选址地块划分成两部分，即 11 地块及其东侧的地块，11 地块作为社区留用土地发展居住功能，其东侧地块贡献给政府用于文体设施的建设，用地功能从二类居住用地调整为文体设施用地，用地面积约 1.14 公顷，旨在为居民提供日常文化活动的场地。

综上，本项目的留用土地规划方案基本按照《深圳市坪地国际低碳城拓展区控制性详细规划》予以落实，仅为了地块功能完整性等，将各位地块的用地性质进行微调，提升了整体用地的经济效益，为居民提供了教育、生活等全方位的便利服务。

（5）创新资金平衡方式，降低拆迁安置成本

由于本项目的拆迁量较大，为了降低拆迁安置成本，创新了在项目实施范围内进行资金平衡的方式，促进项目的顺利实施。

除了土地整备资金外，经营性留用土地的经营所得将取出一部分作为拆迁补偿资金提供给安置地块。具体的 01、03、04、05 地块用于集体厂房安置，其资金来源于社区整备资金和 11、12、13 地块提供的资金；02 地块用于平衡原集体普通工业厂房建设资金缺口和普通工业用房调整为新型产业用房之后增加的建造成本；11、12、13 地块通过设置条件、公开竞争的方式，提供集体厂房的建设资金，并提供一定数量的住宅安置房。

10.1.3　项目特点——探索分期实施推动新兴产业园区落地

坪西项目规模较大，实施范围约 205 公顷，现状建设用地布局分散，权属关系也较为复杂。所以项目实施采取了"成熟一片、开发一片"的策略分期进行，取得了较好的效果，也为后续项目积累了分期实施的经验。

坪西项目分期的主要依据是土地拆迁补偿协议的签订情况以及公益与经营性用地的"肥瘦搭配"情况。拆迁谈判，通常是存量用地开发项目中耗时最长的环节。如若有执意抬高补偿条件的"钉子户"，拆迁谈判过程将会停滞很长的时间。在土地整备政策实施以前，坪西项目推进缓慢，政府每年都要对部分已签约的土地和建筑支付一笔过渡期安置费，产生了项目运行的额外成本。所以，引入土地整备模式后，政府将协议签订率较高的片区划入首期实施范围，既保证了项目的顺利推进，又为后期项目的实施产生了示范效应。首期实施范围的划定还考虑到用地的规划性质，包含了居住、商业等经营性用地及创新型产业用房，保证首期有足够的收益以平衡各相关主体的利益诉求。此外，首期范围还将主要的道路用地纳入其中，搭建起项目地块的道路骨架，使首期的各块用地能尽快地投入使用，也保证后续项目的开发在现有的道路框架下进行，能够更好地落实规划要求。"统一布局、合理谋划"的用地规划，将推动坪西社区的零散低效用地进行成片高效地开发，吸引优质产业进驻，推动社区经济的转型发展。

10.2 塘下涌地块土地整备：盘活空置用地拓展产业空间

深圳宝安区塘下涌社区内有 4 公顷的空置用地，现状基本以建筑材料堆场和荒地为主。该地块及其周边用地在 2013 年调出基本生态控制线，所以存在法定图则未覆盖的情况。在寸土寸金的深圳，如何让这块土地实现高效开发，是政府和原农村社区共同想解决的问题。通过土地整备，塘下涌地块项目得以通过规划研究确定用地功能、开发规模等，并在政府与社区之间进行合理的利益划分，使规划滞后的用地得以开发利用。

10.2.1 项目概况

（1）目的与必要性

本项目位于宝安区燕罗街道塘下涌社区，西临塘下涌第二工业区，北临老虎坑生态环境园，东临茅洲河休闲景观带，所在片区处于深圳市的西北门户，是港、深、莞走廊的重要组成部分。

塘下涌地块土地整备项目的首要目的是为了加快拓展产业空间。2018 年，宝安区将塘下涌社区未完善征(转)地补偿手续用地地块作为年度较大面积产业空间整备项目上报，塘下涌社区也对这项任务给予支持。其次，根据宝安区《医院建设项目工作推进会议纪要》，中医院（集团）第二医院选址地块有 1667 平方米沿街用地位于塘下涌社区未完善征（转）地补偿手续用地地块上。为保证医院用地地块的完整性，同时解决社区土地历史遗留问题，有必要推动塘下涌地块土地整备项目的实施。

综上，本项目既能提供产业用地及医院用地，又能促进空置低效用地的盘活，其实施有利于政府和社区的互利共赢。

（2）项目过程

塘下涌项目被宝安区列为 2018 年重大产业空间整备的任务之一，且现状权属较为简单，所以项目的推进速度较快，共分为三个阶段：

第一阶段：项目可行性研究阶段。2018 年 4 月，街道办协同塘下涌社区提交了项目申请，随后开展了项目可行性研究。同年 5 月，宝安区政府召开土地整备工作会议，议定本项目具备可行性。

第二阶段：项目成果编制与实施方案审批阶段。2018 年 6—9 月，项目开展专项规划研究工作，同步编制项目实施方案，并向宝安区相关部门征求意见。同年 12 月，宝安区征地拆迁及土地整备指挥部 2018 年第十三次会议审议同意塘下涌地块土地整备利益统筹项目实施方案（含规划方案），并要求按照相关规定程序进行报批。

第三阶段：规划成果审批与实施阶段。规划研究成果向市规划和自然资源局征求意见。截至 2019 年 4 月，规划研究成果已按照意见修改完善报市土地整备局预审会。预审会后将进行土地整备规划研究公示，并最终报市图则委审议。

（3）实施范围划定

塘下涌地块项目需要解决闲散用地利用效率低下、历史遗留问题处理、规划选址项目落地、社区经济持续发展等问题，因此首先把社区实际掌控的未完善征（转）地补偿手续空地纳入实施范围。同时，为了一揽子解决城市边角地的土地历史遗留问题，将涉及中医院（集团）第二医院新建工程项目用地也纳入项目实施范围。2018 年 4 月，经塘下涌社区申请，街道办初步核查，正式向区土地整备局申报了空置用地（4.45 公顷）和医院项目未征转用地（0.16 公顷）两个地块共 4.61 公顷纳入土地整备项目实施范围（图 10-10）。

经过土地整备局的实地测绘和用地权属核查，扣除了范围内的已征转用地和因道路建设已部分给予货币补偿的用地，最终确定的实施范围面积共 43798.79 平方米，分为两个地块，其中北部地块为空置用地，面积 43121.31 平方米，南布地块为医院项目未征转用地，面积 1667.48 平方米。空间范围如图 10-11 所示。

（4）现状土地利用基本情况

本项目实施范围总面积共 43798.79 平方米，根据《市规划国土委宝安管理局关于塘下涌社区地块地籍情况的复函》（深规土宝函〔2018〕209 号）及其附件图形，用地全部为未完善征（转）地补偿手续用地。现状用地以农林用地、城市道路用地为主，其中农林用地面积约 3 公顷，城市道路用地面积约 1.2 公顷，还有 0.2 公顷的居住用地（图 10-12）。项目范围内现状无永久性建筑，但存在临时租赁的公交场站等设施（图 10-13）。

图 10-10　塘下涌项目实施范围图

图 10-11　塘下涌项目现状土地权属情况

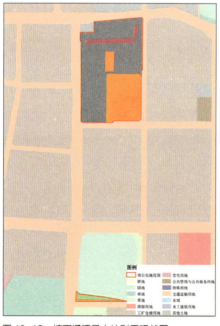

图 10-12　塘下涌项目土地利用现状图

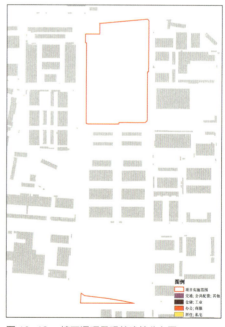

图 10-13　塘下涌项目现状建筑分布图

10.2.2　项目方案解析

　　本项目用地在 2013 年之前位于基本生态控制线范围内，虽然现已调出，但尚未有法定图则覆盖，项目范围内的用地性质、用地规模、规划指标和配套设施等尚未明确。

根据《深圳市土地整备利益统筹项目管理办法》（深规土规〔2018〕6 号），留用土地的安排涉及未制定法定图则的地区，或者需要对法定图则强制性内容进行调整的，必须开展规划研究，规划研究成果纳入土地整备项目实施方案。

（1）以区域层面的空间结构为基础明确用地性质

以项目实施范围及其周边同时调出基本生态控制线的用地共 51.55 公顷作为研究区域，在尊重现状土地利用功能，延续城市空间发展脉络，符合未来发展愿景的原则下，分析片区未来的功能定位和空间结构。

从现状用地情况来看，研究区域以工业建成区为主，周边均为普通工业（M1）类用地，区域内道路系统基本成形。参考《深圳市工业布局研究与规划》和《宝安区工业布局研究与规划》，项目范围及其周边为需提升改造的工业区；从交通区位来说，塘下涌地块位于北环路货运主干道南侧，适宜发展工业；从已批规划来看，本项目位于宝安区的产业功能区，周边地块法定图则于 2013 年通过审批。图则地区主要分为三片，与本项目研究范围相邻的北部片区定位为塘下涌社区产业片区及门户节点片区，中部片区定位为塘下涌社区居住片区及综合配套区（图 10-14）。

综上所述，结合空间发展脉络和相关规划意图，研究区域的功能定位应为生态友好、产城并重的创新示范新城区，可划分为南北两大主导功能区，分别为北片智能制造产业区和南片综合配套区。此外，2019 年 1 月，市政府同意了宝安区政府关于工业区块线的调整申请，将塘下涌地块调入一级区块线内，所以本项目地块的用地功能得到了进一步的明确。最终，整备项目的南部地块位于智能制造产业区，功能确定为普通工业用地（M1），北部地块位于医院项目范围线内，功能确定为公共基础设施用地。

表 10-4　　　　　　　　　　利益共享用地核算比例

现状容积率	核算比例
0	≤ 20%
0 < 现状容积率 ≤ 1.5	≤ 20% + 20% × 现状容积率
现状容积率 > 1.5	≤ 50%

（2）根据政策规定和土地权属确定留用土地的规模和选址

本项目于 2018 年编制规划研究，根据《深圳市土地整备利益统筹项目管理办法》（深规土规〔2018〕6 号），留用土地应优先在本项目范围内安排，进而按照利益共享用地、项目范围内已批合法用地、项目范围外调入合法指标的顺序落实。

塘下涌项目范围内全部为未完善征（转）地补偿手续用地，无已批合法用地及项目外调入合法指标，所以留用土地指标全部为利益共享用地，核算规则见表 10-4。

图 10-14 塘下涌项目周边法定图则空间结构图与研究
范围的关系

图 10-15 塘下涌项目土地分配结果图

经核算后，本项目用地将分为政府储备用地和社区留用土地两部分，其中社区留用土地 13140 平方米，其余 30659 平方米用地移交政府储备。

留用土地的选址结合项目周边用地权属情况和地块分割现状确定。由于项目北部地块的西北角为政府储备用地，为保证同一权属用地的集中成片，经与社区协商，确定政府储备用地位于北部地块的北侧及南部地块，留用土地位于北部地块南侧（图 10-15）。

（3）考虑标准规范与社区诉求等确定开发强度

由于现状留用土地尚无法定图则覆盖，所以有必要对本项目地块的容积率开展详细研究。

第一，参考《深圳市城市规划标准与准则—密度分区与容积率》（公示版）核算容积率。留用土地块位于密度三区，基准容积率为 3.5，经用地规模、道路等相关系数修正后，得出建筑总面积为 55188 平方米，容积率为 4.2（表 10-5、表 10-6）。

表 10-5   塘下涌项目工业用地地块容积率指引

分级	密度分区	新型产业用地基准容积率	普通工业用地基准容积率
1	密度一、二、三区	4.0	3.5
2	密度四区	2.5	2.0
3	密度五区	2.0	1.5

表 10-6　　　　　　　　　塘下涌项目留用土地地块容积率测算要素一览表用地

用地性质	三区基准容积率	用地面积（平方米）	地块规模取值	周边道路取值	地铁站点取值	修正后容积	容积率
M1	3.5	13140	0	0.2	0	55188	4.2

第二，根据现行《深圳市城市规划标准与准则》，普通工业用地（M1）容积率上限为 4.0，下限应满足《深圳市工业项目建设用地控制标准》要求。在核查相关产业规划的基础上，按《深圳市工业项目建设用地控制标准》的要求，对应容积率限应介于 1.7 ~ 3.0 之间（表 10-7）。

表 10-7　　　　《深圳市城市规划标准与准则》工业用地地块容积率上限控制表

分级	用地性质	容积率上限
1	普通工业用地（M1）	4.0
2	新型产业用地（M0）	6.0

第三，考虑社区诉求。深圳市塘下涌社区提出，社区为了支持宝安区产业发展，同意留用土地规划功能为普通工业用地，而非土地价值更高的居住或商业用地，已作出了较大让步，而且地块交通条件优越，能够支撑较大规模的工业发展。考虑到社区的长远发展，提升居民在城市化过程中的红利，社区希望留用土地容积率能够尽可能高一些。

第四，考察同类用地出让条件。在近一年公布的土地交易中，三宗普通工业用地的出让可作为参考，一是燕罗街道 2018 年 1 月 24 日公开出让的一宗普通工业用地（M1），开发建设用地面积为 45115.37 平方米，容积率为 4.0；二是坑梓街道 2018 年 5 月 31 日公开出让的一宗普通工业用地（M1），开发建设用地面积为 26655.7 平方米，容积率为 4.0；三是光明新区 2018 年 7 月 16 日出让的一宗普通工业用地（M1），开发建设用地面积为 287474.58 平方米，容积率为 4.0（表 10-8）。

综上所述，初步确定留用土地容积率为 4.0。经过对公共基础设施、交通基础设施等环境承载力的计算，也证明该开发强度具备可行性。所以，本次规划最终确定留用土地容积率为 4.0，总建筑面积为 52560 平方米。

表 10-8　　　　　　　　　塘下涌项目开发强度参考指标表

开发强度参照标准	容积率区间
参照《深圳市城市规划标准与准则》局部修订—密度分区与容积率（公示版）修正	≤ 4.2
依据现行《深圳市城市规划标准与准则》要求	4.0 ≥ FAR ≥ 1.7 ~ 3.0
近期普通工业用地出让情况	4.0

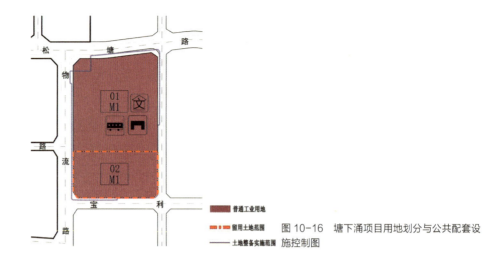

图 10-16　塘下涌项目用地划分与公共配套设施控制图

（4）维护法定图则刚性要求，落实并完善公共配套设施

本次规划按照项目建设不对图则片区产生额外配套的原则，由留用土地自行承担因建筑规模增加带来的配套需求。规划用地性质为普通工业用地，不产生居住人口，因此不会对周边法定图则规划公共服务设施产生配套压力。

基于提高就业人口生活服务水平和区域公共配套设施品质的原则，建议在范围内设置文化活动室一处，建筑面积不小于 1000 平方米；为满足工业发展需求，设置片区汇聚机房一处，建筑面积不小于 200 平方米；为恢复现状已有公交停车场，依据深圳市《大型建筑公交场站配建指引》，规划配建面积为 3200 平方米的公交停车场（图 10-16）。

10.2.3　项目特点——探索法定图则未覆盖地区规划研究编制方式

塘下涌地块项目最大的特点，在于实施范围位于法定图则未覆盖地区，留用土地的位置、规模、用途和规划控制指标等的确定均缺乏依据。所以，本项目的土地整备规划研究编制显得尤为重要。

作为该地块首次编制的详细规划，同时也是针对存量用地开发的规划，塘下涌地块的土地整备规划研究具有如下几个特点：①扩大规划研究范围。从区域层面研究地块的功能定位和空间结构，以更好地延续现有的规划框架，融入周边的现代化城市建设，并在此基础上明确留用土地的选址、功能及规模。②以实施为导向。与增量时期的法定图则编制不同，塘下涌地块的土地整备规划研究有明确的项目依托。为了促进产业的发展和医院项目的落地，规划研究在编制时就将用地开发的要求纳入其中。土地整备后，本项目地块将很好地适应发展诉求，快速投入使用，大大提高规划实施的效率。③着重考虑土地权属。增量时期的征地制度，有较为浓厚的政府强制性色彩，原土地权利人的话语权较弱，所以规划编制时对土地权属的考虑较少。而在塘下涌地块的规划研究中，社区对土地的实际掌控以及土地未完善征（转）地补偿手续的属性都是重点考虑的内容。它将社区的土地历史遗留问题在存量规划实施的过程中一揽子解决，同时实现土地确权和空间整合。

10.3　桂花社区土地整备：推动旧工业区升级改造

本项目位于深圳龙华区观澜街道桂花社区，深圳外环高速公路从社区北侧通过。外环高速公路作为全市重点民生项目，需征收深圳市桂花股份合作公司未完善征（转）地补偿手续用地。但按照传统的以货币补偿为主的征地拆迁方式，政府与桂花社区的协商谈判迟迟未能达成共识。与此同时，桂花社区有一处 20 世纪 90 年代建设的旧工业区亟须升级改造，但权属为未完善征（转）地补偿手续用地，未有合适政策指导开发。桂花社区土地整备项目的推进，将道路用地与社区旧工业区升级改造捆绑处理，以解决公共基础设施落地难题，同时实现旧工业区升级改造。

10.3.1　项目概况

（1）目的与必要性

本项目位于龙华区观澜街道桂花社区，北依观澜森林公园，东临观澜高尔夫场，南望观澜中心区，西侧为同富裕工业园。现状梅观高速从地区西侧经过，主要承担地块至东莞、福田方向的中长距离交通需求，主干道观光路从地区南侧经过，泗黎路、桂花路贯穿地区南北，主要承担本片区南北向的交通需求。

深圳外环高速公路作为全市重点民生项目，道路的建成通车有助于优化完善全市层面道路系统，缓解区域交通压力。因此，本项目的建设进程受到社会各界的广泛关注。外环高速公路的建设需征收桂花社区 9079.77 平方米未完善征（转）地补偿手续用地。考虑到长远发展，桂花社区要求给予一定比例的安置或留用土地以平衡利益。与此同时，桂花社区有一处 20 世纪 90 年代建设的旧工业区亟须升级改造，该工业区占地 8012.42 平方米，全部为未完善征（转）地补偿手续用地。旧工业区靠近观光路，区位良好，改造升级的需求迫切。

为加快推动深圳外环高速公路的建设工作，同时实现社区旧工业区的升级改造，龙华区通过土地整备方式将以上两大问题捆绑解决，将道路用地与社区旧工业区升级改造统筹处理，以解决公共基础设施落地难题，同时实现旧工业区升级改造。

（2）项目过程

桂花土地整备项目至今历时两年，分为三个阶段，分别为：

第一阶段：项目启动与沟通协商阶段。2016 年 9 月，龙华区申请将外环高速公路需

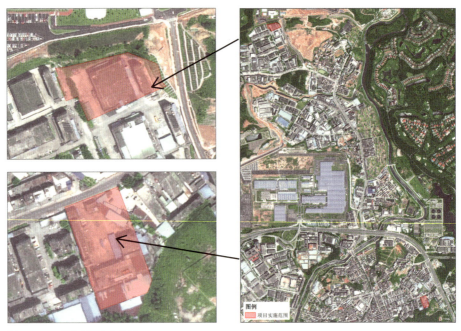

图 10-17　桂花项目实施范围

征收的地块及社区旧工业区地块纳入土地整备试点项目，随后开展项目规划研究、测绘、评估、实施方案编制工作。同年 12 月，市政府同意将上述地块纳入土地整备试点项目，项目名称为观澜桂花土地整备试点项目。

第二阶段：项目成果与公示阶段。2017 年 9 月，项目成果征求区相关部门意见，并进行修改完善。同年 11 月，规划研究报区土地整备工作领导小组会议审议通过。2018 年 1 月，龙华区将留用土地规划进行公示，公示期间未收到公众反对意见。2018 年 5 月，征求市规划国土委员会相关处室意见，并进行修改完善。2018 年 8 月，通过市土地整备局预审会。

第三阶段：项目审批与实施阶段。2018 年 10 月，市图则委审批通过土地整备项目实施方案及规划研究。

（3）实施范围划定

桂花项目的实施范围划定主要基于两方面的因素：

一是公共利益项目的实施需要。结合深圳外环高速公路红线，将道路基础设施建设需要征收的原农村社区土地纳入土地整备范围，解决项目的用地问题；二是原农村社区的发展诉求。桂花社区希望引进新型产业，实现旧工业区的转型升级，主要从事生物、互联网、新能源、新材料、文化创意、新一代信息技术和节能环保等战略性新兴产业。

考虑到社区的长远发展，项目实施范围包括两个地块，地块一为外环高速公路需征

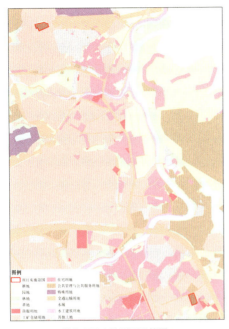

图 10-18　桂花项目土地利用现状图

图 10-19　桂花项目现状建筑分布图

收的地块；地块二为待升级改造的旧工业区地块。两个地块分别位于桂花社区南北两端
（图 10-17）。

（4）现状土地利用基本情况

项目实施范围总面积共 17092.19 平方米，全部为未完善征（转）地补偿手续用地。其中地块一现状为工业，占地面积 9079.77 平方米。地块二现状为工业，占地面积 8012.42 平方米（图 10-18）。现状建筑为 11 栋永久性建筑物，均为工业厂房及配套设施，大部分为 20 世纪 90 年代后期建设，建筑质量一般，现状破旧、杂乱（图 10-19）。其中地块一涉及 5 栋永久性建筑物共 12854.40 平方米、地块二涉及 6 栋永久性建筑物共 7816.23 平方米。另有简易棚、砖墙铁皮房、水池等构筑物共 86 项。

10.3.2 项目方案解析

（1）根据政策规定和土地权属确定留用土地的最大规模

本项目于 2016 年 9 月启动，因此土地分配方案根据《土地整备利益统筹试点项目管理办法（试行）》（深规土〔2015〕721 号）核算。由于本项目涉及两个地块共 17092.19 平方米，不足 50000 平方米，所以为片区统筹土地整备项目。

图 10-20　桂花项目留用土地选址

　　由于留用土地拟规划功能为工业用地，所以留用土地最大规模以"不超过试点项目范围内规划建设用地面积的30%"核算，为5127.65平方米。

（2）在法定图则的基础上明确选址与用地性质

　　结合社区意愿，留用土地拟选址于地块二（旧工业区地块）范围内。考虑项目的可行性，同时考虑留用土地开发建设的地块平整要求、预留留用土地周边公共开发空间等，初步确定留用土地选址范围（图10-20）。

　　留用土地所在的[观澜老中心地区北]法定图则将该地块规划为现状保留的工业用地，并备注产业升级，因此留用土地的用地性质可确定为工业用地（M）。同时，本项目留用土地距离地铁4号线北延段松元厦站直线距离仅为350米。从区位交通条件提升来看，该区域适宜发展新型业态的产业空间；从社区意愿来看，桂花社区希望引进新型产业，留用土地建设以研发用房为主，主要从事生物、互联网、新能源、新材料、文化创意、新一代信息技术和节能环保等战略性新兴产业。综合以上分析，本项目留用土地性质可以细化确定为新型产业用地（M0）。

　　本项目土地分配最终结果如下：移交政府用地11964.54平方米，其中生产防护绿地4445.81平方米、道路用地6738.81平方米、工业用地779.92平方米，道路用地主要用于外环高速等公共基础设施建设；社区留用土地5127.65平方米，作为新型产业用地予以开发（表10-9）。

表10-9　　　　　　　　　　　　　　桂花项目土地分配结果

用地类型	面积（平方米）	占项目实施范围比例（%）
移交政府用地	11964.54	70
社区留用土地	5127.65	30
项目实施范围用地	17092.19	100

（3）考虑标准规范与社区诉求等确定开发强度

根据《土地整备留用土地规划研究审查技术指引（试行）》（深规土〔2016〕65号），留用土地规划建筑面积由基础建筑面积和转移建筑面积两部分构成。基础建筑面积为留用土地面积 × 基准容积率。转移建筑面积为留用土地不足规模上限部分的建筑面积。基础建筑面积加转移建筑面积之和为留用土地建筑面积的上限值。计算得本项目留用土地总建筑量不超过 23074 平方米，容积率不超过 4.5。

根据 [观澜老中心地区北] 法定图则，留用土地所在片区的建筑规模总量约为 380 万平方米（不包括公共服务设施和城市基础设施）。为集约利用土地，本片区内工业及仓储用地的开发强度须同时满足相关规定的容积率下限指标要求；居住及商业等用地的开发强度不应少于本图则"图表"确定的开发强度的90%。本项目拆除建筑量约2.1万平方米，按本次规划容积率，留用土地开发量约 2.3 万平方米，规划开发量未显著增加，因此基本符合图则片区开发强度要求。法定图则还鼓励工业类用地集约利用土地，要求开发强度需满足相关规划容积率下限要求，留用土地容积率定为 4.5 满足该要求。

结合本项目所在法定图则片区开发量控制要求、《深圳市城市规划标准与准则》对新型产业用地的开发强度要求及与社区协商谈判的结果，初步确定留用土地容积率为4.5，再经过对公共基础设施、交通基础设施等环境承载力的计算以及留用土地平面布局研究的校核，证明该开发强度下具备可行性。综上，本次规划最终确定留用土地容积率为4.5。

10.3.3 项目特点——以设施落地为契机盘活旧工业区

桂花社区项目范围内两个地块相距较远，南部地块为外环高速公路收储地块，北部地块为留用土地落实地块。该项目的实施范围划定极具代表性，体现了"肥瘦搭配、捆绑实施、利益统筹"的特点。

桂花社区北部现存的大量旧工业区，建筑质量一般，对租用企业的吸引力日愈降低，社区对此有强烈的改造诉求。但由于旧工业区所在地块均为未完善征（转）地补偿手续用地，开发利用受到很大的限制。而外环高速公路的实施，为社区带来了转型发展的机遇。通过给予政府贡献用地等对价，桂花社区能够获得部分土地的发展权，推动旧工业区的升级改造。

项目实施范围的巧妙划定，将外环高速公路实施与旧工业区升级改造捆绑实施，极大地调动了原农村社区的积极性。通过土地整备，保障了外环高速公路的建设，完善了城市路网结构，提升了片区交通环境，同时解决了土地历史遗留问题，推动旧工业区升级改造，实现社区与企业的转型发展。

第 11 章　经验总结与展望

　　自 2011 年启动以来，土地整备得到了各级政府和原农村社区的广泛支持。截至 2018 年底，深圳全市共有 81 个土地整备利益统筹项目正在推进，总面积约 36 平方公里，保障了包括地铁 6 号线、龙华有轨电车、外环高速、坪盐通道、国际教育园等重大公共基础设施建设以及国际低碳城、南京金龙汽车等重大产业项目用地的落实实施，为深圳重大民生设施及产业发展提供了优质空间。

　　本章将对土地整备的成功经验和政策创新进行总结，并对下阶段土地整备的发展方向进行展望。

第 11 章   经验总结与展望

11.1 经验总结

土地整备能够成为存量用地盘活的成功模式，关键在于调动了各方力量，对利益关系、产权关系、空间关系等进行重构，完成了"市地重划"的过程，实现土地历史遗留问题处置和土地确权，以推动城市规划在存量用地上的实施，促进城市的发展。

11.1.1 利益共享：多方利益共赢是撬动存量用地盘活的关键

2013 年，十八届三中全会通过了《中共中央关于全面深化改革若干重大问题的决定》，提出了"建立兼顾国家、集体、个人土地增值收益分配机制"。土地整备即是土地增值收益共享机制在深圳的实践。同时，利益共享机制的设计也是深圳土地整备制度的内在逻辑和成功的关键，使土地增值收益在政府、原农村社区、村民等利益相关者之间进行公平合理分配，以调动各方积极性参与存量用地的再开发。从各自利益角度来看，政府以公共利益为主、产权人以自身利益为主、开发商以商业利益为主。其中：

政府方面的主要收益是公共基础设施、重大产业项目用地的收储和原农村社区缴交的地价收入。其中，公共基础设施用地和产业用地的收储是政府积极推动土地整备的主要动因。经过了改革开放以来的高快速发展，深圳率先面临了土地资源的紧约束问题，倒逼土地利用模式逐渐从外延扩张向内涵挖潜转变。但存量用地的开发涉及利益主体多元，权力关系复杂，其开发难度相对于新增用地要大得多。尤其是针对公共基础设施的用地收储，推行难度很大。所以，深圳政府致力于推行土地整备政策的施行，特别是在针对居住、商业等经营性用地再开发的城市更新政策取得不错成绩的情况下，政府仍然推出了与之并行的土地整备存量开发模式，就是要花大力气保障公共基础设施和重大产业项目的落地，提高深圳作为超大城市的居住质量和营商环境。

原农村社区方面的主要收益则是留用土地及其发展权。由于征转地手续的不完善，深圳存在大量名义上收归国有、事实上掌握在原农村社区手中的土地。这些土地产权模糊，土地权能有限，存在"政府拿不走，社区用不好，市场难作为"的困境，政府与原农村社区都有对其进行确权的强烈愿望。在原有的土地征收政策中，土地被政府"一次性买断"，存量用地再开发产生巨大的土地收益成了政府的土地出让收入和企业的开发利润，原农村社区无缘分享。而"有恒产者有恒心"，为调动原农村社区的积极性，土地整备改变了"征收土地—货币补偿—异地安置"的征地模式，通过土地确权和权能再赋，让原农村社区分享城市发展带来的土地增值红利，同时也解决了农民与国家在工业化和城市化利益分配上的矛盾。

开发商方面的主要收益是以较低的成本获得土地资源和开发利润。尤其是在已基本没有新增用地的深圳，开发商只能通过参与存量用地的盘活进行土地开发。同时，开发商也能以自身丰富的项目开发经验为原农村社区提供专业的咨询服务，以庞大的资金链为原农村社区提供经济支撑。与开发商共同合作，成为深圳原农村社区参与土地整备的主要方式。

11.1.2 产权明晰：尊重事实产权，以历史的眼光处理问题

深圳所谓的土地历史遗留问题，主要是快速工业化、城市化过程中原农村社区土地的合法外建设问题，包括不符合城市规划和土地利用规划、未办理农地转用手续和报建手续、非法转让、超面积超高度建设、违规占用国有储备地，等等。但原农村社区土地上建设的大量合法外建筑以非正规方式为数以百万计的打工者提供了廉价的居住空间，弥补了政府住房供给能力的严重不足，为吸引全国劳动力、保持经济活力提供了有力支持。原特区外大量违规建设的工业厂房，承接了原特区转移的低层次产业，维持了全市经济的高速增长，缓解了特区产业转型可能带来的风险和阵痛。

土地市场化超前与政府管理落后，是深圳土地使用的一个硬币的两面。在支持工业化和经济增长高速度、高效率推进的同时，也累积了土地利益纠缠、产权不清、权籍混乱等一系列问题。无论是城市还是农民，过去都收获了奇迹般增长的制度红利，今天也需要再为之付出相应的代价。但其中，大部分的合法外用地和合法外建筑是在特定的历史时期产生的，其相应的政策未完善，政府进行征转地的手续也未完全履行，不能简单地判定为违法建设行为，而需要承认原农村社区实际占有及使用的情况，本着客观、实事求是的原则，坚持原则性与灵活性相结合，进行客观公正的处理。土地整备提出，对于未完善征（转）地补偿手续用地，可按照 20%～50% 的比例留用土地给予原农村社区以协议方式获得，其余土地移交给政府。

根据科斯在 1959 年提出的一个命题，清楚的产权界定是市场交易的前提，合约可

以经由再合约得到调整，而经由合约不断界定的产权也就可以进一步明确其经济含义，并逐步提升产权的"强度"。深圳存在的未完善征地补偿手续用地，就是由于上一轮征转地过程当中合约的制定和履行不完善产生的，而土地整备就是一次再合约的过程，通过向政府移交土地等"对价"，使原农村社区的部分未完善征（转）地补偿手续用地，即留用土地，转化为国有土地，实现产权明晰和权能完整，彻底地解决土地历史遗留问题。

11.1.3 空间调整：通过土地整备规划研究调整空间和利益格局

深圳以法定图则作为控制性层面的详细规划。但法定图则的空间布局和规划指标往往基于技术规范确定，对相关主体利益诉求、成本收益、政策路径等考虑不够，难以直接指导存量开发项目的实施。因此，土地整备工作过程中创新了基于存量土地开发需要的规划新模式——"土地整备规划研究"，它以法定图则为基础，结合项目实施需要和利益平衡方案调整空间方案，是兼顾技术属性和政策属性的存量规划新形式。土地整备规划研究由法定图则委员会负责审批，审批通过后视同完成法定图则调整。

与法定图则相比，土地整备规划研究有以下特点：一是协商编制。不同于政府主导的法定图则，土地整备规划研究在编制过程中，政府部门、编制技术单位、原农村社区、相关权利人等多方主体共同参与规划全过程并进行多轮反复协商，是不同权利主体进行博弈的平台。二是明晰权益。土地整备规划研究不仅是技术层面的空间再优化，同时还会考虑项目经济可行性以及权利再界定等实施因素，明确土地分配、留用地布局、规划功能及容积率等，基本明确了开发后不同主体间的利益格局。三是政策引导。规划的调整涉及多方利益，是土地整备中各方博弈的焦点。为了避免规划受到利益博弈的冲击，土地整备规划研究中引入了政策规范的引导。如容积率，由基础建筑面积和转移建筑面积两部分构成。基础建筑面积以密度分区为基础，体现技术理性；转移建筑面积根据土地移交率确定，在增加公共基础设施用地供给的同时，也保障原农村社区的开发利益。

综上，土地整备规划研究本质上是对土地空间结构和利益结构的再调整，结合土地政策、土地产权状态、土地权利人意愿等因素对法定图则规划方案进行重新优化，通过规划手段实现土地增值进而调整利益结构，使规划实施从"零和博弈"变为"正和博弈"。

11.1.4 多元共治：形成多方参与的共同推进机制

土地整备调动了多方力量，形成了"政府主导、社区主体、社会参与"的共同推进机制，并出台了相关政策，对审批程序和审批规则进行明确，降低了博弈谈判的制度性成本，以充分发挥各权利主体的作用。

政府在土地整备过程中起主导作用，主动推动土地整备的开展，既是制度的供给者，同时也是事实上的参与者。其中，市级政府负责制定全市政策、规划计划、方案审批及资金管理等职能；区级政府负责项目实施方案编制、规划研究编制、协商谈判、土地清理等工作。在组织实施方案和规划研究的编制过程中，政府与社区、技术单位进行深入沟通和协调，大大调动了社区和市场主体参与整备的积极性，弥补了市场动力的不足，化解了存量用地开发过程中的对抗性，共同寻求利益平衡的方案。

社区是土地整备对象的实际掌控者，在过程中充分发挥最重要的主体作用，负责与政府"算大账"和与社区居民"算细账"的两个重要环节。尤其是"算细账"的环节，由原农村社区对包括村民、外来户、用地企业等房屋权利人进行货币补偿和房屋安置，通过股东大会等内部决策机制实现各方利益平衡，从而实现土地经济关系的清理和土地遗留问题的解决。这个环节充分发挥了原农村社区的资源掌控能力和决策能力，能够解决存量土地权利主体分散、权利关系复杂等问题，由原农村社区作为上下协商沟通的主体，避免政府与单个权利人之间进行复杂繁复的博弈。"算大账"与"算细账"的协商机制，不仅提高了利益核算和土地确权效率，而且将政府与相关权利人个体的利益博弈内化为农村社区内部决策和利益平衡，有效降低了规划实施的博弈成本。

社会主体，多数情况下指开发商，在项目实施推动的过程中也扮演着必不可少的角色。如果仅由政府主导，会带来政府投入负担重、过程复杂、矛盾凸显、效率低下等问题，在土地整备的实践中，发挥政府和市场两个积极性是其中重要的成功经验。在项目方案编制阶段，社会主体以其自身在项目开发中的丰富经验，能够让社区更加清楚地了解项目产权利益需求，提供专业的咨询服务，为项目审批顺利通过提供支持。在整备项目实施阶段，市场主体的引入能给社区提供经济和技术支撑，共同开展项目土地平整、房屋拆迁、土地移交等工作，也能最大限度地规避社区自身的风险。

11.2 政策创新

11.2.1 创新了留用土地的利益共享方式

作为快速发展中的超大型城市，深圳的土地价值不断攀升，传统的土地征收仅仅给予货币补偿的做法已无法被原农村社区所接受，留用土地的补偿方式才足以撬动存量用地的盘活。

土地整备改变了征收土地仅仅给予货币补偿的做法，根据土地面积、权属情况、规划条件等核算农村社区的留用土地。农村社区拥有留用土地使用权，土地可以入市交易、转让流通、抵押融资，极大提高了土地资源配置效率。这实际上是赋予原农村社区在规划区内新的发展权，并将留用土地作为原农村社区参与土地收益分配的载体。虽然重划后原农村社区土地面积有所减少，但是由于土地权能的提升、配套设施的完善以及土地开发条件的改善，原农村社区土地价值将有所提升。土地的留用也能推动社区发展模式从依靠租赁经济向物业开发经营和实业投资等转变。

通过安排留用土地，赋予原农村社区土地发展权分享土地增值收益和城市化红利，不仅有助于厘清各方土地权益，降低土地交易成本，同时也通过明晰产权稳定原农村社区的发展预期，避免"公地悲剧"的出现。

11.2.2 对历史用地进行简化处理

由于没有合法的用地手续，大部分原农村社区掌控的未完善征（转）地补偿手续用地普遍存在利用效率低下、建设品质不高、基础设施不配套、功能不完善和环境脏乱差等问题，迫切需要盘活改造。而用地手续合法是高效利用的前提，能够使合法外用地潜在的经济价值释放出来成为现实的经济价值。但如果按照现行的法律政策对相关历史遗留问题用地进行完善征收、转用、供地等用地手续，一是深圳未完善征（转）地补偿手续用地理论上已经为国有，但是未完善国有化手续，能否退回集体土地并按照土地征收方式完成确权，存在法理上的重大分歧；二是成本高，需要新增用地指标、补交新增建设用地有偿使用费、耕地开垦费等，还要耕地占补平衡；三是手续烦琐、审批时间长，需要重新办理公开听证、社保安置等手续，而且极易引起新的利益纠葛，地方政府、原权利人、开发企业对其完善用地手续的积极性不高。为了加快推进存量用地盘活，有必要采取特殊的扶持政策，在"封闭运行、结果可控"的原则下，加快完善历史遗留问题用地的合法手续。

土地整备尊重历史、面向未来，通过安排留用土地的做法，完成了未完善征（转）地补偿手续用地的确权，将模糊复杂的土地产权关系清晰化，这是在征地制度以外，开辟另外一条未完善征（转）地补偿手续用地转为国有土地的途径，能够打破历史用地产权"僵局"，一揽子解决历史遗留问题，既能简化审批手续，实现历史用地的简易处理，又能达到保护原农村社区权益的目的，使土地权能和土地价值显著提升。

11.2.3 采用协议方式出让留用土地

土地整备采用协议方式出让留用土地给原农村社区，由原农村社区自行改造或与有关单位合作改造，获取土地增值收益。

按照现行法律法规及相关规章规定，工业和经营性用地必须采取招拍挂方式出让。这种制度有利于加强国有资产管理，规范新增建设用地市场的供应秩序。但对于存量用地开发项目，除由政府收购储备后重新供地的之外，若要求必须采用招拍挂方式再次供地，许多原权利人缺乏改造积极性。一方面，留用土地在性质上属于征收原农村社区土地的补偿对价，是保障社区长远发展的"稳定器"，其受让对象是原农村集体经济组织继受单位，而非一般市场主体；另一方面，留用土地要入市再开发利用，必须经过原农村集体经济组织继受单位股东大会集体表决，并经由集体资产交易平台公开选择市场主体，在该环节通过充分运用市场机制避免了土地资产的流失；再者，土地整备政策已经提前制定了统一公开的地价核算方法和修改规划设计条件的规范和程序，能够绝大程度地避免土地市场的寻租行为。

实践证明，存量用地开发采取协议方式出让，不仅提高了原农村社区贡献土地、参与改造开发的积极性，增强了市场主体的投资信心，同时由于存量用地得以开发，也使政府能够获得预期的土地收益和长远的税收增长，形成多方共赢的格局。

11.2.4　考虑拆迁成本等因素计收政策性地价

由于存量用地具有不同于新增建设用地的客观实际，征地拆迁补偿、土地前期整理等土地二次开发成本多由土地受让方承担，所以从实际出发制定的相关地价收取标准与计收方式突破了现行政策规定，形成地价减免和优惠的表象。现行地价标准，涵盖了征地和拆迁补偿费用、土地前期开发成本、土地使用权出让金等费用，而土地整备项目，虽然给予了一部分整备资金，但仅以建筑重置价等标准计算，征地拆迁补偿安置尚未完成。征地拆迁补偿、土地前期开发成本等非由政府支付的费用，应从政府收取的地价中扣除，土地整备协议地价的计收标准不能简单地套用新增建设用地地价的计收标准。所以，土地整备地价计收是根据留用土地的规模、用途和开发强度，按照一定规则补缴地价，其标准远低于市场评估地价，其目的是降低原农村社区获得土地的成本，提高农村社区空间转型效益。

此外，土地整备通过地价政策的设计对项目起引导作用。如，对于不同用途的改造项目，分类收取地价，促进对工业用地、人才住房、公共租赁住房、社区级公共设施等的供应。又如，建立了容积率—地价联动的利益调节规则，分段计收地价。它以密度分区为基础，对基础建筑面积及共享建筑面积予以不同的标准计收地价，有助于解决存量用地开发倒逼规划调整的情况。

11.2.5　以利益统筹平衡土地发展权

城市规划不仅带来空间形态改变，也对土地价值产生重大影响。一方面，部分土地由于用途变更和容积率提高，城市规划带来土地增值；另一方面，部分土地因为公共利益需要进行了开发限制和用途管制，造成土地贬值。就深圳而言，规划区内的原农村社区土地被分为两类：一类是规划为居住、商业等经营性用途具有增值潜力的土地，另一类是规划为绿地、道路、学校等公益性用途无法实现增值的土地。由于规划用途的差别带来了土地价值差异，往往规划为经营性用途的土地被原农村社区广泛接受，规划实施效果较好；而规划为公益性用途的土地被原农村社区排斥，规划实施效果较差。因此造成了原农村社区土地开发利用的不均衡。

为了避免上述问题，土地整备以社区为大尺度空间，由社区和政府共同协商，统一规划、统一补偿、整体推进，通过"算大账—算细账"，在原农村社区内部统筹利益，避免了项目式征收和小片区改造带来"好做的先做、不好做的更难做"的后遗症，建立起"规划片区统筹、土地成片开发"的政府与社区互动的城市二次开发机制。

11.2.6 推动规划国土政策的深度融合

土地整备是涵盖规划和国土的综合性政策。在土地整备项目的实施过程中，包含两个并行的重要环节，即土地整备项目实施方案和土地整备规划研究。项目实施方案重点明确土地产权状态的变化，对储备地范围、留用土地规模和资金补偿方案等进行安排，以调节利益分配。规划研究重点对留用土地选址、用途和开发强度进行明确，以实现规划管控。

实施方案和规划研究两者缺一不可，在实施过程中是同时进行规划研究和实施方案报批的。二者深度融合的焦点在于留用土地规模、选址、用途以及开发强度的明确。这些留用土地指标的变化，决定了土地增值收益共享的结果。通过实施方案和规划研究的深度互动，改变了增量用地规划实施过程中规划和国土串联的政策链条，实现了资金补偿、土地出让、规划条件核定、地价计收等政策的并联，并将规划功能和指标等作为谈判的政策手段之一，而不是前置条件，这不仅更有利于各方利益的统筹和平衡，而且极大降低了存量用地交易的制度成本和时间成本。

十九大报告提出，"统一行使全民所有自然资源资产所有者职责，统一行使所有国土空间用途管制职责"。2019年3月，成立了自然资源部，形成了自然资源资产管理的统一机构，实现了城乡规划和土地资源的统一管理。而深圳规划国土合一管理由来已久，土地整备正是规划国土合一的实施典范。未来，当全国各地市机构改革完成，规划国土政策进入深度融合的阶段，深圳土地整备的经验可以在全国范围内进行推广。

11.3 工作展望

11.3.1 完善土地整备的配套政策规则

《深圳市土地整备利益统筹项目管理办法》（深规土〔2018〕6号）的出台初步构

建了以原农村社区实际使用土地为主要对象的土地整备政策规则，但是在实际工作中仍然存在概念界定不清晰、核算规则不明确等问题。为加快推进原农村社区土地整备工作，应围绕留用土地核算、容积率测算、地价测算等相关规则，提出项目管理、留用土地管理、技术规范、地价测算等层面的细化规定。

项目管理方面，规范年度计划申报与调整等相关管理工作，对项目的划定原则、划定程序、划定规则等进行规范，并进一步完善项目申报计划的材料规范性。同时，加强计划管理，完善利益统筹项目申报、清理、退出的工作指引。

留用土地管理方面，在主文件的基础上细化相关管理内容，如核算规则与安排方式。进一步细化留用土地指标台账管理细则，明确管理主体，并对留用土地的分期实施以及后期适用、核销等制定下阶段的操作规则。对于留用土地安排与落实的次序和规则应制定具体的备案管理和监督机制。

技术规范方面，进一步修订项目实施方案编制技术指引，细化容积率核算规则、明确规划强制性内容等。同时增加留用土地配建社区级设施的要求，以更好地解决留用土地的配套问题，减少土地整备工作中的博弈。

地价测算方面，对地价测算的规则进行细化，明确地价测算的技术要点和程序，包括地价测算的步骤、基准地价与标定地价的关系、工业楼宇的分割规则等。

11.3.2 扩大土地整备政策的适用范围

经过一段时间的实践，土地整备政策在原农村社区土地上的运用取得了不错的成效。下一步，应扩大土地整备政策适用对象，在更大范围内进行推广，推动存量土地的盘活。

如已出让低效工业用地。深圳还存在大量低效用地，未完全按照规划实施。可以借鉴未完善征（转）地补偿手续用地土地整备的政策思路，通过土地、规划、资金和地价的政策统筹，实现政府和原土地使用权人的利益共享，加快形成较大面积产业空间。核心思路是通过给原土地使用权人留用部分土地或者核算用地指标的方式推进土地整备，其余土地由政府收储。

又如三方征地。由于土地管理制度与城市发展阶段的不匹配，深圳存在大量由政府授权、企业代为实施的企业代征地（也称为"三方征地"）。这些土地虽然名义上完成了土地征转，但存在经济关系未理顺、未办理土地出让合同等历史遗留问题。建议按照"尊重历史、分类处置、利益共享"的原则对三方征地进行分类处理。对于已经理清经济关系的，以征地企业为主体申请处置，通过收益分成、返还物业、核算留用土地指标、货币补偿等方式盘活该类用地；对于未理清经济关系的，鉴于该类用地并未完成土地补偿手续，从尊重历史和保护原农村社区权益的角度，建议以原农村社区为主体，将该类用地纳入土地整备处置范畴。

11.3.3 推进较大面积地块的土地整备

土地整备的初衷，是立足于实现公共利益和城市整体利益的需要，将零散用地整合成片，保障重大产业项目和公共基础设施项目的落地。尤其是提供较大面积、连片的产业空间，对壮大实体经济、促进城市转型意义重大。但随着土地整备对象从空地转向建成区、从未完善征（转）地补偿手续用地扩展到各类型低效用地、从小地块收储到大地块整备，土地整备的难度逐步加大。接下来，土地整备政策应该加强创新，努力盘活一批成片成规模的优质产业空间，为重大产业项目落地提供空间保障。

首先，建议在着力摸清低效用地家底的基础上，结合城市重点地区和产业布局规划，建立一批较大面积产业空间整备项目库，作为未来几年的工作重点。其次，针对土地原权益人利益诉求的逐步提高，建议不局限于单一政策，而是统筹多种政策手段，形成政策工具箱，对于不同类型的用地"因地施策"，实现较大面积产业空间的释放。尤其是对于影响大地块整备的边角地、插花地，更要出台针对性的政策。最后，要坚持政府主导、多方参与的实施机制。发挥政府在较大面积产业空间整备片区范围划定、方案编制、项目实施等全过程中的主导作用，将产业用地、公共基础设施用地的移交储备等由政府统筹落实。同时，发挥深圳市场化程度较高的优势，片区内留用土地、可开发的经营性用地等允许市场主体按照市场规则开发实施。

11.3.4 优化土地整备的市区管理架构

2016年底以来，深圳响应国家推行"放管服"的号召，进行"强区放权"改革，其根本是通过推动权力下移，提高区级层面的积极性，从而提高行政效率。

根据目前的政策文件，深圳土地整备按照留用土地是否占有3000平方米以上国有储备土地批划分为市、区两级审批。但是在实际运作中，由于整备项目范围和国有储备土地往往犬牙交错，以是否占用国有储备土地作为划分标准，可能造成留用土地选址和布局分散、碎片化，不利于土地的空间腾挪和规划的整体实施，也不利于项目的推进。

可以根据"强区放权"的要求进一步优化市区事权的划分，将审批权限的划分标准调整为以土地整备项目是否位于城市重点发展区域。重点发展区域对城市发展有重要意义，区域内往往涉及市级以上重大项目，整体推进难度较大。因此，应该将位于重点整备区域内的土地整备项目，由市政府进行统筹，重点推进。位于重点发展区域之外的，则由区政府审批。同时，为了加快推动重点区域内土地资源盘活利用，建议改变市级部门串联审批的工作流程，建立绿色审批通道，由市规划国土主管部门和市土地整备主管部门抽调部分人员组成审批小组，建立起相应审批机制，满足项目审批快捷化、流程简易化的要求。

11.4　实践意义

11.4.1　为全国土地管理制度改革探索了经验

近年来，国家启动了新一轮土地管理制度改革，提出了改革征地制度、探索农村集体经营性用地入市、改革宅基地管理制度，建立兼顾国家、集体、个人的土地增值收益分配机制。土地整备改变了传统征地模式和工作方式，以政府与原农村社区的民主协商和基层自治为基础，通过建立"土地＋规划＋资金＋地价"的土地增值收益共享机制，将征地制度改革和原农村社区经营性用地入市有机结合，为全国土地管理制度改革提供了可复制可推广的经验成果。

对应土地征收，一是改变征收（整备）方式，不同于传统的强制征收模式，发挥原农村社区的基层自治优势，实现政府与原农村社区、原村民等利益主体的协商式实施；二是建立利益共享机制，改变基于现值进行补偿的方式，通过安排留用土地等，使农村社区共享城市发展红利。

对应集体经营性建设用地入市，土地整备通过协议方式使原农村社区获得留用土地，实现土地由产权不清晰的"半国有土地"向产权清晰的国有土地的转变，显化原农村土地的价值。由于深圳的公共基础设施用地较为缺乏，因此不同于国家征收土地增值收益调节金的做法，土地整备以用地贡献及地价作为"对价"，来实现土地增值收益的再调整。建议结合当前自然资源管理制度改革和建立城乡建设用地统一市场的要求，在全国范围内对原农村社区存量建设用地的盘活进行制度设计，使得城乡存量建设用地利用制度能够衔接和规范。

对应宅基地管理，土地整备一是"因地制宜地探索户有所居的多种实现形式"，考虑深圳超大城市土地资源紧约束的实际，不拘泥于"一户一栋"的传统形式，实现土地集约利用。二是探索实现"自愿有偿退出"机制，通过空间腾挪实现土地集约节约利用，改善居住环境。

11.4.2　为存量时期规划实施机制创新了样本

土地整备模式改变了增量用地时期政府主导、规划管控、土地征收、招拍挂供应的规划实施机制，结合存量用地时期权利主体多元、土地价值显化、产权分散的特点，建立了规划引导、多方参与、土地重划、协议出让的规划实施机制，为存量时期规划的实施机制创新提供了"深圳方案"。

首先，编制土地整备规划研究，实现对现有规划框架的优化。留用土地的选址必然涉及规划的修改，编制土地整备规划研究，不仅有助于落实和优化上层次规划确定的公共基础设施，优先保障公共利益，而且有助于明确政府和原农村社区的权益边界，推进土地整备工作的实施。土地整备规划研究在现有规划体系框架内进行，在规划功能、公建配套等强制性内容的确定上，按照上层次规划的规定进行；在规划审批上，严格按照法定图则的审批程序进行，审批通过后纳入法定图则实行"一张图"管理。

其次，划定土地整备"底线"，优先保障城市公共利益。存量时期的土地权利关系复杂，而法定图则编制时往往对现状考虑不足，难以完全实施。土地整备规划研究创新"刚性"与"弹性"管理，对于公共基础设施规模予以严格落实，对于经营性用地的各项指标，可以结合现实情况，根据相关技术规划予以调整。

最后，在规划编制上，区别于传统的自上而下规划，由政府、原农村社区、房屋权利人等多方主体共同参与，进行协商式规划，充分体现了存量发展时期土地利益主体众多、权利关系复杂的特点。

11.4.3 为高度城市化地区农村社区转型发展提供了路径

十九大报告提出，要打造共建共治共享的社会治理格局，加强社区治理体系建设，推动社会治理重心向基层下移。土地整备将"政府拿不走、社区用不好、市场难作为"的历史遗留问题土地整体盘活，实现了空间利用集聚、土地价值显化、利益分配优化的共赢格局，为促进城乡统筹发展、促进社区转型升级、加强社区共治提供了基础。

一是实现了空间的转型。将原农村社区掌控土地从碎片化、基础设施落后向土地成片开发、配套设施完善的空间转变，实现了土地的整理、环境的优化。

二是实现了产业的转型。通过土地成片整理及配套设施的改善，提高土地价值和经营环境，提升对民营企业和高科技企业的吸引力，实现低端产业的转型升级，避免"产业空心化"。

三是实现了发展模式的转型。改变单一的"房租依赖"模式，通过对产权不清晰土地的确权，提高了土地资源的配置效率，也推动社区发展模式从依靠租赁经济向物业开发经营和实业投资等转变。长期稳定的收入预期能够遏制博赔等短期行为，实现社区经济的整体转型，进而推动基层的自治建设。

参考文献

外文文献

[1]Allmendinger P. Towards a Post-Positivist Typology of Planning Theory[J]. Planning Theory, 2002, 1(1): 77-99.

[2]Archon Fung:Empowered Participcation:Reinvening Urban Democracy[J]. Tijdschrift Voor Economische En Sociale Geografie,2010,98(5):688-690.

[3]Batt H w Value Capture as a Policy Tool in Transportation Economies：An Exploration in Public Finance in the Tradition of Henry George[J]. American Journal of Economics and Sociology,2001，60(1)：195-228.

[4]Bovaird, T. Public-private partnerships: from contested concepts to prevalent practice[J]. International Review of Administrative Sciences, 2004, 70(2): 199-215.

[5]Brandt, L, Huang，J, Li, G, Rozelle, S. Land rights in rural China：Facts, fictions and issues[J].The China Journal, 2002, 47(47): 67-97.

[6]Brown, Trevor, Ting Gong, and Yijia Jing. "Collaborative Governance in Mainland China and Hong Kong: Introductory Essay" [J].International Public Management Journal，2012, 15(4) : 393-404.

[7]Clare L. Johnson,John W. Handmer. Coercive and cooperative policy designs: moving beyond the irrigation system[J]. Irrigation and Drainage, 2003, 52(3): 193-202.

[8]Davidoff P. Advocacy and Pluralism in Planning[J].Journal of the American Institute of Planners, 1965, (31): 331-338.

[9]Dyrberg T B. The Circular Structure of Power: Politics, Identity, Community [M]. London: Verso, 1997.

[10]Fainstein, S. New Directions in Planning Theory[J]. Urban Affairs Review. 2000, 34(4): 451 - 76.

[11]Fischler, R. "Communicative Planning Theory: A Foucauldian Assessment" Journal of Planning Education and Research[J]. 2000, 19(4): 358 - 368.

[12]Gibelman，Margaret and Demone，Harold "Purchase of Service Forging Public - Private Partnerships in the Human Services" [J]Urban and Social Change R eview .1983,16(1) : 21-26.

[13]Habermas J.The Theory of Communicative Action: Vol.1:Reason and the Rationalization of Society[M]. Boston: Beacon, 1984.

[14]Halent,Graham.Land and Housing policies in Europe and the USA:A Comparative Analysis, Routledge[J].Land Use Policy 1989, 6(2): 178-179.

[15]Healey P.Rebuilding the City:Property-led Urban Regeneration[M].London:E&F

N Spon,1992.

[16]Huxham，C. Theorizing Collaboration Practice[J].Public Management Review,2003，5(3)：401–423.

[17]Innes J E. Information in communicative planning[J]. JAPA, 1998, 64(1): 52–63.

[18]John Rawls，A Theory of Justice[M].The Belknap Press of Harvard University Press, 1971.

[19]Kettl，D. F. The transformation of governance: globalization，devolution，and the role of government[J].Public Administration Review, 2000, 60(6): 488–497.

[20]Krumholz N. A Retrospective View of Equity Planning Cleveland 1969 - 1979[J]. JAPA, 1982, 48(2): 163–174.

[21]Langford，John and Harrison，Y. Partnering for E – government: Challenges for Public Administrators[J].Canadian Public Administration, 2001, 44(4) : 393– 416.

[22]M. O. Smolka, David Amborski.Value Capture for Urban Development: An Inter-American Comparison[J]. Lincoln Institute of Land Policy, 2000.

[23]Maeve Cooke: Five arguments For Deliberative Democracy[J]. Political Studies, 2000, 48(5) 947–969.

[24]Merton R C. Theory of rational option pricing[J]. Bell Journal of Economics，1973, 4(1): 141–183.

[25]Oliver E. Williamson. The New Institutional Economics: Taking Stock, Looking Ahead[J]. Journal of Economic Literature, 2000, 38（9）: 595 – 613.

[26]Ostrom E. Understanding Institutional Diversity ［M］. Princeton: Princeton University Press, 2005: 15–24.

[27]Stoker，G. Governance as theory :five propositions[J]. International Social Science Journal,1998,155(155) : 17–28.

[28]Titman S. Urban land prices under uncertainty[J]. American Economic Review，1985，75（3）：505–514.

[29]Whitehead，ChrisdneM. E. The Radonale for Govemment Intervendon，in Urban Land Policy：Issues and opponunjties[M].Oxford UniVersity Press，1983.

[30]Williamson,OliverE. Transaction Cost Economic: The Governance of Contractal Ralations[J].The Jounral of Law and Economics, 1979, 22(2): 233–261.

中文文献

[1] 陈静 . 一些国家和地区土地裁判所的性质与功能 [J]. 国土资源情报 ,2007.

[2] 陈顺清 . 城市增长与土地增值 [M]. 北京：科学出版社，2000.

[3] 大卫·李嘉图 . 政治经济学及赋税原理 [M]. 北京：华夏出版社，2005.

[4] 杜新波，孙习稳 . 城市地产价格形成的一般原理探讨 [J]. 国土资源，2003, (3):37–39.

[5] 段磊，许丛强，岳隽.深圳"整村统筹土地整备改革"：坪山实验 [M].北京：中国社会科学出版社，2018.

[6] 冯立，唐子来.产权制度视角下的划拨工业用地更新：以上海市虹口区为例 [J].城市规划学刊，2013，（5）23-29.

[7] 高淑泽.谈谈古典经济学的地租理论 [J].山西高等学校社会科学学报，2000,(10):33-36.

[8] 苟兴朝.城乡建设用地增减挂钩中农民合法权益保障研究——基于马克思级差地租理论视角 [J].农村经济，2012,(4): 37-41.

[9] 广东省国土资源厅.2011.关于继续深化"三旧"改造政策储备研究成果的通知 [S].

[10] 韩干.市地重划与城市理性成长之研究——以台中市为例 [C]// 节约集约用地及城乡统筹发展——2009 年海峡两岸土地学术研讨会论文集,2009.

[11] 郝娜.马克思土地产权理论在我国农地产权制度改革中的应用研究 [D].太原：太原理工大学，2016.

[12] 何芳.城市土地再利用产权处置与利益分配研究——城市存量土地盘活理论与实践 [M].北京：科学出版社，2014.

[13] 侯学平.土地节约集约利用的理论与实践 [M].北京：中国大地出版社，2014.

[14] 胡春秀.从日本土地征收制度的发展看我国土地征收立法的完善 [J].云南大学学报（法学版），2010, (5):83.

[15] 黄蓝，黄建荣.合作治理视域下地方政府购买公共服务策略优化研究 [J].学术论坛，2016,39(5):122-128.

[16] 黄宇骁.日本土地征收法制实践及对我国的启示——以公共利益与损失补偿为中心 [J].环球法律评论,2015,(4):121-130.

[17] 敬乂嘉.合作治理：历史与现实的路径 [J].南京社会科学，2015，(5):1-9.

[18] 科斯 R.社会成本问题：财产权利与制度变迁 [M].刘守英，等译.上海：三联书店，1994.

[19] 李江，胡盈盈.转型期深圳城市更新规划探索与实践 [M].南京：东南大学出版社，2015.

[20] 李卫红.城市土地利用与管理 [M].广州：广东人民出版社，2002.

[21] 林强，游彬.存量用地规划实施的政策路径——以深圳下围社区土地整备项目为例 [J].城市发展研究，2018, 25（7）:68-73.

[22] 林强.城市更新的制度安排与政策反思—以深圳为例 [J].城市规划，2017,41(11):52-55.

[23] 林强，兰帆."有限理性"与"完全理性"：香港与深圳的法定图则比较研究 [J].规划师，2014，30（3）：77-82.

[24] 林强，兰帆，陈赐迪.基于交易成本的土地整备利益统筹政策分析 [J].城市规划，2018，42（增刊）：29-34.

[25] 林强，夏欢.深圳市存量用地开发的做法 [J].土地科学动态，2016，(5)：26-28.

[26] 林强.半城市化地区规划实施的困境与路径—基于深圳土地整备制度的政策分析 [J].规划师，2017，(9)：35-39.

[27] 刘波.产权本质：马克思与现代西方学者比较分析 [J].经济与社会发展，2005,

3(10):55-59.

[28] 刘芳，张宇，姜仁荣. 深圳市存量土地二次开发模式路径比较与选择 [J]. 规划师，2015，（7）：49-54.

[29] 刘芳，张宇. 深圳市城市更新制度解析——基于产权重构和利益共享视角 [J]. 城市发展研究，2015, (2) :25-30.

[30] 刘守英. 中国城乡二元土地制度的特征、问题与改革 [J]. 国际经济评论，2014，（3）：9-26.

[31] 刘书楷. 土地经济学 [M]. 北京：中国农业出版社，1996.

[32] 刘向民. 国土规划制度的一个跨国比较 [J]. 行政法学研究，2008, (2)18.

[33] 刘彦随. 农村土地整治要让农民收益 [J]. 农村经营管理，2010，（12）：23.

[34] 刘怡，谭永忠，王庆日等. 城镇存量建设用地的内涵界定与类型划分 [J]. 城市发展研究，2011，18（12）：53-57.

[35] 刘艺明，丁扬. 德国土地空间整治对我国农村土地综合整理的启示 [J]. 农业科技与信息，2015.

[36]（日）芦部信喜. 宪法（第三版）[M]. 林来梵，等译. 北京：北京大学出版社，2006.

[37] 罗罡辉，李贵才，徐雅莉. 面向实施的权益协商式规划初探——以深圳市城市发展规划研究为例 [J]. 城市规划，2013，37（2）：79-84.

[38] 吕志奎. 通向包容性公共管理：西方合作治理研究述评 [J]. 公共行政评论，2017,10(2)：156-177.

[39] 马克思. 恩格斯全集 [M]. 北京：人民出版社，1985.

[40] 马克思. 剩余价值理论 [C]// 马克思恩格斯全集：第 26 卷. 北京：人民出版社，1973.

[41] 马克思. 资本论：第 3 卷 [M]. 北京：人民出版社，2004.

[42] 美埃里克·弗鲁博顿，鲁道夫·芮切特. 新制度经济学——一个交易费用分析范式 [M]. 上海：上海人民出版社，2006.

[43] 穆勒. 政治经济学原理及其在社会哲学上的若干应用 [M]. 朱泱，赵荣潜，桑炳彦，译. 北京：商务印书馆，1991.

[44] 坪山区人民政府. 沙湖社区"整村统筹"土地整备项目实施方案 [Z].2013.

[45] 乔治. 进步与贫困 [M]. 吴良健，王翼龙，译. 北京：商务印书馆，2010.

[46] 人民网. 专访重建机构负责人：香港旧楼拆迁这样进行 [DB/OL]. http://hm.people. com.cn/GB/15492499.html.

[47] 深圳规划和国土资源委员会. 深圳市旧城旧工业区改造策略研究 [Z]. 2006.

[48] 深圳规划和国土资源委员会. 深圳市法定图则编制容积率确定技术指引 [S]. 2008.

[49] 深圳规划和国土资源委员会. 关于完善我市住房政策的专题调研报告及建议 [Z]. 2009.

[50] 深圳规划和国土资源委员会. 深圳市城市更新项目保障性住房配建比例暂行规定 [Z]. 2010.

[51] 深圳规划和国土资源委员会. 深圳市橙线规划 [Z]. 2011.

[52] 深圳规划和国土资源委员会. 深圳市轨道交通规划 [Z]. 2012.

[53] 深圳规划和国土资源委员会. 土地整备利益统筹试点项目管理办法（试行）[Z]. 2015.

[54] 深圳规划和国土资源委员会. 深圳市土地整备规划编制技术指引（试行）[Z]. 2016.

[55] 深圳规划和国土资源委员会.市规划国土委关于规范土地整备利益统筹试点项目审批工作等有关事项的通知 [Z]. 2016.

[56] 深圳规划和国土资源委员会.市规划国土委关于明确土地整备利益统筹试点项目地价测算有关事项的通知 [Z]. 2016.

[57] 深圳规划和国土资源委员会.市规划国土委关于印发《土地整备留用地规划研究审查技术指引（试行）》的通知 [Z]. 2016.

[58] 深圳规划和国土资源委员会.土地整备利益统筹试点项目实施方案编制技术指引（试行）[Z]. 2016.

[59] 深圳规划和国土资源委员会.市规划国土委关于规范土地整备涉及已拆除不动产权利注销登记工作的通知 [Z]. 2017.

[60] 深圳规划和国土资源委员会.市规划国土委关于印发《土地整备年度计划项目申报审批工作指引》的通知 [Z]. 2017.

[61] 深圳规划和国土资源委员会.土地整备项目审批工作规程 [Z]. 2017.

[62] 深圳规划和国土资源委员会.深圳市土地整备利益统筹项目管理办法 [Z]. 2018.

[63] 深圳规划和国土资源委员会.市规划国土委关于规范土地整备规划审批有关事项的通知 [Z]. 2018.

[64] 深圳规划和国土资源委员会.市规划国土委关于规范土地整备土地信息核查及现状容积率核算工作的通知 [Z]. 2018.

[65] 深圳市城市规划设计研究院.深圳市旧工业区升级改造总体规划纲要 [Z]. 2007.

[66] 深圳市规划国土发展研究中心.深圳市土地资源 [M].北京：科学出版社，2018.

[67] 深圳市规划局.深圳市紫线规划 [Z]. 2004.

[68] 深圳市规划局.深圳市基本生态控制线管理规定 [Z]. 2005.

[69] 深圳市规划局.深圳市城市规划设计研究院.深圳城市设计标准与准则 [S]. 2004.

[70] 深圳市规划局.深圳市城中村改造工作办公室.深圳市城中村（旧村）改造总体规划纲要研究成果汇编 [Z]. 2005.

[71] 深圳市规划局和深圳市水务局.深圳市蓝线规划 [Z]. 2008.

[72] 深圳市坪山新区管理委员会，深圳市坪山新区土地整备中心，深圳市新城市规划建筑设计有限公司.坪山新区沙湖社区"整村统筹"土地整备规划研究 [Z]. 2014.

[73] 深圳市坪山新区管理委员会，深圳市坪山新区土地整备中心.坪山新区南布"整村统筹"土地整备项目改革试点方案 [Z]. 2014.

[74] 深圳市坪山新区管理委员会.坪山新区沙湖社区"整村统筹"土地整备项目改革试点方案 [Z]. 2015.

[75] 深圳市人民政府.关于加快宝安龙岗两区城市化进程的意见 [Z]. 2003.

[76] 深圳市人民政府.深圳市城中村（旧村）改造暂行规定（深府〔2004〕177号）[Z]. 2004.

[77] 深圳市人民政府.深圳市人民政府关于深圳市城中村（旧村）改造暂行规定的实施意见（深府〔2005〕56号）[Z]. 2005.

[78] 深圳市人民政府.深圳市城市更新办法 [Z]. 2009.

[79] 深圳市人民政府.《深圳市城市总体规划修编（2007-2020年）》之密度分区与城市

设计研究专题 [Z]. 2010.

[80] 深圳市人民政府. 深圳市城市总体规划（2010-2020）[Z]. 2010.

[81] 深圳市人民政府. 深圳创建国家低碳生态示范市白皮书（2010-2011）[Z]. 2011.

[82] 深圳市人民政府. 深圳市人民政府关于推进土地整备工作的若干意见 [Z]. 2011.

[83] 深圳市人民政府. 深圳市城市更新办法实施细则 [Z]. 2012.

[84] 深圳市人民政府. 深圳市人民政府关于印发征地安置补偿和土地置换若干规定（试行）的通知 [S]. 2015.

[85] 深圳市人民政府. 深圳市人民政府办公厅印发关于进一步优化土地整备项目管理工作机制的若干措施的通知 [Z]. 2018.

[86] 深圳市人民政府. 关于农村城市化历史遗留产业类和公共配套类违法建筑的处理办法 [Z].2018.

[87] 深圳市人民政府. 深圳市房屋征收与补偿实施办法（试行）[Z].2013.

[88] 深圳市人民政府. 深圳市征用土地实施办法 [Z].2002.

[89] 施源，许亚萍，李怡婉. 面向规划实施的土地整备机制探讨—以深圳土地整备规划工作为例 [C] //2008. 中国城市规划年会，2008.

[90] 施源. 存量发展时期深圳规划国土管理改革与实践 [J]. 城市规划，2018，42（增刊）：12-16.

[91] 宋敏. 哈贝马斯社会交往理论合理性与公共领域的建构 [J]. 求索，2015，（1）：88-92.

[92] 宋敏. 城镇化与土地收益分配 [J]. 安徽农业科学，2006，34(7):1471-1474.

[93] 唐文玉. 合作治理：权威型合作与民主型合作 [J]. 武汉大学学报（哲学社会科学版），2011, (6).

[94] （日）藤田宙靖. 行政法总论 [M]. 青林书院，2013.

[95] 田莉. 从国际经验看城市土地增值收益管理 [J]. 国际城市规划，2004，19（6）：8-13.

[96] 王丰龙，陈倩敏，许艳艳，等. 沟通式规划理论的简介，批判与借鉴 [J]. 国际城市规划，2012，27（6）：82-90.

[97] 王帅. 广州南沙区开发过程中征地拆迁问题与对策研究 [D]. 广州：华南理工大学，2013.

[98] 王万茂. 土地整理的产生、内容和效益 [J]. 中国土地科学，1997（S1):62-65.

[99] 王有忠. 初探产权理论的本质内涵 [J]. 中国集体经济，2007，（10）：71-72.

[100] 威廉·配第著. 赋税论 [M]. 陈冬野，等译. 北京：商务印书馆，1978.

[101] 温雅. 基于市民社会的协商式规划体系的构建 [C]// 中国城市规划年会. 2010.

[102] 夏显力，李世平，赵敏娟. 城市土地整理研究 [J]. 地域研究与开发，2003（01）：66-68.

[103] 徐远，薛兆丰，王敏等. 深圳新土改 [M]. 北京：中信出版社,2017.

[104] 亚当·斯密. 国民财富的性质和原因研究：上卷 [M]. 北京：商务印书馆,1988.

[105] 杨沛英. 马克思级差地租理论与当前中国的农地流转 [J]. 陕西师范大学学报（哲学社会科学版),2007，36（4）：15-22.

[106] 易松厚. 地租理论及其在广州市建设中的应用 [D]. 武汉：武汉理工大学，2003.

[107] 袁媛，蒋珊红，刘菁. 国外沟通和协作式规划近 15 年研究进展——基于 CitespaceIII

软件的可视化分析 [J]. 现代城市研究 , 2016, (12):42-50.

[108] 岳隽 , 陈小祥 , 刘力兵 . 整村统筹土地整备中原农村土地利益协调——基于深圳的案例分析 [J]. 国土资源科技管理 .2016, （10）: 86-93.

[109] 张更立 . 变革中的香港市区重建政策——新思维、新趋向及新挑战 [J]. 城市规划 ,2005.

[110] 张俊 , 于海燕 . 国内外城市土地增值收益分配制度的比较与借鉴 [J]. 价格月刊 , 2008, （3）: 66-68.

[111] 张俊 . 我国城市土地增值收益分配理论与制度架构 [J]. 安徽农业科学 ,2007,35,(35): 11638-11639.

[112] 张俊 . 英国的规划得益制度及其借鉴 [J]. 城市规划 , 2005, （3）: 49-54.

[113] 张康之 . 行政伦理的观念与视野 [M]. 北京: 中国人民大学出版社 , 2008.

[114] 张康之 . 论参与治理、社会自治与合作治理 [J]. 行政论坛 , 2008, (6).

[115] 张磊 . "新常态" 下城市更新治理模式比较与转型路径 [J]. 城市发展研究 , 2015, 12（22）: 57-62.

[116] 张立文 , 杨文抻 . 沟通式规划在义乌社区提升规划中的实践 [J]. 规划师 ,2017,33(8): 118-122.

[117] 张锐 . 中国城市土地收益分配制度的改革研究 [J]. 城市问题 , 1995, （3）: 47-51.

[118] 张秀智 , 张清勇 . 台湾地区市地重划的启示 [J]. 城乡建设 ,2004.

[119] 张宇 , 欧名豪 . 高度城市化区域土地整备运作机制研究——以深圳市为例 [J]. 广东土地科学 , 2011, 10(4): 34-38.

[120] 张占录 . 征地补偿留用土地模式探索——台湾市地重划与区段征收模式借鉴 [J]. 经济与管理研究 ,2009.

[121] 赵若焱 . 对深圳城市更新 "协商机制" 的思考 [J]. 城市发展研究 , 2013, 20（8）: 118-121.

[122] 郑坚 . 深圳土地整备实践模式研究 [D]. 广州: 华南理工大学 ,2018.

[123] 周诚 . 土地经济学原理 [M]. 北京: 商务印书馆 , 2003.

[124] 周诚 . 我国农地转非自然增值分配的 "私公兼顾" 论 [J]. 中国发展观察 , 2006, （7）: 27-29.

[125] 周辉莉 . 马克思与现代西方地租理论综述与启示 [J]. 金融经济 , 2008, (12):71-72.

[126] 周丽丽 . 利益相关者与收益分配理论创新研究 [J]. 理论研究 , 2006, （7）: 36-39.

[127] 周其仁 . 改革的逻辑 [M]. 北京: 中信出版社 , 2013.

[128] 朱介鸣 . 发展规划: 重视土地利用的利益关系 [J]. 城市规划学刊 , 2011, （1）: 30-37.

[129] 邹兵 . 存量发展模式的实践、成效与挑战—深圳城市更新实施的评估及延伸思考 [J]. 城市规划 ,2017,41(01):89-94.

[130] 邹兵 . 深圳土地整备制度设计的内在逻辑解析——基于农村集体土地非农化进程的历史视角 [J]. 城市建筑 , 2018, （18）: 27-31.

[131] 邹兵 . 增量规划向存量规划转型: 理论解析与实践应对 [J]. 城市规划学刊 ,2015,(05): 12-19.

图表来源

图 1-1 ~ 图 1-3 源自：笔者自绘

图 3-1 源自：台北市政府都市发展局官方网站

图 3-2 ~ 图 3-5 源自：香港市区重建局官方网站 .http://www.ura.org.hk/sc.

图 4-1 源自：笔者自绘

图 4-2 源自：笔者根据历年《深圳市近期建设与土地利用规划年度实施计划》绘制

图 4-3 源自：笔者根据深圳市规划和自然资源局的规划图形综合管理"一张图"系统数据
进行绘制

图 4-4 源自：笔者自绘

. 图 5-1 ~ 图 5-7 源自：笔者自绘

图 6-1 ~ 图 6-3 源自：笔者自绘

图 7-1 ~ 图 7-8 源自：笔者自绘

图 8-1 ~ 图 8-4 源自：笔者根据深圳市坪山新区管理委员会，深圳市坪山新区土地整备
中心编制的《坪山新区南布"整村统筹"土地整备项目改革试点方案》重新绘制

图 8-5 源自：深圳市坪山新区南布社区居民委员会，深圳市新城市规划建筑设计有限公
司.坪山新区南布社区"整村统筹"土地整备安置用地专项规划 [Z].2012.

图 8-6 源自：深圳市坪山新区管理委员会，深圳市坪山新区土地整备中心.坪山新区南布"整
村统筹"土地整备项目改革试点方案 [Z].2012.

图 8-7 源自：深圳市坪山新区管理委员会，深圳市坪山新区土地整备中心，深圳市新城市
规划建筑设计有限公司.坪山新区沙湖社区"整村统筹"土地整备单元规划 [Z].2014.

图 8-8 ~ 图 8-12 源自：笔者根据深圳市坪山新区管理委员会，深圳市坪山新区土地整备
中心编制的《坪山新区南布"整村统筹"土地整备项目改革试点方案》重新绘制

图 8-13 源自：深圳市坪山新区管理委员会，深圳市坪山新区土地整备中心，深圳市新
城市规划建筑设计有限公司.坪山新区沙湖社区"整村统筹"土地整备单元规划
[Z].2014.

图 8-14 源自：深圳市坪山新区管理委员会，深圳市坪山新区土地整备中心.坪山新区南布
"整村统筹"土地整备项目改革试点方案 [Z].2014.

图 8-15 源自：深圳市坪山新区管理委员会，深圳市坪山新区土地整备中心，深圳市新
城市规划建筑设计有限公司.坪山新区沙湖社区"整村统筹"土地整备单元规划
[Z].2014.

图 9-1 ~ 图 9-9 源自：笔者自绘

图 9-10 ~ 图 9-17 源自：笔者自绘

图 9-18 ~ 图 9-21 源自：笔者自绘

图 10-1 ~ 图 10-5 源自：笔者根据深圳市龙岗区坪地街道办事处，龙岗区土地整备中心，
龙岗区规划国土发展研究中心编制的《国际低碳城坪西片区土地整备利益统筹首

　　　　期实施方案》重新绘制

图 10-6 ~图 10-7 源自：深圳市龙岗区坪地街道办事处，龙岗区土地整备中心，龙岗区
　　　　规划国土发展研究中心 . 国际低碳城坪西片区土地整备利益统筹首期实施方案
　　　　[Z].2017.

图 10-8 源自：笔者自绘

图 10-9 源自：深圳市龙岗区坪地街道办事处，龙岗区土地整备中心，龙岗区规划国土发
　　　　展研究中心 . 国际低碳城坪西片区土地整备利益统筹首期实施方案 [Z].2017.

图 10-10 ~图 10-13 源自：笔者自绘

图 10-14 源自：笔者根据深圳市规划和国土资源委员会编制的深圳市宝安 203-01&10
　　　　号片区 [松岗西北地区] 法定图则分析绘制

图 10-15 ~图 10-20 源自：笔者自绘

表 1-1 ~表 1-4 源自：笔者自绘

表 3-1 源自：台中市政府都市发展局地政处官方数据

表 5-1 源自：笔者自绘

表 7-1 ~表 7-5 源自：笔者自绘

表 7-6 源自：深圳规划和国土资源委员会 . 土地整备利益统筹试点项目管理办法（试行）
　　　　[Z]. 2015.

表 8-1 源自：深圳市坪山新区管理委员会，深圳市坪山新区土地整备中心 . 坪山新区南布
　　　　"整村统筹" 土地整备项目改革试点方案 [Z].2012.

表 8-2 源自：深圳市坪山区人民政府 . 坪山区 "十二五" 后三年重大项目计划项目库
　　　　[Z].2010.

表 9-1 ~表 9-4 源自：笔者自绘

表 10-1 ~表 10-3 源自：深圳市龙岗区坪地街道办事处，龙岗区土地整备中心，龙岗区
　　　　规划国土发展研究中心 . 国际低碳城坪西片区土地整备利益统筹首期实施方案
　　　　[Z].2017.

表 10-4 源自：深圳规划和国土资源委员会 . 深圳市土地整备利益统筹项目管理办法
　　　　[Z].2018.

表 10-5 源自：深圳规划和国土资源委员会 . 深圳市城市规划标准与准则（2018 年修订
　　　　版公示稿）[Z].2018.

表 10-6 源自：笔者自绘

表 10-7 源自：深圳规划和国土资源委员会 . 深圳市城市规划标准与准则 [Z]. 2014.

表 10-8 源自：笔者自绘

表 10-9 源自：笔者自绘